Ruthchen

Ruthchen

Eine Familiengeschichte in Briefen

bearbeitet und herausgegeben von
Gisela Kämper-Degen

Impressum

© Überlingen 2019 Gisela Kämper-Degen
gisela.kaemper@gmx.net

Einbandgestaltung nach einem Foto der 3-jährigen
Ruth Hammesfahr von 1920

Herstellung und Verlag:
BoD – Books on Demand, Norderstedt

9 783750 413009

Mein Dank gilt Oswald Burger,
der mich in der ersten Schreibphase
beraten und ermutigt hat,
und meinem Mann Johannes,
der mir nicht nur ein wichtiger Zuhörer,
Gesprächspartner und Ratgeber war,
der mir auch diese Aufzeichnungen
in gedruckter Form zum
Geburtstag geschenkt hat.

Inhaltsverzeichnis

Kapitel 5

Kapitel 6

Kapitel 7

Kapitel 8

Epilog

Vorwort

2010 starb meine Mutter.

Sieben Jahre lang schob ich es vor mir her, ihren schriftlichen Nachlass zu sichten. Als ich in einem der vielen dicken Ordner zu lesen begann, fielen mir auch ihre „Briefe 1945-1952" in die Hände. Zunächst verschlang ich die Korrespondenz mit Neugier und Spannung. Dann mit schlechtem Gewissen, denn ich erhielt Einblick in die intimsten Gedanken meiner Mutter. Sollte ich das nicht ruhen lassen? Die Neugier war stärker. Ich sagte mir, meine Mutter hat mir alles fein säuberlich geordnet hinterlassen. Entscheidende Briefe fehlen. Sie hat sich offensichtlich mit ihrer Korrespondenz immer wieder befasst, enthält sie doch Bleistiftkommentare aus den 80ger und 90ger Jahren. Und es stand nicht drauf „Nach meinem Tod ungelesen vernichten", wie auf einem Paket, das ich im Kamin fand.

Die Jahre, die diese intensive Korrespondenz umfasst, waren für meine Mutter von ganz besonderer Bedeutung. Dass ich nun ihre Briefe in Händen hielt, hatte für mich geradezu einen Aufforderungscharakter, mich an die Arbeit zu machen und sie zu entziffern. Ahnungslos, dass mich ein Romanstoff erwarten würde, begann ich wesentliche Passagen abzuschreiben. Während dieser Arbeit fand ich auch noch Briefe meines Vaters und meiner Großmutter und fügte sie ein, dazu auch Fotos und Texte aus unserer Familienforschung.

Nun ist ein lebendiges, ungeahntes, facettenreiches Bild entstanden, mit Einblicken in die Zeit von Ruths Kindheit, der Vorkriegszeit, ihrer Kriegshochzeit, der Geburt ihrer Kinder, der Flucht und der Nachkriegszeit, ihres Neubeginns mit unsäglich vielen äußeren und inneren Schwierigkeiten. Ich bin eingetaucht in die Lebensräume meiner Großmutter und Mutter, meiner gesamten Familie und ich habe viel über meine Kindheit erfahren. Das Schicksal meiner Mutter hat mich angerührt und lässt mich die Umstände und Bedingungen, unter denen ich aufgewachsen bin, besser verstehen.

Ich widme dieses Buch dem Andenken an meine Mutter.

G. K.-D., Überlingen September 2019

Kapitel 1

1 Bombennacht in Köln

1917 schlug eine Bombe in Köln-Ehrenfeld in dem Keller ein, in dem ein Kindermädchen mit dem neugeborenen **Ruthchen** auf den Armen saß und auf das Ende der Angriffe hoffte. Das Mädchen beugte sich über den Säugling und schützte ihn instinktiv mit ihrem Körper. Die junge Frau wurde von Bombensplittern getroffen und brach tot zusammen. Das Baby in ihren Armen konnte geborgen werden. Es war verletzt – über dem rechten Auge und im Oberschenkel steckten Splitter an den Stellen, die nicht geschützt gewesen waren – aber es hatte überlebt. An diesen Angriff erinnerten Ruth lebenslang Narben. Eine auf dem Oberschenkel, eine über dem rechten Auge und – sie schielte.

1917 Ruthchen, Mum, Werner

Nicht nur das Kindermädchen verlor bei dem Luftangriff auf Köln durch englische Flugzeuge das Leben. Auch Ruths 9-jähriger Bruder **Werner** starb in jener Nacht. Von diesem traumatischen Ereignis sprach Ruth noch – mit den gleichen Worten, mit denen sie lebenslang von dem Bombenangriff 1917 zu erzählen pflegte – in den letzten Tagen ihres Lebens.

Die Trauer von Ruths Mutter **Elsbeth Hammesfahr** über den Verlust ihres ältesten Sohnes Werner hinterließ sicherlich seelische Narben. Sie hatte vieles in ihremLeben zu verkraften. Zunächst aber bekam Ruthchen noch zwei Brüder: 1920 **Rolf** und 1926 **Gerd.**

Mum sei eine schwermütige, oft harte Frau gewesen, so das Urteil meiner Mutter später. Sie hatte nicht nur 1917 im 1.Weltkrieg ihren 9-jährigen Sohn Werner verloren; im 2. Weltkrieg musste sie auch noch den Tod ihres 22-jährigen Sohnes Rolf verkraften, als der 1942 fiel.[1]

2 Millionärstöchterchen

Familie Hammesfahr lebte ursprünglich im Wohlstand. Als Millionärstöchterchen wuchs Ruthchen in Berlin-Schlachten-see in dieser Villa auf.
Sie kannte jeden Luxus: Vater **Alexander Hammesfahr** fuhr das erste Auto in der vornehmen Gegend, spielte auf dem hauseigenen Platz Tennis, beschäftigte Hauspersonal, einen Gärtner, einen

---

[1] In seiner Sterbeurkunde steht: *„Der Unteroffizier Rolf Hammesfahr, evangelisch, Abiturient, geboren am 15.April 1920, ist am 13.Mai 1942 um 13 Uhr 55 in Ssofronkowa, östlicher Kriegsschauplatz, gefallen…"*

11

Chauffeur und eine Kinderfrau. Er züchtete Tauben und führte ein Leben auf großem Fuß. Häufig fuhr man nach Mamerow zur Jagd in Mecklenburg-Vorpommern. Ruthchen, Rolfilein und das Brüderchen wurden solange von Ussinka, der liebevollen russischen Kinderfrau, versorgt. Dora Kröhnke, verw. Hoffmann von Fallersleben, wurde Ruths Klavierlehrerin und mütterliche Freundin.

Im Sommer gings ans Meer u.a. nach Borkum, Zinnowitz, ins Ostseebad Deep, nach Warnemünde; im Winter zum Skifahren in den Harz. Auf allen Fotos ist Ussinka zu sehen – die Kinderfrau gehörte zur Familie. Ruths Mutter ging herrschaftlichen Verpflichtungen nach, richtete Gesellschaften aus, sang mit ihrer ausgebildeten Stimme an den Flügel gelehnt.

Kurz bevor 1961 die Mauer gebaut wurde, zeigte mir meine Mutter ihr Elternhaus in Schlachtensee[2]. Ich lernte auf dieser Reise auch Ussinka kennen, die bei dieser Begegnung eine der Familienanekdoten erzählte. „Als Ruthchen sprechen lernte, sagte sie immer ‚Utchen'. Ich forderte sie auf, ‚Ruthchen' zu sagen. Da stapfte das Kind zornig auf und sagte: ‚Utchen kann nicht **R**uthchen sagen'."

Die wenigen Briefe von Mum an Ruthchen, die einen Einblick in das Leben der Familie zwischen dem 1. und 2. Weltkrieg geben, sind auf Briefpapier mit folgendem Kopf geschrieben:

---

[2] Als ich es 2019 Jo zeigen wollte, mussten wir feststellen, dass es längst abgerissen und an gleicher Stelle ein hässliches Gebäude errichtet worden war, das überhaupt nicht in die Villengegend passt.

A. Hammesfahr

Major a.D.

Berlin-Schlachtensee

Krottnaurerstr. 4

(Fernsprecher : Zehlendorf 2254)

Fabrik:

Berlin S, 59, Hasenheide 9

Fernsprecher: Moritzplatz 13254 – 132

Am **2.10.27** schreibt Mum aus Mamerow an die 10-jährige Ruth: *„Mein liebes Ruthchen!… Die Zensuren müßen besser werden. Die englischen Vokabeln, liebes Ruthchen, wirst Du doch in meiner Abwesenheit nachholen, nicht wahr? Hier ist es wieder wunderschön. Morgen werden Vati u. ich eine Pürschfahrt durch den Wald machen, und zwar müßen wir schon morgens um ½ 6 Uhr fortfahren. Das wird Mutti aber schwerfallen so früh aufzustehen… Seid recht brav beide. Viele liebe Grüße an euch alle Deine Mutti"*

Alexander und Else Hammesfahr

13.5.30 Mum aus Mamerow an die 12-jährige Ruth: *„Mein liebes Ruthchen!…Vati hatte sich sehr über seine Geschenke gefreut. Eure schöne Fünfzig schmückte den ganzen Geburtstagstisch… Das Jagdrevier haben wir abgepürscht und einige ganz gute Böcke aus-*

13

gemacht… Gestern war etwas zu sehen, was ich noch nie erlebt habe. Tausende, nein es müßen sogar Millionen von Maikäfern gewesen sein, flogen umher. Man konnte kaum auf der Straße gehen, sie flogen einem ins Gesicht, daß man kaum die Augen aufmachen durfte. Die Kleider waren übersät von Käfern. Es war ein großes Sausen und Summen in der Luft. Heute Morgen hängen die Maikäfer in dicken Ballen an den Sträuchern u. Bäumen. Wir haben eben in 5 Minuten ¼ Papierkorb voll gesammelt u. den Hühnern gegeben. Was macht Rolf mit seinem Latein, wird er allein damit fertig? Sage Brüderlein, er soll nicht so ungezogen sein. Grüße Ussinka recht schön …"

26.5.31 Mum nach Agnetendorf an die 13-jährige Ruth: *„Mein liebes Ruthchen!… Wir freuen uns sehr, daß es Dir dort so gut gefällt. Ihr werdet alle Schönheiten des Riesengebirges genießen… Am 1. Pfingsttag waren Vati und die beiden Jungens schon morgens ganz früh im Freibad. Brüderlein u. besonders Vati waren dermaßen eingebrannt, daß sie sich 2 Tage dick mit Salbe einreiben mußten. Gestern lagen wir den ganzen Tag in Liegestühlen auf dem Rasen. Die Hitze war so groß, daß man sich nicht bewegen mochte…"*

3.5.32 Mum nach Agnetendorf an die 14-jährige Ruth: *„Mein liebes Ruthchen!… Sind das Bügeleisen u. die Kleider gut angekommen? Wieviel Mädchen seid Ihr auf Eurem Zimmer? Mutter ist wieder mal furchtbar neugierig, wirst Du denken. Rolf ist gestern geimpft worden. Heute tun ihm die Pocken schon weh. Vati war sehr fleißig im Garten und hat Dahlien u. Tomaten gepflanzt. Hoffentlich fressen die Tauben die Tomatenpflanzen nicht wieder ab. Denk an Vati's Geburtstag. Schreib am 8. Mai einen Glückwunsch, dann wird er am 10. hier sein…Weiter alles Gute u. viel Vergnügen!…"*

6.5.32 Mum nach Agnetendorf: *„Meine liebe Ruth! Dein Brief hat mich tieftraurig gestimmt. Über den Fall an sich kann ich nicht urteilen. Aber es war vorauszusehen, daß es einmal so kommen würde. Du hast es nicht lernen und begreifen wollen, daß man erwachsenen Menschen gegenüber bescheiden bleiben muss u. Lehren von ihnen anzunehmen hat. Du wußtest mit Deinen 14 Jahren alles besser und antwortetest einem in der schnodderigsten Art und Weise, die uns in letzter Zeit so sehr kränkte u. weh tat. Alles Ermahnen half nichts. Du glaubtest wohl, wir hätten nur immer etwas an Dir auszusetzen. Jetzt zum ersten Mal stößt Du auch bei Fremden auf Widerstand u. merkst nun endlich, daß wir mit allen unseren Ermahnungen recht hatten. Frl. Eggerts Aufregung über Dich kam sicher nicht allein über Deine Entgegnung: „Das verstehe ich nicht", sondern sicher über den Ton, in dem Du es sagtest. Diesen Ton kenne ich nur zu gut. Er ist unendlich flegelhaft u. passt sich Erwachsenen gegenüber so garnicht. In dieser Art wirst Du sicher schon öfter Frl. Eggert geantwortet u. sie damit sehr aufgebracht haben, u. so kommt es dann immer, daß bei der geringsten Kleinigkeit die Geduld reißt, weil das Seil schon lange überspannt ist. Ich verlange nun von Dir, daß Du zu Frl. Eggert hingehst, Dich entschuldigst und sagst, daß Du Dich befleißigen wirst, in Zukunft diesen ungehörigen Ton zu unterlassen. Du mußt lernen, mein liebes Kind, daß man bescheiden sein muß. Das Herrschsüchtige, das Auftrumpfende, das Immerrechthaben mußt Du Dir abgewöhnen, damit kommt man im Leben nicht immer weiter… In herzlicher Liebe Deine Mutter"*

9.5.32 Mum nach Agnetendorf: *„Mein liebes Ruthchen! Über dein Gedenken zum Muttertag habe ich mich sehr, sehr gefreut. Der Brief an Vati kam auch schon an. Ich lege ihn morgen auf seinen Geburts-*

tagstisch... Tante Ria schickte ein wunderschönes elegantes Sommerkleid mit Jäckchen u. einem seidenen Unterkleid für Dich. Wie neu sage ich Dir. Dann noch einen Rock mit Jacke. Ich habe mich sehr darüber gefreut, das wird Dir sicher gut stehen..."

12.6.34 Mum nach Stuttgart an die 17-jährige Ruth: *„Meine liebe Ruth!... Die ersten Tage liegen nun hinter Dir, u. bald wird die neue Tätigkeit Dir vertraut geworden sein. Unser Umbau hat gestern wirklich begonnen. Der hintere Balkon ist schon abgerissen... Am Montag beginnt das Tapezieren in unseren Zimmern. Sei froh, daß Du nicht hier bist, denn gemütlich wird es sicher nicht werden... Gestern war ich im Rosenkavalier. Es war herrlich. Ein großer Genuß für mich, da ich so etwas so lange habe entbehren müssen. Hoffentlich kann ich es mir im nächsten Winter mal öfter leisten in die Oper zu gehen ..."*

17.6.34 Mum nach Stuttgart: *„Mein liebes Ruthchen!... Bei uns sieht es lieblich aus, Schmutz über Schmutz. Die Installateure haben im Speisezimmer u. Herrenzimmer die elektrischen Leitungen unter Putz gelegt. Morgen kommt Vati's u. mein Schlafzimmer dran. Ich schlafe schon seit einigen Tagen im Fremdenzimmer. Wir sind sehr froh, daß wir Dein Zimmer zur Verfügung haben; so haben wir doch wenigstens ein gemütliches Wohnzimmer. Draußen am Neubau geht es langsam voran. Die Außenarbeiten und das Ausschachten dauern lange..."*

25.6.34 Mum nach Stuttgart: *„Meine liebe Ruth!... Bei uns geht es so langsam vorwärts. Die elektrischen Leitungen unter Putz zu legen, hat am meisten Schmutz gemacht... Auch den Aufzug haben* *wir abreißen lassen. Die beiden vorderen Zimmer sind jetzt fertig tapeziert, nun sind die Maler tätig. Auf dem Tennisplatz haben heute auch die Bauarbeiten begonnen. Du wirst also allerlei Veränderungen vorfinden, wenn Du wiederkommst..."*

5.7.34 Mum nach Stuttgart: *„Mein liebes Ruthchen!... Bei uns sieht alles noch ziemlich wüst aus. Die beiden Schlafzimmer sind ganz in Ordnung. Die beiden Vorderzimmer sind auch fertig, nur will ich sie noch nicht bewohnen, weil sonst zu viel Schmutz hineingetragen wird. Die Diele u. das Treppenhaus werden erst gemacht, wenn der Durchbruch erfolgt ist, u. das kann noch ein Weilchen dauern...*
Über dieRevolte von Röhm u. Genossen[3] waren wir genau so empört wie ihr. Eine gerechte Strafe hat sie ereilt. Wir können Adolf Hitler gar nicht genug dankbar sein, daß er so schnell u. gründlich aufgeräumt hat. Was wäre aus unserem armen Vaterland geworden, wenn diese verkommene Gesellschaft ans Ruder gekommen wäre!..."

5.10.34 Mum aus Bad Reichenhall: *„Liebe Ruth!... Durch Vermittlung eines Parteigenossen sind wir hier im Feuerwehrheim sehr gut u. äußerst billig untergekommen. Da haben wir mal wieder Glück gehabt..."*

Nach dem Abitur muss Ruth am 1.7.1936 in den Reichsarbeitsdienst für die weibliche Jugend nach Krojanke in Westpreussen. Mum schreibt ihr dorthin.

---

[3] Als Röhm-Putsch werden die Ereignisse Ende Juni/Anfang Juli 1934 bezeichnet, bei denen die Nationalsozialisten die Führungskräfte der SA einschließlich des Stabschefs Ernst Röhm ermordeten.

4.7.36 Mum an die 19-jährige Ruth nach Krojanke: *„Meine liebe Ruth!... Gestern Abend sind unsere beiden Pimpfe zurückgekommen. Sie sind braungebrannt und haben sich köstlich amüsiert. Dienst hatten sie nicht. Der ganze Aufenthalt war nur auf Erholung eingestellt. Die Verpflegung war glänzend. Baden war ihre Hauptbeschäftigung...“*

15.7.36 Alexander schreibt nach Krojanke: *„Mein liebes Ruthchen!... Schildere uns doch bitte einmal den Ablauf eines Tages im Lager, damit wir Dich in Gedanken besser begleiten können...“*

12.8.36 Mum nach Krojanke: *„Meine liebe Ruth!... Nachdem wir gesehen hatten, wie ihr verladen worden ward, hatten wir doch große Sorge um diese Fuhre. Man sollte solche Experimente nicht mit euch machen. Gefreut aber haben wir uns sehr, daß Du hier gewesen bist u. wir mal etwas aus dem Lagerleben hören konnten...“*

28.8.36 Mum nach Krojanke: *„Mein liebes Ruthchen!... Man hat Dich also nun einem Siedler zugeteilt. Ich kann mir denken, daß Kühe hüten bei gutem Wetter garnicht so übel sein muss. Strickst Du auch einen Strumpf dabei, wie das doch eigentlich üblich ist? Binde nur nichts Rotes um, dann werden die Biester böse. Das Kohle schleppen war gewiss nicht schön...“*

3.9.36 Alexander nach Krojanke: *„Meine liebe Ruth!... Leitbuch[4] hieß das Buch. Dich mit dem Leitbuch wollte ich auf dem Bild haben. Soll ich Film schicken? Heute rief Frau Scherz an. Auf ihrem Gut ist der Sekretär ausgefallen und Du solltest ihn vertreten. Selbstredend*

---

[4] vermutlich ein Lehrbuch für Stenografie und Schreibmaschine

kannst Du nur dann annehmen, wenn dadurch das Zeugnis über geleisteten Arbeitsdienst <u>nicht</u> gefährdet ist. Etwas Festigkeit auf der Schreibmaschine genügt! Selbstredend müßtest Du im Winter einige Monate hierher kommen, um den Kursus zu vollenden. Du kannst Dir vielleicht bei Frau Scherz sofort <u>eine Anstellung</u> erwerben! Das wäre uns sehr lieb, weil wir Dich dann bei guten Menschen wüßten, die uns befreundet und verpflichtet sind. Herzliche Grüße von uns allen Dein Vati"

6.9.36 Mum nach Krojanke: „*Meine liebe Ruth!… Frau Scherz sagte mir, daß sie sich vorläufig aushilfsweise einen jungen Mann genommen hätten. Da die Kartoffelernte vor der Tür steht, müßen sie umgehend eine Hilfe haben. Du möchtest Dich, sobald Du kannst, dort frei machen u. vorläufig mal einige Wochen zu Besuch zu ihr kommen. Ich habe so den Eindruck, daß sie Dich erst näher kennen lernen möchte, bevor sie Dir eine feste Anstellung gibt.*
Nun eine Mitteilung, die Dich nicht sehr erfreuen wird. Wir haben, um unser Haus halten zu können, das Fremdenzimmer u. Dein Zimmer vermieten müssen. Hätten wir diesen Zuschuß nicht aufgebracht, u. anders können wir dies bei dieser katastrophalen Lage nicht, hätte die Hypothekenbank nun das Haus versteigert. Also hieß es in den sauren Apfel beißen. Es ist mir unendlich schwer geworden, diesen Entschluss zu fassen, aber wenn Du hörst, <u>wer</u> in die beiden Zimmer zieht, wirst Du Dich leichter damit abfinden. Tante Emmy hat die Wohnung übernommen, u. sie freut sich so sehr, daß sie bei uns sein kann. Wenn es später möglich sein sollte, wollen wir den Rumpelboden als Zimmer ausbauen, dann hättest Du auch wieder ein eigenes Reich. Vorläufig mußt Du bei mir schlafen. Du mußt nun schon tapfer sein u. Dich nicht zu sehr über die Aufgabe der

Zimmer grämen, es ging ja nicht anders, u. wir müßen sehen, daß wir durchhalten können.

Wir hoffen sehr, daß Vati's Angelegenheit nun endlich bald erledigt ist, dann wird es sich ja zeigen, ob er seine Stellung wiederbekommt. Es wäre zu wünschen, daß wir endlich aus dieser gräßlichen Lage herauskommen. Also, liebes Ruthchen, Kopf hoch! Wir werden u. müssen ja Euretwegen weiterkommen. In herzlicher Liebe Deine Mum."

14.9.36 Mum nach Krojanke: *„Meine liebe Ruth!... Daß Dir mein Brief schweren Kummer bereiten würde, habe ich mir gedacht, u. ich habe deshalb die Nachricht möglichst lange hinausgezögert. Vor Deiner Rückkehr aber mußtest Du es erfahren, denn es wäre doch zu schmerzlich für Dich gewesen, wenn Du vor vollendete Tatsachen gestellt worden wärest.*

Ich freue mich aber, daß meine große Ruth nicht nur auf der Weide zwischen ihren Kühen sitzt und heult, sondern daß sie sich durchgerungen hat, tapfer mit uns mitzukämpfen. Du, Ruth, es geht ja viel besser wenn man gemeinsam alles trägt, als wenn nur einer allein die Last auf seine Schultern nehmen muß. Wir wollen nur hoffen, daß endlich doch die Wendung zum Guten kommt, sodaß wir wieder aufatmen können.

Wir freuen uns sehr auf Deine Rückkehr. Vielleicht geht es, daß Du 8 Tage zuhause bleiben kannst u. dann erst nach Kränzlin fährst. In den nächsten Tagen schicke ich Dir 15 – Mk für die Reise. Wirtschafte sparsam, denn Du weißt, wie schwer es uns wird, etwas abzustoßen.

Also, liebe Ruth, Kopf hoch. Du hast das Zeug in Dir, Dich im Leben durchzusetzen, es muß auch wieder vorangehen..."

16.10.36 nach Kränzlin: *„Meine liebe Ruth!... Es ist sehr schade, daß sich nicht alles so geregelt hat, wie wir gedacht hatten. Am besten ist es wohl, Du nimmst hier erst gründlich Stenographie u. Schreibmaschine, dann wollen wir weitersehen..."*

29.10.36 nach Kränzlin: *„Meine liebe Ruth!... Es ist sehr schade, daß Du dort nicht angestellt werden kannst. Für Dich wäre es ein schönes Gefühl gewesen, gleich in eine Stelle zu kommen. Du mußt sehen, daß Du erst die nötige Ausbildung bekommst. Der Weg über die Landesbauernschaft wäre unseres Erachtens wohl richtig. Vielleicht glückt es, Dich dort unterzubringen..."*

12.12.36 nach Kränzlin: *„Meine liebe Ruth!... Damit Du nun etwas wärmere Füße bekommst, schicke ich Dir meine warmen Schuhe. An Frau Scherz habe ich gestern einen Brief geschrieben u. mich bedankt, daß sie Dich so nett aufgenommen haben. Hast Du schon gefragt, ob Du einen Hasen zum Jagdpreis bekommen kannst? Ich muß das bald wissen. Wenn Du einen bekommen kannst, mußt Du ihn so abschicken, daß er am 21. oder 22. Dez. hier ist.*
Die beiden Jungs helfen fleißig. Rolf besorgt mittags u. wenn er kann auch abends die Heizung. Also mach Dir keine Sorgen. Über die Sitzung am 5. Dez haben wir immer noch keine genaue Nachricht. Allem Anschein nach haben die Gaufachschafts-Vorsitzenden aber ihre Zustimmung gegeben. Wenn es doch bald zu einem guten Ende kommen möchte! Nun leb wohl, mein liebes Ruthchen...
Deine Mum"

In der Weltwirtschaftskrise verlor mein Großvater sein Vermögen. Als ihn meine Großmutter tröstete: „Lass mal, Alexander, wir haben ja noch das Haus", erschütterte sie seine Antwort. „Das ist schon lange nicht mehr in unserem Besitz." Es war mit Hypotheken belastet, denn er hatte einen Teil dieses Besitzes im Offizierskasino verspielt.

Dass das Geld in der Familie knapp geworden war und Räume vermietet werden mussten, wurde schon in Mums Briefen deutlich. Auch das Personal fehlte nun offenbar. Ussinka aber lebte immer noch in der Familie. Fotos von den üppigen Sommerurlauben, Jagd- und Skiausflügen fehlen von dieser Zeit im Fotoalbum.

Nach dem Ende des Reichsarbeitsdienstes stand kein Geld für Ruths Ausbildung zur Bibliothekarin zur Verfügung. Ihr Berufswunsch konnte nicht erfüllt werden. Sie hatte in Kursen und mit Selbstlernprogrammen Stenografie und Schreibmaschine erlernt und musste nun Geld verdienen und ihrer Mutter helfen.

Von 1936 – bis Okt. 1941 war sie als Büroangestellte in der Reichshauptabteilung II des Reichsnährstandes beschäftigt. Als der zweite Weltkrieg begann, heirateten viele ihrer Freundinnen. Ruth nicht. Sie wollte wohl, aber der passende Mann fehlte noch.

3 Zwei Freundinnen

Ruths Mutter war befreundet mit **Elsbeth Kämper**, mit der sie 1941 z.B. gemeinsam in die Kur nach Marienbad reiste.

Elsbeths Mann, **Max Kämper** war 1916 in der Schlacht an der Somme, der größten Schlacht des ersten Weltkrieges mit über einer Million Toten, gefallen. *„Max Kämper, Diplom-Ingenieur und Oberltn. der Res. im Feldartl.-Regt. Nr. 3 fiel am 10. November 1916 im Res.-Feldartl.Regt. 239 zwischen Mesnil und Malancourt (Somme) durch Volltreffer auf den Unterstand in der Battr.-Feuerstellung"*, liest man im Internet.

Elsbeth und Max Kämper

Er hatte 1908 in achtmonatiger Arbeit einen exakten Höhlen-plan der 58 km langen Mammoth Cave im Bundesstaat Ken-tucky, USA erstellt.[5] Max war Ingenieur und zum Studium amerikanischer Produktions- und Bergbaumethoden in die

---

[5] sehr lesenswert: „Die Suche nach Max"
http://www.familie-luyken.de/07Genealogie/Bilder/10Gen/10029/max1.htm

23

USA gereist. Seine Vermessungen und Kartierungen im Höhlensystem der Mammoth Cave waren die ersten zuverlässigen Vermessungen mit Instrumenten. Sie bildeten für lange Zeit die Basis für die weitere Erschließung von Höhlen.

Zurückgekehrt nach Deutschland hatte Max die Schwester eines Verbindungsbruders aus Recklinghausen, Elsbeth Patschkowski, geheiratet. Damit hatte Elsbeth in eine angesehene Berliner Familie eingeheiratet: Ihr Schwiegervater **Hugo Kämper**[6] war Generalleutnant, wurde mit „Seine Exzellenz" angeredet und war vertraut mit dem Kaiser. Er lebte im Grunewald, Humboldtstr. 14 in dieser prächtigen Villa, in der auch Elsbeth und Max wohnten.

---

[6] Text aus „Neue Preußische Zeitung": *Am 6. Mai 1926 starb in Berlin-Grunewald seine Exzellenz der königl. Preuß. Generalleutnant z. D. Hugo Kämper: Exzellenz Kämper wurde am 13. Juni 1845 in Minden geboren, besuchte das Gymnasium daselbst und trat nach erlangter Reife zur Universität als Offiziers-Aspirant in den Militärdienst... Exzellenz Kämper war seit 1873 in Wesel mit Caroline geb. Luyken verheiratet, ihr einziger Sohn Max, Diplom-Ingenieur und Oberltn. der Res. ... fiel am 10. November 1916 ...*

Das Foto zeigt Hugo Kämper und seine Frau Lina, geb. Luyken (von hinten) beim Kartenspiel mit Freunden, die in der Nachbarschaft wohnten. In der Mitte rechts Hugo Kämper, hinter ihm stehend sein Sohn Max. Mit am Tisch: der Archäologe Alexander Conze[7] und seine Frau.

Zwei von Hugos Kindern, Elisabeth und Max sehen beim Kartenspiel zu. Tochter Anna Kämper war mit dem Sohn der Nachbarn, Friedrich Conze, verheiratet.

Die Familien waren gut miteinander befreundet. Sicher waren die spektakulären archäologischen Entdeckungen von Conze ein häufiges Thema im Haus der Kämpers.

---

[7] Er war Museumsdirektor in Berlin zu der Zeit, als Carl Humann versuchte die Reste des antiken Pergamon zu retten. Humann war kein Archäologe, deshalb gelang es dem Nicht-Akademiker zunächst nicht, Berlin davon zu überzeugen die Zerstörung zu stoppen. Das änderte sich, als Alexander Conze Direktor der Skulpturensammlung der Staatlichen Museen wurde. Er setzte sich für Humanns Idee ein und bekam am 17.8.1878 die Grabungslizenz. Die Grabungen wurden die erfolgreichsten der Königlichen Museen.

Elsbeth und Max hatten zwei Kinder: **Hans,** 1910 und **Ilse,** 1913 geboren. Hans und Ilse Kämper wuchsen in der Villa im Grunewald ohne den Vater auf, bis seine Mutter 1936 den reichen Verwandten, Max' Vetter, **Heinrich Kämper** in 2. Ehe heiratete. Heinrich war Diplom-Ingenieur, hatte den Kämper-Motor entwickelt und eine Motorenfabrik aufgebaut.[8] Hans wollte eigentlich Arzt werden, doch er musste Maschinenbau studieren, weil er die Firma seines Stiefvaters bzw. Onkels Heinrich Kämper übernehmen sollte. Ilse Kämper konnte sich später ihren Wunsch Ärztin zu werden unter großen Entbehrungen erfüllen.

Als einziger Sohn eines im 1. Weltkrieg Gefallenen wurde Hans im 2. Weltkrieg nicht an die Front geschickt, sondern in die Etappe. 1939 musste er am Polenfeldzug, 1940 am Frankreichfeldzug teilnehmen.

4   Von Müttern arrangiert?

1936 lebte der 26-jährige Hans im Ruhrgebiet in einem Zimmer im Gesellschaftshaus in Gelsenkirchen und arbeitete als Ingenieur bei der Zechengesellschaft Rhein Elbe. Der Verein deutscher Ingenieure (VdI) hatte ihn freigestellt, um seine Doktorarbeit „Seile im Bergbau Fördergeräte Festigkeit" zu schreiben. Er war noch nicht fertig, als der Krieg begann. Doch das Thema seiner Doktor-Arbeit war so wichtig, dass er zu-

---

[8] Das Unternehmen wurde 1901 vom Maschinenbauingenieur Heinrich Kämper gegründet. Im Standort Kurfürstenstraße 146 in Berlin begann die Produktion von Motoren. Das Unternehmen existierte als Motorenhersteller noch bis etwa 1955. Angeblich werden Kämper-Motoren heute noch in Russland gefahren.

rückgestellt wurde. Man brauchte die Ergebnisse der Arbeit und verwertete sie bereits. Als Hans 1939 in den Polenfeldzug eingezogen wurde, war seine Doktorarbeit noch nicht veröffentlicht. So hat er den Dr. Titel nicht bekommen, aber die Ergebnisse der Arbeit waren im Einsatz.

Die Familienerzählung lautet weiter: Hans hatte in Gelsenkirchen eine nicht standesgemäße Freundin. Ein Unding!

Als er 1941 seine Mutter in Berlin besuchte, traten die beiden Freundinnen Elsbeth Kämper und Else Hammesfahr eine gemeinsame Fahrt nach Marienbad zur Kur an. Hans Kämper brachte seine Mutter zum Zug – Ruth Hammesfahr brachte ihre Mutter zum Zug.

12.6.41 aus Marienbad schreibt Mum an die 23-jährige Ruth

„Mein liebes Ruthchen!… Also meine Adresse ist Marienbad, Goldene Krone, Goetheplatz. Unsere Abfahrt hast Du mit Hans Kämper ja fein gefeiert. Recht so, da hast Du wenigstens einen netten Sonntagvormittag gehabt.

Mein Zimmerchen ist recht bescheiden… Morgens um 7 wird aufgestanden. Um 8 Treffpunkt am Brunnen mit Kämpers, die im Nebenhaus wohnen. Laut ärztlicher Verordnung trinke ich 2 Glas Brunnen u. nehme einen über den anderen Tag eine Armpackung. Dann wird ein längerer Spaziergang zu einem Kaffeehaus gemacht, wo wir frühstücken. Mittag essen wir wieder alle drei zusammen, entweder das Gedeck zu 2 Mark oder ein Tellergericht für 1,50. Um 4 Uhr nachmittags genehmige ich mir ein Brötchen mit Marmelade auf meinem Zimmer. Das Abendbrot halten wir auch allein. Man wird satter, als wenn man im Restaurant ißt u. es kommt auch billiger. Nur braucht

*man auf diese Art mehr Brot. Wenn Du noch Brotmarken übrig
haben solltest, schicke sie mir bitte.*

*Leider hat Tante Kämper ein schlimmes Knie u. kann wenig laufen.
Heute bin ich dann alleine losgezogen. Mit meiner Garderobe komme
ich sehr gut mit. Es ist alles viel einfacher, als ich mir gedacht hatte.
Man sieht auch auffallend wenige Damen in Kriegsbemalung. Ich
bin froh, daß ich die Pelzpellerine habe. Man sieht unendlich viel
solche Dinger, aber meistens unechte..."*

Ob das Treffen im Juni 1941 zwischen Hans und Ruth am
Bahnhof Grunewald von den Müttern arrangiert war, wie es
die Familienerzählung berichtet, ist fraglich. Möglicherweise
hatten sie sich überlegt, dass eine Verbindung zwischen ihren
Kindern wünschenswert wäre. Die 24-jährige Ruth wollte gerne heiraten, der 31-jährige Hans sollte standesgemäß heiraten
und für Nachwuchs sorgen, in Kriegszeiten ein häufig gehör-
tes Motiv für eine Ehe. Ruth war eine hübsche junge Frau aber
– wie gesagt – sie schielte. Sie sei ein Mauerblümchen gewesen, das in Gesellschaften unbeachtet in der Ecke gesessen
habe.[9]

Aber nun fand ich einen Brief, aus dem man erfährt, dass sich
die beiden 1939 schon seit 5 Jahren kannten! Ruth erhielt 1939
von Hans einen Brief, den es leider nicht mehr gibt. Aus ihrer
Antwort aber erfährt man einiges über ihr Verhältnis zueinander. Ruths Brief an Hans ist auf dem Briefpapier ihres Vaters mit Bleistift geschrieben, sehr schwer leserlich, vor allem,

---

[9] erzählte man mir als Zitat einer Kusine von Hans, Erika Klein, immer wieder, eigentlich viel zu oft ...

weil er in Sütterlinschrift verfasst ist. Er enthält viele Korrekturen, Streichungen und Einfügungen – offensichtlich ein Entwurf. Ob es eine Abschrift davon gab? Ich denke nicht, denn dieser Entwurf tauchte in einer Kiste mit Briefen in der Hinterlassenschaft von Hans auf. Die Stellen, die ich nicht entziffern konnte, sind so xxx gekennzeichnet.

„Lieber Hans! Du musst schon sehr zwischen den Zeilen gelesen haben und die Gedankenverbindung zwischen uns muss sehr groß gewesen sein, dass Du mir so deutlich Fragen beantwortet hast, die sich mir in Gedanken an Dich stellten. Es war mir xxx schon immer xxx ausführlich in Briefen über unsere Zukunft zu sprechen, wann wir zu dem Entschluss gekommen, diese Dinge vorerst laufen zu lassen u. uns nicht unnötig fest aneinander zu binden, schon weil dann keine xxxdigenden Konsequenzen gezogen zu werden bräuchten. Du erinnerst Dich, dass ich schon damals Deine Haltung nicht bis zum letzten verstehen konnte. Allerdings habe ich auch nach längerer Zeit eingesehen, daß diese äußere Haltung zunächst richtig war, aus dem einzigen Grunde, weil wir eben beide noch sehr jung waren. – Nun sind 5 Jahre vergangen. Ich bin nicht mehr 17 und du nicht mehr 22.[10] Jeder hat andere Dinge erlebt und für mich kam in diesem Sommer der Moment, wo ich restlose Klarheit über uns beide haben musste und wollte. Auch trotz äußerer Schwierigkeiten konnten wir jetzt beide so weit sein, uns über den Weg, den wir einschlagen wollten, Klarheit zu verschaffen. Ich habe lange gezaudert, denn ich hatte Angst davor, aber ich habe dann doch meine Reise nach Bonn angetreten. Denn nur aus diesen Gründen bin ich nach Bonn gekommen. Die Verhältnisse lagen dann so, dass ich es mir einfach bei dem tollen

---

[10] der Altersunterschied war 7 Jahre, nicht 5. Als sie sich 1934 kennenlernten, war Ruth 17, jetzt ist sie 22 Jahre.

xxx nicht zumuten konnte, über dererlei Dinge ausführlich zu spre-
chen. In dem einzigen Moment, als ich sprechen wollte und konnte,
nämlich an dem „Liederabend" bei Euch in Godesberg, kamen eure
beiden Hausgenossen aus dem Kino nach Hause u. ich schluckte
wieder alles herunter. Aller Mut hatte nicht genutzt u. ich wußte
nur zu genau, daß es für die Dauer meines Aufenthalts in Bonn mit
einer Aussprache vorbei war. Dann kam meine plötzliche Abreise u.
ich saß wieder zu Hause, mit dem wiederkehrenden Gefühl, daß alles
umsonst gewesen war, denn ich hätte unter allen Umständen eine
persönliche Aussprache über diese Dinge vorgezogen. Aus diesem
Grund auch mein konfuser Brief gleich nach meiner Ankunft in
Schlachtensee. Ich wollte Dich nicht unnötig belasten, wollte auch
nicht in einem Brief von meinen Fragen sprechen, war aber noch
nicht ruhig genug, Dich das nicht merken zu lassen. Obendrein
wußte ich Dich draußen[11], u. das erschwerte alles sehr für mich.
Nun zu Deinem letzten Brief. Du kannst schlecht behaupten, daß
unsere Beziehungen von kameradschaftlicher Natur waren, sie wa-
ren es bestimmt nicht, sind es auf jeden Fall von mir her nie gewe-
sen. Auch wenn wir nicht abmachten, von unserer Umgebung nichts
merken zu lassen und die Beziehung äußerlich einer Kameradschaft
gleich kam. Im Grunde sah es doch anders aus, u. das müsstest Du
mir auch immer angemerkt haben, denn es war bestimmt nicht im-
mer so, als daß Dir das entgangen sein könnte. Ich kann mich auch
nicht darauf besinnen, so etwas xxx ausgesprochen zu haben. Ich bin
erschüttert darüber, daß Du heute zu dieser Behauptung kommen
konntest, denn Dein Benehmen mir gegenüber xxx. Ich könnte Dich
fragen, warum Du das alles genommen hattest, ohne mich wirklich
lieb zu haben.

---

[11] ob mit „draußen" sein Einsatz in der Etappe des Polenfeldzugs gemeint ist?

Ich habe mich oft damit gequält u. letzten Endes grenzenloses Vertrauen gehabt. Warum Du mir aber mit dieser „xxx" nun Brücken bauen willst xxx Du hättest offen bekannt: Ruth ich liebe Dich nicht, jedenfalls nicht genug, um Dich auch heiraten zu können. Denn in dem Moment wo Du mich wirklich lieb hast, dürfte es für Dich auch kein Problem xxx der Ehe xxx mehr geben.

Auch wenn Du böse Erfahrungen in Deinem Leben gemacht hast, so kann xxx im gegebenen Moment kein Grund zur xxx für eine Ehe sein. Außerdem liegt der xxx dieser Erfahrungen nicht nur an dem anderen, lieber H., glaub' mir, daß ich das jetzt auch ganz gut beurteilen kann.

Klar ich möchte Dir nicht weh tun, ich möchte nur recht offen sein. Dein Brief hat mir sehr unnötig weh getan, ich kann das nicht leugnen u. muss es Dir auch sagen. Immerhin habe ich jetzt Klarheit. Diese Klarheit läßt mich nun eine letzte Bitte an Dich aussprechen, die Du mir hoffentlich erfüllen wirst. Meine Zuneigung zu Dir ist eine ganz tiefe u. wahre gewesen und ist es immer noch. Ich hätte bedingungslos mein Jawort für die Zukunft und das ganze Leben gegeben. Hilf mir nun wenigstens meine innere Ruhe wieder zu bekommen, indem Du mir versprichst, nie mehr an mich zu schreiben u. mich auch hier in Schlachtensee nicht wieder zu besuchen. Das Letztere kann und will ich nicht bedingungslos von Dir verlangen, da es ja für mich bedeuten könnte, wenn Du geschäftlich in Berlin zu tun hast u. bei mir wohnen kannst xxx Du siehst, ich kann trotz allem noch recht xxx sein. Immerhin bitte ich Dich sehr, lass nun Zeit verstreichen. Ich muss mein Leben weiterleben u. außerdem es ist nicht zu wenig verlangt, wenn ich Dich bitte, Dich nicht mehr zu melden, denn Du brauchst mich gar nicht. Hab Dank für alles. Für Dein weiteres Leben kann ich nichts stärker fassen, dass es sehr viel *angenehmer und freudiger werden möge als die vergangenen Jahre und daß es Dir auch bald gelingen möge, einen Beruf aufzubauen, der Dich ganz ausfüllt. Für all das nimm meine besten Wünsche entgegen. Ruth "*

Wie Hans auf diesen Liebesbrief ganz besonderer Art reagierte, weiß man nicht. Aber es sieht so aus, als ob diese Ehe nicht von den Müttern arrangiert wurde. Gesichert ist, dass sie sich im Juni 1941 bei der Verabschiedung ihrer Mütter am Bahnhof wiedertrafen und sich im August 1941 verlobten.

<table>
<tr><td>

Meine Verlobung mit Fräulein
Ruth Hammesfahr
gebe ich bekannt.

Dipl.-Ing Hans Kämper

Kriegsverwaltungsrat.
z.Zt. Wünsdorf (Kreis Teltow)

August 1941

</td><td>

Wir zeigen die Verlobung
unserer Tochter Ruth

mit dem
Dipl.-Ing. Herrn Hans Kämper an.

Major Alexander Hammesfahr
und Frau Else geb. Schulz.

Berlin-Schlachtensee-Krottnaurer Str. 4

</td></tr>
</table>

5 Kriegshochzeit

Vor der Heirat im Oktober 1941 hatte Ruth ihrem Hans versprechen müssen, sich die Augen operieren zu lassen. Ruth erzählte 2006 noch: *„Ich habe in der Kindheit schlimm geschielt. Hans hat damals auf einer Augen-OP bestanden."* Auf dem Hochzeitsfoto scheint sie nicht mehr zu schielen, allenfalls nur noch ein wenig.

Am 4.Oktober 1941 heirateten der Diplom Ingenieur, zur Zeit Kriegsverwaltungsrat[12] Hans Erich Kämper, gottgläubig, wohnhaft in Gelsenkirchen und die Sekretärin Ruth Minna Selinde Hammesfahr, evangelisch, wohnhaft Berlin-Nikolassee in Berlin-Zehlendorf" lese ich in alten Unterlagen. Gefeiert wurde im Hause Hammesfahr in der Krottnaurerstr.4.

4.Okt.1941 Hans und Ruth

Max oo **Elsbeth** *befreundet mit* **Elsbeth** oo Alexander
Kämper Hammesfahr

Hans	Ilse	Werner († 1917),	**Ruth**,	Rolf († 1942)	Gerd
1910	1913	1908	1917	1920	1926

---

[12] Kriegsverwaltungsrat war während der Zeit des Zweiten Weltkriegs die Amtsbezeichnung für einen Beamten des höheren Dienstes der deutschen Wehrmacht. Im damaligen NS-Ranggefüge entsprach dies dem Rang eines Majors.

Kapitel 2

1   Bärbel und Gisel

Ruths erstes Kind, Bärbel, wurde am 22.9.1942 in Berlin geboren. Eigentlich hatte sich Hans einen Jungen gewünscht. Er
war zu der Zeit als Ausbilder auf einem Truppenübungsplatz
nördlich von Berlin. Ruth und Hans hatten sich im Haus der
Ponficks[13] eine Wohnung eingerichtet. Auf Berlin fielen schon
Bomben, als Hans auf einen Truppenübungsplatz in der
Tschechoslowakei, nach Wischau in Mähren, Nähe Brünn,
verlegt wurde. Er war *„Sonderführer", Ausbilder im Rang eines*
Oberleutnants.
Seine Frau Ruth zog mit ihrem Töchterchen Bärbel und mit
einigen ihrer Möbel nach Wischau. Mum begleitete sie, denn
Ehemann Alexander war im Krieg, Sohn Rolf im Krieg gefallen, Sohn Gerd auf der Napola[14]. Man wohnte in Wischau in
einem „leer stehenden" Haus von Tschechen.[15] Später fragte
ich Ruth, warum es in Wischau Häuser gab, die leer standen.
Von Vertreibung der Tschechen wusste sie nichts. *„Wie kommst*
du denn darauf?" – Sie ließ sich auf keine Gespräche ein. Bärbel, die in Berlin geboren war, wuchs in Wischau auf und war

---

13 Bei Freunden – mit Rotraut Ponfick war Ruth zur Schule gegangen.

14 Nationalpolitische Erziehungsanstalten waren Internatsoberschulen, die nach der
nationalsozialistischen Machtübernahme 1933 als „Gemeinschaftserziehungsstätten"
gegründet wurden. Der Besuch der Schulen führte zur Hochschulreife. Es handelte
sich um Eliteschulen zur Heranbildung des nationalsozialistischen Führernachwuch-
ses.

15 Im Protektorat Böhmen und Mähren sollte die Stadt nach nationalsozialistischen
Plänen das Zentrum einer deutschsprachigen Insel um den Truppenübungsplatz
Wischau bilden, und so wurden zwischen 1941 und 1945 in fünf Etappen insgesamt 33
Dörfer geräumt. (wikipedia)

viel und leidenschaftlich gerne bei den befreundeten deutschen Nachbarn, Familie Tuma und Magda und Rolf Dreyer.

Am 20.9.1944 wurde ich, die zweite Tochter, in Wischau geboren. *Vater: Diplom Ingenieur, Regierungsbaurat der Reserve, Mutter: Ruth Kämper, beide wohnhaft in Opatowitz* entnehme ich den Papieren. Ich sei schnell und unproblematisch zur Welt gekommen, erzählte Ruth. Als Hans vom Dienst kam, war ich schon da. Er war enttäuscht: „Ach, schon wieder ein Mädchen??!!"

2 An die Front

Am 30. Jan 1945[16] hat das beschauliche Leben auf dem Land in Wischau ein Ende: Hans wird einberufen und muss nun doch noch an die Front. Er soll sich in Köln melden. Seine 6 Feldpostbriefe von einer abenteuerlichen Reise von Wischau nach Essen durch das zerstörte Deutschland sind zeitgeschichtliche Dokumente.

Jan. 1945 Gisel, Hans, Bärbel

---

[16] Als die Rote Armee u.a. das grauenhafte Kinder-KZ in Lodz im Januar 1945 befreite, und die rund 800 gemarterten und ausgemergelten Kinder freikamen, fuhr Hans ahnungslos durch das zerstörte Deutschland, um am Krieg teilzunehmen, dem ‚Endsieg' entgegen.

Hier ein paar Auszüge *an Ruth Kämper, 11b Wischau 2/Mähren –* *Opatowitz 132.* (Opatowitz ist ein Ortsteil von Wischau.)

31.1.45 *„Liebes Kerlchen! Nun bin ich 15 Stunden von Dir weg und noch hocke ich in Lundenburg... die Verspätungen sind wahnsinnig – da lernt man schön Geduld ... Vergisst Du auch nicht, mich bei Tumas zu entschuldigen, dem Burschen was zu geben... Holz von der Sägemühle (3 cbm)... 300 kg Braunkohle und 100 kg Koks zu besorgen? Vielleicht bin ich morgen früh in Wien... Grüß Mum schön und das Bärbelchen!"*

1.2.45 *„Nun habe ich die ersten 24 Stunden verbraucht, um bis Wien zu kommen, und die zweiten haben mich bis Würzburg gebracht... Der Anschlusszug nach Kassel ist seit Stunden überfällig... Im übrigen habe ich entsetzlich dreckige Pfoten und einen 3 ½ tägigen Rauschebart. Dem Giselchen ein herzliches Erre-Erre und Dir einen Kuß"*

3.2.45 *„Die dritten 24 Stunden haben mich glücklich bis irgendwo zwischen Gießen und Wetzlar gebracht, wo man mich weckte und zu Fuß 1½ - 2 Stunden nach Wetzlar gehen ließ... Dann haben wir uns für 2 Stunden auf den Boden des Wartesaals gelegt. Nun kann ich von Betzdorf nach Eiserfeld weiterfahren. Gut, dass Mutter da und nicht in Siegen ist. Na, nun werden mich sicher die vierten 24 Stunden zu ihr hinbringen. Die erste Nacht ohne Bett war schlimm. Die 2., 3. und 4. schon weniger. Auf irgendeinen vernünftigen Gedanken komme ich bei alledem nicht. Ich lasse halt die Geschehnisse auf mich einwirken, einschließlich des Flüchtlingselends. Gestern ein Leutnant mit Familie und Giselchen (heißt Thomas und ist 8 Wochen alt). Das Lütte, das wirklich wie Giselchen aussieht, nahm alles am besten hin. Kuß Hans"*

36

5.2.45 aus Eiserfeld/Sieg, Eisenstr.10, bei Halla „*Ja, Kerlchen,
das war ein weiter Weg! Und nun sind wir richtig weit auseinander.
Jetzt bin ich wieder etwas erholt. – Die vierten 24 Stunden haben
mich also wirklich zu Mutter gebracht. Reisedauer: 86 ½ Stunden...
Das Siegener Haus war wieder fein instand gesetzt, wurde aber beim
nächsten Angriff völlig zerstört. Keller soll noch stehen. Schicke doch
bitte bald an obige Anschrift ein Päckchen Malta. Haben viel zu
wenig Kaffee. Auch Weißmehl. Auch Graupen... Darum bittet Mutter. Sie lässt herzlich grüßen. Wird vorläufig hier bleiben. Und Ihr –
lasst euch ja nicht wild machen. Ich warne dringend aus verschiedenen Gründen. Morgen versuche ich mich nach Köln durchzuschla-
gen. Euch alles Gute Biba*"

7.2.45 Im Westen „*Gestern gegen 1 war ich in Köln. Der Dom
steht, ist beschädigt. Alles übrige, was ich von der Stadt gesehen
habe, ist Schutt.*[17] *Aber immer noch ne ganze Menge Menschen.
Deswegen tun die sich per Anhalter, was durch die Polizei organi-
siert wird. Trotzdem habe ich von 2-7 Uhr gebraucht, um 23 km zu
schaffen. Nun habe ich im zwei-stöckigen Bett zwischen lauter Land-
sern übernachtet. Die Stimmung der Menschen ist sehr viel besser,
sobald man aus dem Eisenbahnbereich herauskommt. Jedenfalls gestern Abend auf dem offenen LKW zeigten die Rheinländer herrliche
Laune. Ich kann in 2 Stunden am Ziel sein. Sonst noch umherirren.
Gruß Hans*"

9.2.45 „*Nun habe ich noch den 7. und den 8. halb gebraucht, um bis
zu Rf zu kommen. Bis zu meinem Haufen war es kein Kunststück
mehr. Ich habe es zunächst recht gut, sogar ein Bett gefunden. Der*

---

[17] „Ich sah Deutschland, und es war elend, es so zu sehen" – solch ein Gedanke fehlt...
oder durfte er das nicht denken?

37

Kompaniechef kam heute mit einem tüchtigen Happen Extrafleisch an. Du siehst, erst mal erhole ich mich von allen Strapazen..."

3 Flucht

Mum drängte schon länger darauf aus Wischau fortzugehen. Im April 1945 entschloss sich Ruth endlich dazu. Sie zögerte lange, denn Hans hatte sie nicht dazu aufgefordert, im Gegenteil, er hatte Ruth vor einem Aufbruch gewarnt. Er glaubte an den Endsieg. Wohin sollte man gehen? Berlin war zerstört. Ruths Schwägerin Ilse lebte mit ihrem 1½ jährigen Töchterchen Christine in Marquartstein/Bayern, wohin sie aus dem zerstörten München geflüchtet war. Ilses Aufforderung nach Marquartstein zu kommen folgte Ruth nun.

Am **6.4.45** erhielten sie eine Reisegenehmigung, die in Brünn ausgestellt wurde. Sie brachen am 8. April auf. Zum Glück! Denn Ende Mai 1945 waren mehr als 20 000 deutschsprachige Frauen, Kinder und Alte von Brünn zur 60 Kilometer entfernten tschechoslowakisch-österreichischen Grenzen getrieben worden. Mindestens 2000 Menschen kamen durch Erschöpfung oder Gewalt ums Leben.

Wenn ich bedenke, was ich aus mündlichen Erzählungen wusste, waren die folgenden Briefe sehr aufschlussreich. Die Familienerzählung lautete:

Ruth und Mum nahmen die 2½ jährige Bärbel an die Hand, trugen das Baby Gisela in einer Tasche und stiegen in Brünn in einen überfüllten Soldatenzug. Das Baby reichten sie durchs Fenster in den Zug. Während der Fahrt wanderte es von Schoß zu Schoß zur Freude der Soldaten. In Marquartstein / Landkreis Traunstein angekommen, wurden sie in der Schlechingerstraße 13 am Wuhrbichl bei Ellen Gregori einquartiert. Später versuchte Hans seine Familie ins Ruhrgebiet zu holen, aber Ruth wollte partout nicht ins Ruhrgebiet.

Die folgenden Briefe geben ein viel ausführliches Bild von den Ereignissen um Aufbruch, Flucht, Einquartierung in Marquartstein und Ruths Weigerung ins Ruhrgebiet zu gehen.

Kapitel 3

1 Flüchtlinge in Marquartstein

Zunächst der bemerkenswerte Brief von Schwägerin Ilse von Beckerath an Ruth:

9.7.45: *„Meine liebe Ruth! Vorhin kam Dein Brief. Hab herzlichen Dank! Ich habe mich schrecklich gefreut, von euch zu hören. Ihr seid* *offenbar unbehelligt geblieben. Ganz besonders freut mich, dass ihr mit Ellen Gregori so gut zusammen könnt! Ellen kann sich rührend einsetzen und es ist gut, dass sie Dir hilft. Dass Du Dir große Sorgen um Hans machst, ist ja ganz verständlich. Es kann natürlich auch ewig dauern, bis Du irgendwas hörst. Ich hörte heute, dass die Soldaten der Westfront auf 3 Monate in Frankreich aufbauen helfen mussten. Was allerdings mit den Offizieren ist, weiß ich nicht. Aber er ist ja kein höherer. Seien wir froh, dass er wahrscheinlich nicht bei den Russen ist. Wenn Hans lebt, wird er Dich zuerst in Marquartstein suchen. Er hat ja sicher das Bild in der Tasche auf dem ‚Marquartstein‘ steht. Vielleicht wird dann dorthin Nachricht gegeben. Aber wir müssen und dürfen ja hoffen.*

Nun weiß ich wenigstens, warum Du solange mit der Flucht gezögert hast. Ich bin ja wie eine Irre durch Marquartstein gelaufen, habe geseufzt und gebebt: wenn sie bloss bald kommt! Ellen kann ein Lied davon singen. Und ich bin froh, dass Du auf Mum gehört hast! Warum Hans so unverständlich gehandelt hat, ist vielleicht so zu begreifen: er hat so eisern mitgearbeitet am Ziel: Sieg. Er hat sich restlos dafür eingesetzt. Und für ihn durfte es kein Entweder – Oder geben. Er _musste_ ja dran glauben! Diese Einstellung fand ich bei allen Offizieren + Ingenieuren, die ihre letzte Kraft hergaben für den Sieg. Sie sahen nur die Schritte, die _sie_ machten, während ich manchmal den Globus ansah und es mit der Angst kriegte.

Als Außenstehender konnte man eher die Wahrheit sehen und vertragen. Du weißt ja, wie sehr ich außer mir war über seine Einstellung. Aber das Eine weiß ich, er hat nicht aus Leichtsinn gehandelt. In der ersten Zeit, als ich Dich in Sicherheit wusste, als man hörte, dass Brünn gefallen sei[18], dachte ich: die Angst, die Hans jetzt um

---

[18] Ende Mai 1945 kam es zum sog. „Brünner Todesmarsch". (s. wikipedia)

40

euch auszustehen hat, geschieht ihm recht. Aber es muss furchtbar sein und schon nach ein paar Tagen tat mir dieser Gedanke leid. Wenn er lebt und glauben muss, ihr wäret noch in Wischau, so hat er bestimmt alle Sünden seines Lebens abgebüßt, der arme Kerl! So will ich ihm und Dir nur wünschen, dass er Dich bald findet.

Mein Liebes, ist es Dir klar, dass die Geldfrage jetzt für uns die Hauptsorge wird? Wo hast Du noch einen geldlichen Rückhalt? Bei mir sieht es nun so aus: ich habe 2.600.- RM bei der Guten-Hoffnungs-Hütte in Oberhausen. Die sind <u>vielleicht</u> nicht verloren. Die Eltern dürften <u>alles</u> eingebüßt haben in Berlin: Häuser und Papiere. Nur die 5.000.- in Siegen werden sie noch haben. Teppiche + Silber sind sicher hin. Sie werden mir meine 3 letzten Semester nicht mehr bezahlen können. Alfred[19] lebte gut von der Drucklegung seiner Werke, das fällt jetzt natürlich weg. Was er in nächster Zeit verdienen wird, ist die Frage. Jedenfalls wirds nicht weit reichen. Unsere Wohnung kostet im Monat 110.-. Ich weiß nicht, wie wir die beschaffen sollen. Eine andere Wohnung findet man in dem zu 50% kaputten München nicht. Ich rechne, dass <u>ich</u> die Miete irgendwie verdienen muss und <u>er</u> höchstens das Essen schaffen wird. Ich habe in bar nur noch ein paar hundert Mark, von denen ich seit Monaten lebe. Hatte große Ausgaben mit Krankenhaus usw. Nun warte ich auf Alfreds Rückkehr. Ich will jetzt herumlaufen und versuchen Arbeit zu bekommen (Englischstunden, Massage, Gymnastik usw.) Ich rate Dir, Dich mit gescheiten Leuten zu besprechen. Besprich mit ihnen, ob Du Aussicht auf irgendwelche Gelder hast. Wo ist Hans' Vermögen, seine Papiere?[20] Vielleicht können die beurteilen, ob da

---

[19] Ilse war verheiratet mit dem Komponisten Alfred von Beckerath.

[20] Deshalb reiste Ruth im Oktober 1945 nach Recklinghausen zu Hans Patschkowski, dem Bruder ihrer Schwiegermutter.

noch Hoffnungen sind? Sonst überlege, was Du leisten könntest. Überlege, welche Deiner Fähigkeiten am besten bezahlt werden. Sekretärin oder Landhelferin? Besprich mit Mum, ob sie Dich bei den Kindern so entlasten kann, dass Du verdienen gehen kannst.

Hast Du meinen dicken (2.) Brief erhalten? Da hatte ich Dir eine Vollmacht ausgestellt, mein Maigeld von der Gemeinde abzuholen. (mindestens 172 .- RM). Bitte geh doch gleich hin und sage, dass ich im Krankenhaus gewesen sei und ich schon das Maigeld nicht bekommen hätte. Wie ich hörte haben die Soldatenfrauen noch ca. 40 RM per Monat weiterhin bekommen. Sag bitte, dass Alfred in Kriegsgefangenschaft sei und dass ich kein Geld hätte. Außerdem hatte ich meine Kleiderkarte mitgeschickt, auf der der Stempel des Evakuierten-Schuhmachers an der Brücke ist und hatte dich gebeten, meine Schuhe nach und nach reparieren zu lassen. Ich habe nämlich seit 2 Jahren keinen Schuster mehr... Wohnt Frau Lohmann[21] noch in der alten Wohnung? Ist Herr Lohmann wieder da? Hat Frl. Anny Ederer Bärbels Masern behandelt?...

Auf deine berechtigte Klage über meine Unordnung habe ich dir sanftmütig geantwortet: 1. bin ich unordentlich, 2. Ich war wochenlang so krank, dass alles liegenblieb, 3. Ich bin binnen weniger Stunden abgereist und musste alles umpacken für Reise und Keller usw. Da hab ich den Inhalt des Rohrplattenkoffers ins Kinderbett geschmissen. Mensch, das hat sich um Minuten gehandelt und ich war kaum auf den Beinen! Da diese Klagen aber das letzte war, was ich von Dir bekam, blieb doch ein Stachel in meinem Herzen sitzen, dass Du so wenig einsichtig warst. Sei Du mal so elend und schaff dann alles allein! Ich war den ganzen Winter hindurch elend aufgeschmissen.

---

[21] Ilses beste Freundin

Beim Uhrmacher Riedinger sind meine 2 Uhren, ein quadratischer Wecker und meine goldene Armbanduhr... Bin mit Kind ohne Uhr! Den Wecker kennt Frau Lohmann, weil sie den selben hat, sie möchte ihren doch raussuchen. Die Armbanduhr kennt Liselotte... Sehr wertvolles Stück... Kannst Du noch mehr Seifenpulver schicken? Weißt Du, dass man Wäsche gut mit Buchenholzasche waschen und kochen kann? Ich schicke Dir Strampelhöschen mit... Braucht Bärbel Schuhe?... Hast Du die Nachricht bekommen, dass Frau Dora Kröhnke[22] in Piesenhausen gelandet ist?... Vielleicht wäre das eine Hilfe für Dich, dass Du nicht so einsam bist... Ich bin ja nicht freiwillig aus dem Krankenhaus gegangen. Man hat alle rausgegeben, die gehen konnten, ehe die Amerikaner kamen. Sonst hätten sie mich noch 3 Wochen gepflegt[23]. Aber das wurde alles inakut, weil ich Christine darmkrank und mit Krätze[24] behaftet aus dem Kinderheim holte. Ich hatte dann 4 sehr schwere Wochen mit ihr, in denen sie beinahe verhungert ist – weil sie nichts vertrug und musste sie dann Ende Mai doch noch ins Krankenhaus bringen. Dort hat sie sich in drei Wochen ganz gut gemacht, aber ich bekam sie immer noch mit Durchfall heraus, weil die Amerikaner ein anderes Krankenhaus beschlagnahmt hatten und dieses überfüllt wurde, jetzt hat sie immer noch Durchfall!!!!

Seit einer Woche bekommt sie homöopathische Mittel, die ihr blendend anschlagen und sie darf wieder alles essen. Es war schrecklich.

---

[22] Ruths Klavierlehrerin aus Berlin. Dora Kröhnke wurde meine Patentante bei meiner Taufe in Marquartstein.

[23] Durch das Chaos beim Einmarsch der Amerikaner, die das Krankenhaus übernahmen, wurde Ilse nicht mehr der Brief zugestellt, in dem man ihr mitteilte, dass sie TBC hatte. Sie wusste nichts davon, war ständig krank und musste ihr Kind häufig weggeben. (erzählte Christine in dem Telefonat am 1.7.17)

[24] ist eine durch die Krätzmilbe verursachte parasitäre Hautkrankheit des Menschen. Der Begriff „Krätze" kommt von „sich kratzen" und sagt, dass Betroffene einem unerträglichen Juckreiz ausgesetzt sind und sich immer wieder kratzen müssen.

Die Krätze habe ich dann auch noch bekommen, weil wir nur ein Bett hatten...

Vor einer Woche kam ein Brief von Alfred aus Ludwigshafen/ Rhein! Dort ist er im U.S.A. – Kriegsgefangenenlager und hoffte auf baldige Entlassung. Er behielte den Kopf oben und hielte z.B. Vorträge im Lager über Deutsche Kulturgeschichte. Das Ganze sei „ein nicht zu missendes Erlebnis"... Alfred war nie Pg., deshalb hoffe ich, er kommt bald. Kannst Du mir da etwas über Hans sagen? Ich muss voraussichtlich bald einen Fragebogen ausfüllen, wo nach der Partei-zugehörigkeit der Familienmitglieder gefragt wird. <u>Falsche</u> Angaben haben keinen Sinn, das weiß ich, es kommt eh heraus. Aber ich könn-te <u>gar</u>keine machen, weil ich es nicht mal bei meinem Bruder weiß. Weißt Du, <u>ob</u> + <u>wann</u> Hans in der SA war?...

Nun grüß bitte alle herzlich: Frau Bonsels,[25] Gregoris, Lohmanns... vor allem grüß Mum, und ich danke ihr, dass sie so gedrängelt hat mit der Flucht. Gib Deinen beiden Spatzen ein Bussi von mir. Und sei Du selbst sehr lieb gegrüßt von Deiner Ilse. Sobald ich kann, komme ich"

In Marquartstein lebte Ruth nun mit ihrer Mutter und den beiden kleinen Kinder in Ilses winzigem Zimmerchen bei Ellen und Silvia Gregori in der Schlechinger Straße 13 am Wuhr-bichl. Mum stieg auf die Berge, um Brennholz und Pilze zu suchen und brachte für den Grießbrei der Kinder Erdbeeren und Brombeeren mit. Sie hackte Holz und kümmerte sich um die Kinder ihrer Tochter.

---

[25] Ihr Mann Waldemar schrieb „Die Biene Maja".

Am 17.7.45 kommt der erste Brief von Hans, den Ruth sofort beantwortet. Er ist noch in Sütterlin geschrieben. Die Stellen, die ich nicht lesen kann, sind wieder so xxx gekennzeichnet.

Ruth an Hans: *„Liebster Mann! Nach 4 Monaten großer Sorge um Dich, brachte man mir gestern Deinen Brief vom 16. Mai aus dem Lager bei Sinzig am Rhein. Du lebst und bist gesund – mein Gott, wie glücklich bin ich. Hoffentlich ist es Dir in der Zwischenzeit den Verhältnissen entsprechend gut gegangen. Vielleicht bist du nun entlassen und vielleicht schon in Gelsenkirchen. Morgen fährt ein Herr – Dr. Gerstein – nach Dortmund und nimmt diesen Brief mit. Es gab direkte Beziehungen zur GBAG u. so hoffe ich, dass diese Zeilen Dich erreichen, damit Du weißt, dass es uns gut geht.*

Am 8. April haben wir Opatowitz verlassen, nachdem mir der Oberst eine Woche vorher – am Ostermontag bei einem Tee bei xxx dringend dazu riet. Nach 4 Tagen unendlicher Strapazen landeten wir hier und wurden rührend aufgenommen. Alles, was wir retten konnten sind 4 Koffer (wir hatten einen Kurier mit, der uns half), die ich mit Einsatz aller Kräfte 2 Tage vor dem Einmarsch der Amerikaner aus den Trümmern des Bahnhofs Traunstein retten konnte. 9 weitere große Gepäckstücke – Kisten und Kinderwagen die ich als Passagiergut aufgab – sind nicht mehr angekommen und müssen wie all unsere Sachen abgeschrieben werden. Ich habe also nichts von Deinen Sachen retten können.

Doch wenn man bedenkt, daß wir heil rauskamen, die vielen Gefahren der Reise überstanden, das Kriegsende mit 4 kurzen Beschießungen M'steins uns nichts tat und Du uns nun erhalten bleibst, so müssen wir wohl sehr dankbar sein. Die Zukunft liegt nicht gerade golden vor uns, aber wir werden es schon gemeinsam schaffen. Wir sind ja beide gesund und haben 2 goldige Kinder. Die beiden haben mir so vieles in den bangen letzten Monaten leichter gemacht und waren mir Kraft. Die sind beide so gut im Stand, wie es nur möglich sein kann.

Bärbel hatte hier die Masern und ist danach fast dick geworden, was manchmal etwas auf unsere Kräfte ging, denn die Ernährung war und ist sehr schlecht. Dein kleiner „Schnubs" ist ein goldiger kleiner Teufel geblieben, schwer zu erziehen, aber süß sonst in allem. Wir haben jeden Tag von Dir gesprochen und ich hoffe, dass Du ihr vertraut geblieben bist. Auch von Tumas haben wir immer wieder erzählt. Ich möchte so gern, daß sie sich diese schöne Zeit mit in ihr Bewusstsein u. in ihre Erinnerung hineinrettet. Geradezu tragisch war ihr Heimweh in den letzten Wochen, das so elementar u. naturhaft, wie es nur bei Kindern u. bei Tieren sein kann, zum Vorschein kam.

Das Gisel ist so süß, wie du dir kaum vorstellen kannst. Goldblond mit Löckchen und blitzblauen Äuglein. Dick und stramm, braun angehaucht, rote Bäckchen. Immer vergnügt, mit einer deutlichen Neigung zum Dickkopf, aber ausdauernd u. intelligent. Sie muss nun schon im Wagen angeschnallt werden, weil sie bereits vom Sitz zum Stehen übergeht. Morgens setzt sie sich im Bettchen auf und sagt so lange „mam-mam", bis diese aufsteht und ihr das Fläschchen gibt, das sie ganz alleine hält und austrinkt. – Ja, Hansi, das sind deine goldigen Kinder. Komm nur bald u. hol' sie Dir und die Mammi dazu, die sich schrecklich nach Dir sehnt.

Was ist alles gutgegangen – was hat man alles verdauen müssen – dazu die seelische Belastung! Das alles bringt Gedanken und Probleme zutage, die man nicht allein bewältigt. Ich habe netten und interessanten geistigen Anschluss gefunden, aber mein Sehnen ist

46

und bleibt, all dies mit Dir besprechen zu können. Du fehlst mir sehr – Hansi.

Mum hat tapfer alles mit überstanden, ohne sie hätte ich noch viel weniger retten können. Sie hat es schon verdient, daß wir uns nun bemühen, auch ihr eine kleine Bleibe zu schaffen. Sehr bedrücken tut uns Gerd's Schicksal, von dem wir nichts wissen. Er kämpfte 3 Tage am Grau-Brückenkopf, wurde dann verwundet u. lag im Lazarett in Ybbs a.d. Donau. xxx Letzte Nachricht vom 27. März. Es ging ihm nach hohem Fieber damals schlecht. Napola – SS – und nun vielleicht russische Gefangenschaft? Du kannst Dir denken, wie sehr die xxx Mum leidet, denn wie sieht seine Zukunft aus, wenn er freikommen sollte?

Ilse ging 2 Tage vor unserem Eintreffen in ein Sanatorium a. Starnberger-See. Jetzt ist sie mit Christine in München. Es ging ihr sehr schlecht, Herz völlig in Unordnung. Alfred sitzt noch im Lager in München. Von Mutter keine Nachricht. Neulich gab ich einen Brief an sie mit. Eine Dame fuhr nach Siegen, kennt die xxx Kämper und wollte meinen Brief selbst nach Eiserfeld bringen. – An Tante Lotte habe ich schon 2x geschrieben. An Herrn Ulrich 1x wegen Geld und Wohnung im Gesellschaftshaus[26]. Du musst mir von da aus berichten, was geschehen soll. Der Winter hier wäre recht hart, da wir keine Kohlen kriegen, nur Holz im Wald suchen, was für's tägliche Kochen. Immerhin haben wir ein Dach überm Kopf und sind bei netten Leuten, allerdings in einem grässlich dunklen Loch von Zimmer. Vom Ruhrgebiet hört man widersprüchliche Dinge. Es wird verschieden sein. Wie gesagt – du musst entscheiden.

---

[26] in Gelsenkirchen

Magda und Rolf[27] fuhren 4 Tage nach uns. Magda wurde in Traunstein bei einem Luftangriff verschüttet[28] u. ist eine der wenigen Überlebenden. Rolf besuchte uns einmal 20 Min. lang. Die Verbindungen hier sind noch so schlecht (keine Post, keine Wagen, Bewegungsfreiheit nur im eigenen Landkreis), daß ich keine weitere Verbindung weder mit Rolf, der in Traunstein war, noch mit Magda, die in Ruhpolding ist, bekam. Das hat mich teilweise sehr bedrückt, nicht nur, weil unser Verhältnis ein ausgesprochen nahes u. schönes wurde, sondern weil ich durch Rolf wußte, daß Magda durch den Schock unter Angstzuständen u. Vergesslichkeit litt. Wie gern hätte ich sie hier gehabt, aber so etwas ist jetzt unmöglich. Hoffentlich können wir später wieder zusammenkommen. Mich haben die letzten beiden Monate grenzenlos fest an die beiden gebunden[29]. Es gab nichts, was wir nicht zusammen durchdacht, xxx oder unternommen hätten. Rolf half, wo er nur irgend konnte u. Magda war bis zur letzten Minute beim Packen und Räumen dabei.

Ja, Hansi, was zwischen den Zeilen steht, müssen wir uns mündlich sagen und drüber hinaus können wir noch Romane vom Stapel lassen. Bis dahin, liebster Mann, u. denke bei dem, was Du in unserem Interesse unternimmst daran, daß Dein Kerlchen schrecklich große Sehnsucht nach Dir hat.

---

[27] Die Nachbarn aus Wischau

[28] Das einzige Gebäude, das in Traunstein am Ende des Krieges durch einen Bombenangriff zerstört wurde, war der Bahnhof. Das erfuhren wir am 14.8.2017 von einer Familie aus Traunstein, mit der wir in Verona zufällig am Tisch saßen.

[29] Am 25.12.45 wurde Magda Dreyer meine Patentante. Das wusste ich nicht! Im September 2019 konnte ich im Taufregister von 1945 in Traunstein nachlesen, dass 3 Paten eingetragen sind: *Dorothea Kröhnke, Gerd Hammesfahr, z. Zt in Gefangenschaft, Magdalena Dreyer.* Außerdem konnte ich in der Schlechingerstr.13 die Räume und den Garten sehen, die mir die jetzigen Besitzer des Hauses sehr freundlich zeigten.

Ein Küßchen von Bärbel und Gisel für den Biba, von Mum einen
herzlichen Gruß und von mir einen dicken Kuß! Dein Kerlchen"

Ruth erwähnt, dass Bärbel nach den befreundeten Nachbarn
in Wischau, Tumas und Dreyers, großes Heimweh hatte. Bärbel erinnert sich heute: *„Ja, Tante Tuma war wohl meine erste*
Liebe – ich kann mich noch an das Verlassenheitsgefühl erinnern.
Schrecklich war, dass mich auf der Flucht niemand an die Hand
genommen hat. Ich wollte eine Hand von Ruth oder Mum, aber nie-
mand hatte für mich – ich war erst 2½ – eine Hand frei."

10.10.45 schreibt Ruth aus Recklinghausen an Hans: *„Liebster*
Hansi! Seit dem Brief, den Du schon gelesen hast xxx vergingen
schon wieder lange Monate des Wartens – für uns beide, aber für
Dich ganz besonders, wie ich jetzt weiß. Als ich mich vor 14 Tagen
hierher aufmachte, geschah das hauptsächlich deshalb, weil ich hoffte,
hier etwas über Deinen Verbleib zu erfahren. Wie glücklich bin ich
nun, durch einen Herrn, den Du gebeten hast hier Bescheid zu sa-
gen, zu wissen, daß Du in xxx Wald bist, leider noch nicht entlassen.
Warum, das hat mir der Inhalt deines Schreibtisches in der Hindorf-
straße verraten. Ich habe die Unterlagen verbrannt, obgleich die Tat-
sache damit nicht aus der Welt geschafft ist u. es wohl richtig war,
das zu xxx Hoffentlich trudelst Du in absehbarer Zeit hier ein. Tante
Lotte wird Dich – genau wie mich – liebevoll aufnehmen u. wenn
Dir danach zu Mute ist, so bleib ein wenig hier u. gewöhne Dich an
das „freie Leben". Was wird alles auf Dich einstürzen? Die Verpfle-
gung ist bei uns besser, dafür friert man u. es ist halt eng. Aus die-
sem Grund wäre es schon gut, wenn wir bald nach Gelsenkirchen
umsiedeln könnten. Die Wohnung ist um ein Zimmer vergrößert u.

im Vorraum könnte man eine kl. Küche einrichten. Ich bin begeistert
– aber ob wir sie kriegen? Ich habe bei der GBAG alles getan, um uns
in Erinnerung zu bringen, u. ich glaube, es ist mir auch gelungen.
Deine Stellung scheint gesichert und das andere wird sich ergeben.
Dein Wagen – nein unser Wagen! – ist in Betrieb. Das Schönste
wäre, wenn Du uns damit fahren würdest, dann aber mit Anhänger
wegen Gepäck. Ich habe von Ilse die Grundlage für Geschirr u. Töpfe
bekommen, außerdem müssen wir unsere Winterkartoffeln xxx, *die*
bei uns sehr viel weichlicher sind als hier. Aber ich weiß, daß das
alles fast zu viel Glück wäre u. daß alles erkämpft sein will. Aber sieh
mal zu.

Onkel Hans hat mir 500.- gepumpt. Das musst du dann mit ihm in
Ordnung bringen. An die Dt. Bank können wir nicht ran. Aber es
besteht immerhin eine große Aussicht, sagte man mir.

Ich habe hier mal wieder ganz reizende Tage verlebt, vor allem mit
Lotte kann ich ausgezeichnet, die die Kinder tüchtig benähte, so daß
ich reich beladen nach Hause fahre. Sie wird geschieden, hat Pech
gehabt, das arme Ding. xxx *zur Orientierung, am besten nicht von*
selbst daran rühren.

Vielleicht hast Du selbst schon darüber nachgedacht, daß Deine Frau
oft den richtigen Instinkt gehabt hat – sich aber viel zu wenig darauf
verließ. Das soll mir nun Lehre für's weitere Leben sein. Nur deswe-
gen erwähne ich es u. weil es für uns beide gut ist. Fast bin ich
glücklich, diese Feststellung zu machen. Wie Tante Lotte mir sagte,
hat Onkel Hans seit langer Zeit mit sehenden Augen dieses Ende
erwartet u. mit ihm alle Industriellen. Das wehte mich in seinem
damaligen letzten Brief an, der kam, als Gisel geboren war. Ich sagte
es Dir damals auch.

Außerdem fühle ich fast, daß ich mit viel mehr Ruhe u. Gelassenheit, auch Zuversicht allem Schweren entgegensehe. Dazu hat mich die vergangene Zeit gezwungen u. ich bin grenzenlos dankbar dafür. Ich hatte sogar manchmal die Kraft, Mum entgegenzutreten, die sich vor allem um des täglichen Geldes Willen geradezu kleinbürgerliche Sorgen machte. Ich empfinde mein eigenes Schicksal eigentlich als Lebensgerechtigkeit u. glaube, daß diese Erkenntnis für unsere Ehe von Wert ist, da ich sie vorher durch Nichterkenntnis dieser Dinge gefährdet habe.

Nun noch was Wichtiges. Gerd war von April bis Juli in xxx Er ist in amerikanischer Kriegsgefangenschaft, wo wissen wir nicht. Aber er lebt und es ging ihm wieder gut. Rolf und Magda haben uns besucht und sind jetzt in xxx. Magda ging es besser, obgleich ein gewisser Trauerzustand nicht abzuleugnen ist. Es lag höchstwahrscheinlich eine Gehirnblutung vor. Von dem Unglück weiß sie nichts mehr u. hat 14 Tage lang Rolf gar nicht als ihren Mann anerkennen wollen. Jetzt allmählich kehrte das Gedächtnis zurück.

Auch Frau Lxxx sitzt in unserer xxx: in Ruhpolding. Sie erlebte als letzte Frau die letzten Tage des xxxplatzes mit. Aber darüber mündlich. Das sind Romane xxx gleich am Hinfahrtag! So Hansi, nun sieh zu, daß Du mit beiden Beinen auf die Erde fällst, das ist für uns wichtig. Komm und hol uns bald. Dein Kerlchen

Von Mutter habe ich Nachricht aus Eiserfeld. Hat alles gut überstanden."

2 Fluchtbericht

5.11.45 Ruth schreibt an Onkel Ponfick[30] *„Mein lieber Onkel Ponfick! Endlich kann ich nun ein Lebenszeichen von mir geben, damit die Verbindung wieder hergestellt ist… Neulich war ich in Recklinghausen… Du schreibst mir bitte ganz schnell, wie es Euch allen ergangen ist. Auch von Ohms[31] weiß ich noch nichts. Ich schrieb mehrmals an Gisi nach Marne, habe aber noch keine Antwort erhalten.*

Wir sind nach 4 Tagen schrecklicher Strapazen am 12. April mit den Kindern hier[32] wohlbehalten eingetroffen. Wir wohnen in den Räumen meiner Schwägerin Ilse, die jetzt in München eine Wohnung hat… Ich schlafe mit den Kindern in einem kleinen Zimmer, Mum in der Küche. Durch den Kohlemangel spielt sich im Winter alles in dieser winzigen Küche ab, was einfach auf die Nerven geht mit zwei so lebendigen Kindern… Wir haben alles in Opatowitz zurücklassen müssen, sogar die noch abgeschickten Kisten sind nicht mehr angekommen. Alles, was uns verblieben ist, sind 4 Handkoffer, die auch noch in einen totalen Angriff auf dem Bahnhof Traunstein kamen, und die ich dann recht abenteuerlich und schwierig kurz vor Einmarsch der Amerikaner noch „retten“ konnte. Die Sachen waren tatsächlich noch drin, die Koffer liegen auf dem Mist! ! - - Hans kam noch am 30. Januar 45 an die Front. Vom 11. März 45 stammte die letzte Nachricht von der Westfront, die mich in Opatowitz erreichte.

---

[30] Vater ihrer Schulfreundin Rotraut. Mit Ponficks verbanden Ruth und Hans Freundschaft – dort hatten sie vor ihrem Umzug in die Tschechoslowakei Möbel untergestellt.
[31] Eltern von Gisi, Ruths Schulfreundin aus Berlin. Gisi hatte kurz nach dem Abitur ihre große Liebe, einen schneidigen Offizier, geheiratet und 1940 eine Tochter bekommen. Kurz nach deren Geburt ist Gisis Mann gefallen.
[32] in Marquartstein

Dann bekam ich endlich am 16. Juli 45 einen Brief aus amerikanischer Gefangenschaft von ihm. Du kannst Dir denken, was das für ein Tag für uns alle war. Er lebte und es ging ihm den Verhältnissen entsprechend gut. Leider haben wir unsern Biba aber bis zum heutigen Tag noch nicht bei uns. Inzwischen war er in St. Avold und nach meiner Rückkehr aus Westfalen (ich musste dort mal nach unserer Wohnung nach Geld und Stellung von Hans gucken) erhielt ich einen Brief von ihm vom 3.10.45 aus Heilbronn. Anscheinend ist er nun arbeitsverpflichtet. „Es kann noch Monate dauern", schreibt er. So warten wir halt weiter.

Es wäre schon gut, wenn es nun nicht allzu lange mehr dauern würde, da man im Werk in Gelsenkirchen sozusagen auf ihn wartet. Es ist zum Lachen, all die Klamotten und schönen Sachen, die ich nach Gelsenkirchen schickte, sind erhalten! An meine schöne und so vollständige Wohnung in Opatowitz darf ich nicht mehr denken. Tue es auch erst gar nicht, wenigstens sehr selten.

Von Gerd haben wir noch keine Nachricht, wissen aber, dass er in am. Kriegsgefangenschaft gekommen ist. Nun warten wir auf das Ergebnis der Nachforschungen vom Roten Kreuz. Von meinem Vater wissen wir noch nichts. Auch ihn haben wir durch das Rote Kreuz suchen lassen – hauptsächlich, um ihm dann wieder auf die Pelle zu rücken, meine Mutter erhält ja seit Monaten keinen Pfennig Geld[33] von ihm. Wie sollen wir uns überhaupt verhalten? Die ganze Geschichte ist uns wahrhaftig herzlich leid. Es ist mir völlig rätselhaft, dass es nicht möglich war, einen schnelleren Entscheid zu erhalten, anstatt dass die ganze Sache von den Richtern aus in unnütze Zah-

---

[33] Familienerzählungen sagen, dass Mum sich schon in Berlin von ihm hat scheiden lassen wollen. Ob es darum ging oder um die Probleme, die in Mums Briefen vom 6.9.36 und 12.12.36 anklingen, weiß ich nicht.

len verstrickt wurde. Die Situation wird sich geändert haben, da er sicher keine Pension mehr erhält. Die Akten sind in der nicht angekommenen Kiste.

Unsere ganz große Freude sind die Kinder, die glänzend gediehen sind. Bärbel ist nun 3 Jahre, ein selbständiges kleines Geschöpf, das ein dickes Köpfchen hat, einem jetzt ein Loch in den Bauch fragt und das kleine Schwesterchen zärtlich liebt. „Wenn der Biba kommt, dann freu ich mich und lauf ihm entgegen." Gisel ist ein blondes Lockenköpfchen und hat blaue Augen. Sie sagt deutlich: mam-mam, ba-ba und zu unserem Erstaunen ganz klar Bärbel. Sie ist im Gegensatz zu Bärbel kompakter. Bald wird sie wohl auch laufen. Hans würde sie jedenfalls nicht wiedererkennen. Ich freue mich schrecklich auf sein Gesicht, wenn er diese kleine wonnige Person wiedersieht. Meine Mutter hat mir in allem treulich zur Seite gestanden. Ohne sie hätte ich einfach oft ratlos dagestanden. Liebe, liebe Grüße Euch allen! Deine Ruth."

Im April 1945 versuchte Ruth, verloren gegangenes Gepäck in Traunstein zu holen. Dass sie dabei in einen Tieffliegerangriff kam und sich mit dem Rad in den Straßengraben werfen musste, hat sie oft erzählt.

Bei der Reise nach Westfalen, die Ruth im Brief an Onkel Ponfick erwähnt, besuchte sie in Recklinghausen Lotte und Hans Patschkowski, den Bruder ihrer Schwiegermutter Elsbeth Kämper.

Am **20.12.45** schreibt Lotte Patschkowski aus Recklinghausen an Ruth: *„Liebe Ruth, Du hattest schon eher Gruss und Dank für Deine verschiedenen Briefe haben sollen, aber ich habe mit Grippe im*

Bett gelegen… Im Haus herrscht noch eine unerhörte Betriebsamkeit und Heimlichtuerei… Onkel Hans und Brigitte sitzen schon seit Tagen unentwegt in der Werkstatt und basteln reizende Sachen für die Kleinen. Wenn man Otto[34] fragt, was bringt denn das Christkind, dann antwortet er ein „Dibt". Dieses Rätselwort bedeutet Plätzchen… Jutta hat ein Knusperhaus ganz aus Plätzchen gemacht; die Kinder werden Augen machen. Dir werden die beiden Mädelchen ein großer Trost sein, wenn Hans zu Weihnachten immer noch nicht wieder bei euch sein sollte… Wie mag es Deinen Keuchhustenpatienten inzwischen ergangen sein, ich hoffe, nun haben sie ihn beide überwunden und schenken Dir diese Freude zu Weihnachten. Ob ihr arg frieren musstet?… Du hast mir in einem Brief so lieb Kartoffeln angeboten und nur zu gerne nähme ich sie an, aber ich sehe keine Möglichkeit, sie hierher zu bekommen, so wird es wohl einer von den zahlreichen Träumen bleiben… Stell Dir vor, unsere Hühner legen seit einigen Tagen. Das Hallo hättest Du hören sollen, als das erste Ei im Stall entdeckt wurde. Das zweite Ei bekam Bärbel als einzigstes und schönstes Geburtstagsgeschenk… Heute ist Herr Sch. B.[35] mit seinem Sohn Wolfgang nach München abgefahren… Nun sei herzlichst von uns allen gegrüsst und halte den Kopf hoch liebe Ruth, es wird schon noch alles wieder in die Reihe kommen. Deine Tante Lotte"

Anfang 1946 schreibt Tante Lotte: *„Liebe Ruth. Eben kommt Onkel Hans von der Deutschen Bank wieder, wo er Gelegenheit hat-*

---

[34] Otto Schnelling, Lotte Schnellings Sohn, der Enkel von Lotte und Hans Patschkowski.

[35] Schulze-Buxloh, Freund von Hans und Lotte Patschkowski. Er schenkte der Tochter Lotte wunderschöne Gläser zur Hochzeit. Sie kamen über Lotte und ihren Sohn Otto in unseren Haushalt. Lotte hatte sie, aus Furcht, sie zu beschädigen, nie benutzt. *Wir trinken heute aus diesen feinen, wohlerhaltenen Sektschalen…*

te, Dir Geld zu schicken... Von Hans ist Nachricht da, dass er erst in Sinzig a. Rhein in einem Lager war und vor kurzem kam durch einen Kameraden ein von Hans geschriebener kurzer Gruß aus einem englischen Lager an der französischen Grenze. Es soll ihm recht gut gehen... Das Gesellschaftshaus in Gelsenkirchen steht noch. Es würde nicht problematisch sein euch dort unterzubringen, wenn Hans seine Tätigkeit wieder aufnehmen kann... Der Winter wird für uns alle sehr, sehr hart werden. Nun möchtest Du sicher wissen, wo Lottes Mann steckt und dazu muss ich dir erzählen, dass die Ehe leider nicht so geworden ist, wie wir es erhofft haben. Lotte hat die Ehescheidung eingeleitet. Der kleine Otto ist ein allerliebster Junge, wir haben viel Freude an ihm und für Lotteken ist er ein großer Trost... Von deiner Schwiegermutter haben wir Nachricht, dass sie in der Nähe von Siegen ist. In aller Eile die herzl. Grüsse von Deiner Tante Lotte."

Die Familie war über Deutschland verstreut: Ruths Schwiegermutter lebte in Eiserfeld, Verwandte, die finanziell halfen, in Recklinghausen, ihr Mann Hans, ihr Vater Alexander und Bruder Gerd, der kurz vor dem Abitur von der Napola aus noch in den Krieg geschickt worden war, in Gefangenschaft, Schwägerin Ilse krank in München. Aber man plante und dachte, dass Ruth mit Hans und ihren Kindern nach Gelsenkirchen ins Gesellschaftshaus ziehen werden, sobald das Haus wieder bewohnbar sei und Hans in Gelsenkirchen beruflich Fuß gefasst hätte.

Vom **Februar 1946** gibt es Nachricht vom Roten Kreuz in Ludwigsburg an Ruth: *Frau Ruth Kämper, Marquartstein / Obb.*

bei v. Beckerath: Das uns zugesandte Päckchen haben wir Ihrem
Gatten, Herrn Hans K ä m p e r, am 8.2.46 in das Lager 75 zuge-
stellt. Ihr Mann wurde vom Lager 80 Ulm hierher verlegt. Den
Empfang des Pakets wird Ihnen Ihr Gatte sicher in seinem nächsten
Brief bestätigen.

Im Herbst 1946 wird Hans aus der Gefangenschaft entlassen
und fährt nach Marquartstein zu seiner Familie.

3 Neue Freunde

In ihrem Brief hatte Ilse Grüße an Lohmanns ausrichten lassen.
Die Amerikanerin Otti Lohmann, verheiratet mit Dr. Karl
Lohmann, war Ilses beste Freundin. Otti war wegen der Bom-
benangriffe auf München nach Marquartstein gezogen und
hatte in der Alte Dorfstr.17 eine Wohnung gemietet. Ilse war
Otti dorthin gefolgt und wohnte in der kleinen Wohnung in
der Schlechingerstraße 13, nicht weit entfernt. Die hatte sie
nun Ruth, Mum und den beiden Kindern überlassen, da sie
Hals über Kopf krankheitshalber nach München zurückkehren
musste. Aus der Freundschaft zwischen Ilse und Otti entstand
eine Freundschaft auch zwischen Kämpers und Lohmanns.
Otti war in Marquartstein als Dolmetscherin bei den Verhandlungen zwischen Deutschen und der amerikanischen Besat-
zungsmacht tätig. Eine einzige Geschichte, die überliefert ist,
kann ich hier festhalten: Sie ging mit einer weißen Fahne zu
den Amerikanern und forderte sie auf, das Dorf nicht weiter
zu beschießen; es sei voll mit Flüchtlingen, Frauen und Kindern. Sie stellten den Beschuss ein.

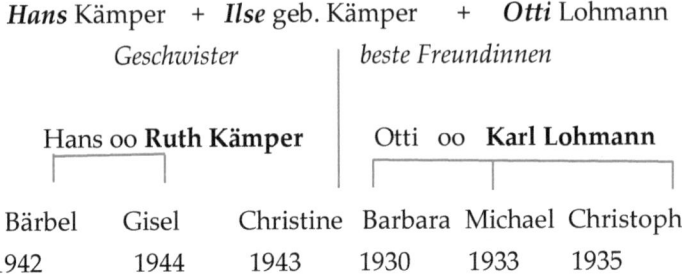

Hans Kämper   +   *Ilse* geb. Kämper   +   *Otti* Lohmann
    Geschwister | *beste Freundinnen*

Hans oo **Ruth Kämper** | Otti oo **Karl Lohmann**

Bärbel	Gisel	Christine	Barbara	Michael	Christoph
1942	1944	1943	1930	1933	1935

4   Auf Arbeitssuche

1946 Hans ging nun alleine nach Bochum, um Arbeit zu finden oder sie wieder aufzunehmen. Rhein-Elbe, Krupp und andere große Industriewerke waren noch geschlossen, so begann er in einem Zulieferbetrieb für Rhein-Elbe als Schlosser zu arbeiten und korrespondierte mit seiner Frau Ruth. Seine Briefe sind leider nicht erhalten. Ab Mai 46 hat Ruth verschiedene Reisen unternommen. Warum sie reiste bleibt etwas verborgen.

Sicher ist, dass es um eine Erbschaft ging und dass sie im August 46 an seinem Geburtstag bei Hans in Bochum war. Mum betreute in ihrer Abwesenheit Gisel. In Rosenheim, bei einer Frau Hofmann, war Bärbel untergebracht.

Die folgenden, humorigen Briefe von Mum an Ruth und die von Ruth an Hans zeigen eindrücklich, wie sich alle durchschlagen mussten. Und sie zeigen mir, dass auch in diesen schwierigen Zeiten das Wohlergehen der Kinder im Blick der Erwachsenen stand.

8.5.46 Mum an Ruth: *„Mein liebes Ruthchen! Soeben holte ich deine Karte aus Coburg[36] von der Post... Unser Kleines ist quietsch-fidel u. sehr brav! Heute der erste Regentag, daher Stubenarrest für sie, was ihr gar nicht so recht zusagt. Nachts ist sie meistens nass, trotzdem ich öfter aufstehe. Bei Frau Hofmann rief ich Sonntag an. Sie ist weiter schwer begeistert von Bärbel. Sie macht ihr nur Freu-de. Von Hans sind 2 Briefe hier. Von Gerd nichts... Die Belastung mit fremden Sachen wird für Dich kaum möglich sein, da Du selber genug zu schleppen hast. Und dann noch so wertvolle Dinge, wie mir Ellen sagte. Die Verantwortung ist doch zu groß; selbst für eine sehr gute Belohnung, die Ellen Dir in Aussicht stellte. Ich will froh sein, wenn Du erst wieder in der Türe stehst. Weiter alles Gute und herzlichen Gruß von Deinem Giselkind. Mum"*

28.5.46 *„Mein liebes Ruthchen! Was hast du für eine schlimme Fahrt gehabt in dem entsetzlichen Regenwetter. Es schüttete ja nur so vom Himmel und Du bist sicher klitschnass geworden. Konntest Du am Bahnhof in München unterkommen, oder musstest Du zu Ilse wandern. Bärbel und ich hatten auch keine schöne Fahrt in dem strömenden Regen. Die Eisenbahnwagen waren zum Teil undicht, der Fußboden schwamm. Bärbelchen fing unterwegs an zu niesen. Hoffentlich hat sie sich nicht erkältet. Den Kotzenmantel hatte ich ihr angezogen und auch ein Kopftuch umgebunden. In Rosenheim holte uns Dieter ab, Frau Hofmann war verhindert. Bärbel ging auch ganz vergnügt mit dem jungen Beschützer mit. Gisel war gut behü-tet worden und hat sich gut benommen. Besonders Frau Gregori hat*

---

[36] Es ging um eine Erbschaft: Hans' Kusine Hetti war mit Max von Pilgrim verheiratet, dem (so erzählt Gerlinde am 9.4.18) das Schloss in Weißenbrunn gehörte. 1946 wurde es wahrscheinlich verkauft. Jedenfalls wurde einiges aus dem Besitz der Familie Pilgrim in der Verwandtschaft weitergegeben, offensichtlich auch an Hans und Ruth.

sich mit ihr beschäftigt und scheinbar große Freude über sie gehabt.
Und nun das Schönste: Von Gerd kam gestern eine Karte aus St.
Paul d'Eyjeaux (Mittelfrankreich bei Limoges). Seit dem 10.4. sind
sie dort und warten auf Arbeitseinsatz. Ich nehme an, daß sie besser
verpflegt werden, wenn sie arbeiten. Ich habe sofort auf der Anhä-
ngerkarte geantwortet. Scheinbar darf man nur auf diesem Wege
schreiben. Ich bin glücklich, daß nun endlich wieder Verbindung mit
dem Jungen hergestellt ist. Nun warte ich auf eine Karte von Dir.
Gruß u. Kuß vom Giselchen und Deiner Mum"

7.6.46 *„Mein liebes Ruthchen! Ich nehme stark an, daß Du wieder*
nach Weißenbrunn gefahren bist. In Weißenbrunn hast Du wohl den
von mir nachgeschickten Brief vorgefunden. Uns geht es ausgezeich-
net. Du kannst also ruhig noch fort bleiben. Wir sind sehr brav, auch
des nachts etwas braver, wenn auch noch nicht ganz. Wir haben uns
auch impfen lassen und waren auch dabei ausgesprochen brav. Es
sind nur zwei kleine Tüpfelchen gemacht worden. Die zwei Pöckchen
sehen heute, nach 4 Tagen noch ganz harmlos aus. Die Pöckchen
brauchen nur etwas aufgegangen zu sein, dann wäre es schon in
Ordnung. Frau Lohmann hat die Nähmaschine holen lassen. Ihre
Freundin brauchte sie einige Tage. Eier habe ich noch keine bekom-
men, aber flüssige Seife. Wir essen schon selbstgepflückte Erdbeeren
abends in unserm Brei, und das schmeckt dann so wunderbar. Herz-
lichen Gruß und Küßchen von Giselchen und Mum"

21.6.46 *„Mein liebes Ruthchen! Ob Du immer noch in Weißen-*
brunn sitzt? Der Biba hat noch nichts von sich hören lassen. Weiß er
denn, daß Du wieder unterwegs bist? Und hat er vielleicht nach
Weißenbrunn geschrieben?... Für Tabakpflanzen wird es wohl bei

60

Deiner Rückkehr reichlich spät sein. Pflanzen könntest Du von Ellen bekommen. Giselchen ist brav und munter. Nachts bereitet sie mir meistens feuchten Kummer. Gestern war ich auf unserem Rittergut. Unkraut gab es wenig zu hacken. Tomaten stehen alle kerzengerade. Herzlichen Gruß und Kuß von Giselchen und Mum"

23.8.46 „Lieber Hans! Allerherzlichste Glückwünsche zu Deinem Geburtstage… Auch kam Dein Brief mit der Tabakeinlage. Diese Mischung lässt sich ganz gut rauchen. Allerdings amerik. Tabak schmeckt besser. Da es aber so etwas für mich nicht gibt, bin ich auch so zufrieden u. dankbar für die Sendung. Unser Giselchen ist wohlauf. Sie ist nun wieder ein rechter Wonnekloß. Zwei Tage musste sie im Zimmer bleiben. Es regnete Bindfäden. Sie spielte ruhig und zufrieden mit ihren Sächelchen. Zuweilen erscheint Wölfchen. Sie vertragen sich blendend, spielen ohne Geschrei zusammen. Nachts macht sie mir allerdings immer wieder Kummer. Am meisten hat sie Bärbelchen vermisst. Den ersten Nachmittag lief sie durch den Garten und rief andauernd nach ihr. Selbst Mama geriet ins Hintertreffen dabei. Heute habe ich wieder das Kochgeschirr voll Brombeeren gepflückt und eine Brombeersuppe gekocht. Sie schmeckt köstlich zum Brei u. Giselchen ist schwer begeistert. Herzliche Grüße von der alten Mum"

25.8.46 „Liebes Ruthchen! Anbei ein Telegramm von Ussinka. Sie glaubt also immer noch, daß es unsere Teppiche sind. Meiner Meinung nach ist es ausgeschlossen. Du hast sie mit nach Opatowitz genommen. Mit dem Brombeersaft habe ich Kummer. Heute gab es einen Puff und der Korken prallte an die Decke. Ich koche nun morgen den ganzen Saft noch einmal auf, fülle ihn wieder in Flaschen und sterilisiere sie. Es wäre ein Jammer, wenn sich der schöne Saft nicht halten würde. Ellen haben sie über 20 Maiskolben geklaut. Sie ist ganz traurig. Kann ich verstehen. Morgen will ich mal nach unseren Gurken schauen. Giselchen ist lieb und brav. Tagsüber bisher ganz trocken. Es wird gar nicht geschrien, wir haben auch kein Böckchen[37]. Man steht nur viel unter dem Küchenfenster und ruft nach Mama. Wann werde ich wohl Post von Dir haben? Lebt wohl alle Beide. Herzl. Gruß u. Kuß von Mum und Gisela"

27.8.46 „Mein liebes Ruthchen! Heute kam Deine erste Karte aus Bochum. Am 23.8. wurden die Reisebeschränkungen aufgehoben. Ich lege einen Artikel aus der N.Z. über die Aufhebung bei. Hoffentlich sind die beiden Kisten auch so glatt durchgekommen, wie Du. Kann mir vorstellen wie erstaunt Hans war, als ihm sein Weibchen so unverhofft in die Arme sank. Gisela und ich kommen soeben vom Garten zurück. Sie ist so tapfer neben mir her marschiert. Einige Tomaten und 1 Gurke brachte ich mit. Heute Abend mache ich das Rillenglas mit Gurken ein. Wenn es doch zubleiben wollte. Heute Mittag aßen wir Kartoffelklöße mit geschmorten Brombeeren. Das hat uns aber gut geschmeckt! Giselchen aß 4 Klöße und ich – kaum mag ich es sagen – 9 Stück. Ich konnte danach kaum meine Küche aufwischen, der Bauch war mir im Wege. Macht es Euch gemütlich und seid schön brav. Gruß u. Kuß von Giselchen und Mum."

30.8.46 „Mein liebes Ruthchen! Ich muss mit dem Bleistift schreiben. Tinte auf diesem Papier unmöglich. Heute kam Dein Brief mit Einlage vom 27.8. Da hast Du ja in Braunschweig[38] wieder mal

---

[37] Der „feuchte Kummer", das „Rittergut" und die Wir-Form erheitern mich sehr!
[38] In Braunschweig wohnte Max von Pilgim. Also war Ruth wieder in Sachen Erbschaft unterwegs.

Glück gehabt. Das wäre eine schöne Sache gewesen, wenn man Dich wohlmöglich eine Woche festgehalten hätte. – Aus euren Erbschaften finde ich mich bald nicht mehr heraus. Aber ihr könnt es wirklich gebrauchen. So etwas hat man gerne in diesen Zeiten …

Giselchen und ich haben heute morgen selbsteingekochtes Pflaumenmus gegessen. Am Mittwoch bin ich mit Gisel im Wägelchen nach Piesenhausen gegangen. Mit großer Mühe habe ich endlich 10 Pfd. Pflaumen bekommen gegen 1 Pfd. Zucker von einer jungen Bäuerin. Ich hatte auf dem Hinweg schon bei ihr angefragt, aber nichts bekommen. Als ich auf dem Rückweg wieder bei ihr vorbeikam, sprach sie mich an und fragte, ob ich Obst bekommen hätte. Da ich verneinte, sagte sie, daß ich Pflaumen haben könnte. Ich nahm sie natürlich und bekam noch einige Äpfel. Zehn Pfennig bezahlte ich pro Pfund. In Berlin musste man 65 Pf. Pro Pfund dafür bezahlen. Ich habe sie im Bratofen ganz dick eingekocht. Drei Gläschen hat es gegeben. Gurken habe ich auch eingeweckt. Diesmal ist es zu. Milchmarken sind sehr schwer zu bekommen. Frau Stöttner muss sehr gut gelaunt sein, wenn sie welche herausrückt. Ich versuche es immer wieder, aber es ist erst einmal geglückt. Die hatte ich in den Geburtstagsbrief eingelegt. Schickst Du mir bitte recht bald Kümmel? Ich habe am Donnerstag den letzten verbacken. Die Brote sind wieder tadellos geglückt.

Heute kam von Gerd ein Brief. Er hilft beim Barackenbau. Er bittet um Nähzeug, Kamm und Zahnpulver. Ich habe ihm 500 Gr. von meinem frischen Brot abgeschnitten.

Unser Lockenköpfchen ist weiter brav. Sogar heute Nacht waren wir trocken. Tagsüber sind wir bisher immer sauber gewesen. Ich nehme sie jetzt häufig mit, wenn ich in den Ort gehe. Sie marschiert ja so tapfer mit. Also macht's weiter gut! Viele liebe Grüße und Kuß vom Giselchen. Mum"

3.9.46 *„Mein liebes Ruthchen! Wie schön, dass Ihr Hans' Geburtstag so ganz für Euch verlebt habt, finde ich wundervoll. Und Du wirst schon für Gemütlichkeit gesorgt haben. Für Gerd kaufte ich neulich 200 gr Wurst. Als ich Frau Mörtl sagte, dass es für meinen Jungen in der Gefangenschaft wäre, wog sie sehr gut. Es war beinahe 1 Pfd. Von Frau Hofmann hatte ich am Sonntag eine Karte. Bärbelchen ist lieb und fröhlich wie immer bei Frau Hofmann. Giselchen war mehrere Nächte hintereinander trocken. Möge es so bleiben. Euch beiden liebe Grüße und Kuß von Giselchen. Mum"*

4.9.46 *„Liebes Ruthchen! Ich schicke Dir die Weißbrotmarken wieder zurück. Man behauptet, dass diese Marken hier in der amerikanischen Zone keine Gültigkeit haben. Wenn ihr dort Weißbrötchen darauf bekommen könnt, dann habt ihr wenigstens etwas. Giselchen spielte heute den ganzen Tag mit der Karre von Wölfchen. Sie kariolt mit einer grenzenlosen Geschicklichkeit um alle Ecken herum. Kaum, dass sie essen und schlafen will. Wenn man ihr doch so eine Karre zum Geburtstag schenken könnte. Das wäre eine große Freude für sie."*

7.9.46 *„Liebes Ruthchen! Einliegend noch mal für 2 Liter Vollmilch Marken. Jetzt wirst Du doch wohl endlich Nachricht von Bärbelchen bekommen haben. Unser Giselchen ist gesund und munter. Gestern sagte ich ihr Großmutti vor. Sie sagte natürlich nichts darauf. „Du bist ja so dumm!" Sie echote dumm. Als ich am nächsten Morgen ihr wieder Großmutti vorsagte, schüttelte sie den Kopf und sagte*

„dumm". Wenn ich einkaufen gehe, nehme ich sie meistens mit. Ich brauche mir nur die Schürze abzubinden und zu sagen „Sollen wir jetzt zu Post gehen?" Dann bricht sie in ein Freudengeheul aus und ist überglücklich."

9.9.46 *„Mein liebes Ruthchen, Du bist ja so schweigsam! Schon mehrere Tage ohne Post von Dir. Heute kamen 432.- Mk von Max v. Pilgrim.[39] Ich schreibe heute zum letzten Male, denn Ende der Woche erwarte ich Dich, oder noch nicht?.... Bis Ende der Woche sollen alle Flüchtlingspässe ausgegeben werden und zwar durch den Flüchtlingsobmann. Ich bin neugierig, ob wir dabei sein werden. Dieses Jahr gibt es eine fabelhafte Halimaschernte. Du glaubst nicht, was da alles wächst. Mit Körben und Rucksäckchen zogen die Leute zum Wuhrbichl. Ich habe heruntergeholt und getrocknet, was ich nur konnte. Gestern noch bis 10 Uhr abends gesessen und geputzt. Schade, dass Du nicht hier warst. Auf baldiges Wiedersehen! Mum"*

Nach der Lektüre dieser Briefe muss ich sagen: ich wusste nicht, dass ich eine rührende Großmutter hatte – Chapeau!

Vom **15.2.47** gibt es eine Postkarte, die die freundschaftliche Verbundenheit zwischen Hans Kämper und Karl Lohmann zeigt: *An Herrn Dipl.-Ing Hans Kämper, Bochum Gerthe, Otto-Gehres-Str. 93 von Karl Lohmann, Alte Dorfstr. 17, Marquartstein:*

---

[39] Max von Pilgrim war mit Kusine Hetti verheiratet. Hans' und Hettis gemeinsamer Großvater war Hugo Kämper – s. Anm. 6. Hettis Sohn **Hubertus von Pilgrim** schuf das „Todesmarsch-Mahnmal", 22 identische Denkmäler, die an den Todesmarsch der Häftlinge des KZ Dachau im Jahr 1945 erinnern. Sie stehen in München und im weiteren Münchener Umland entlang der Strecke des Todesmarsches. U.a. schuf er 1982 den Adenauerkopf am Bundeskanzlerplatz in Bonn. (Wikipedia am 9.4.18)

„Lieber Herr Kämper! Nehmen Sie bitte meinen Dank für die vielen Herder-Bände entgegen, die nun eine Zierde meiner Bibliothek bilden. Sie überbieten sich selbst durch das Angebot der Bücher von Goldberger und den Hinweis auf den alten Zacharias. Darf ich letzteren ebenfalls als ein Angebot betrachten? Für den Z. hätte ich nämlich vornehmlich Interesse. Ich kenne das Werk gut von meiner wissenschaftl. Arbeit her, konnte es aber in Berlin nie antiquarisch erhalten, sein Besitz würde mich deshalb sehr beglücken. Ggf. würde ich das auch käuflich erwerben. Schlagen Sie also bitte ein agreement vor! (via Wuhrbichl gesagt) Herzl Grüsse von meiner Frau und mir. Ihr K. Lohmann"

5 Abkühlung

Am **15.4.47** schreibt Ruth an Hans,[40] nachdem Hans zu Besuch in Marquartstein war. *„Lieber Hansi! Nun sitzt Du sicher schon wieder an Deiner Arbeit und hast hoffentlich die Reise gut überstanden. Hansi, wenn Du nun auf die Marquartsteiner Tage zurückblickst, so geschieht dies sicher mit recht geteilten Gefühlen. Glaub mir, auch ich mache mir um all die Dinge sehr viel Kopfzerbrechen. Ganz ohne Frage ist unsere Ehe in ein neues Stadium getreten – eigentlich nicht verwunderlich – denn die Linie – Kameradschaftsehe – war ja von Anfang an gegeben. Und doch quält uns nun vieles sehr. Haben wir Geduld mit uns u. der Zeit. Ich vor allem will mich bemühen geduldiger zu werden – hab Du auch Geduld mit mir... Heute morgen um 6.10 bin ich in eine Mehlmühle und hab für 3000*

---

[40] gefunden am 21.11.17 im Schreibtisch von Hans.

g Brotmarken statt 4 ½ Pfund Mehl, 6 Pfund Mehl bekommen. Mit dem 8 Uhr-Zug war ich wieder zurück, hat also gelohnt.

Den ganzen Nachmittag über war ich im Garten, da gibt es noch viel zu tun, da die frischumgeworfenen Stücke erst durchgehackt und von den Grasschollen befreit werden müssen... Ein Beet mit Kräuter- und Spinatsamen ist fertig... Morgen geht es weiter. Vormittags wird erst geschrieben: Die Rede von Fred[41] zum Sonnabend, über der Karl heute schrecklich brütete. Nächste Woche kann ich vielleicht schon mehr über die weiteren Pläne berichten, die sich jetzt verdichten, da der „Finanzminister" gefunden scheint.

Die Kinder sind den ganzen Tag draussen... Für heute liebe Grüße von Deinem Kerlchen "

In den folgenden 3 Briefen vom April 47 erzählt Ruth von 2 Ztr. Fallobst und 1½ Ztr. Dauerobst, die sie ergattern konnte. *„Fallobst kann ich Dir ja nicht schicken. Du bekommst dann nachher Trockenobst und ein paar Winteräpfel..."* Sie erzählt von Ilse, die sie in München besuchte, und spricht über die Verteilung der Kohle, die Hans ihr aus dem Ruhrgebiet zukommen lassen kann. *„Es sind bereits mit Lohmanns Hilfe Bestrebungen im Gange, die 5 t herzukriegen... Ich denke mir die Verteilung so: 20-30 Ztr. zum Tauschen (Kartoffeln und Mehl), 10 Ztr. an Lohmanns für Hilfe,... 80 Ztr. würde ich an deiner Stelle dabehalten, um Dreyers[42] etwas zukommen zu lassen... Für den Haushalt habe ich folgende*

---

[41] „Alfred (Fred) Denger war zunächst Schauspieler und Kabarettist. Im Zweiten Weltkrieg war Fred Denger Mitglied der Widerstandsgruppe Onkel Emil. Nach dem Krieg wurde er Schriftsteller", liest man im Internet. Über die Werkstattsiedlung habe ich keine Informationen gefunden.

[42] Rolf und Magda Dreyer, ihre deutschen Nachbarn in Wischau, die 4 Tage später von dort geflohen waren.

Wünsche: 1 Schrubber, 1 Kochtopf, 1 Schälmesser, 1 Kuchenform, 1 Auflaufform... Herzliche Grüße! Deine Ruth"

23.4.47 *„Lieber Hansi!...Fred Denger hat nun seine ersten 2 öffentlichen Auftritte hinter sich, wobei die Jugendversammlung recht geräuschvoll verlief... trotz lauter Opposition war es ein Erfolg und es wird nun fieberhaft weitergearbeitet... Major Diley, der Jugendbetreuungsoffizier der US-Armee für Bayern, hat persönlich seine Hilfe zugesagt. Es werden also in allernächster Zeit die ersten Jugendlichen mit Lastautos und Material anrollen und es kann begonnen werden.*

Ich bin tüchtig im Garten, der mir viel Mühe macht, da ich das von Dir mit Mist beworfene Stück Land nochmal ganz umgraben muss, weil es durch die Pferde ganz hart getreten ist. 5 Reihen Frühkartoffeln sind drin. Der Kindergarten ist leider eingestellt, wir versuchen alles, um einen anderen Raum zu bekommen... Die Kinder sind von morgens bis abends draussen... Gestern sprach Frieling[43] – der Biologe – über den Sinn des Todes... ein Mischmasch von naturwissenschaftlicher, anthroposophischer und christlicher Auffassung. Besonders stark vermischte er die Reinkarnationslehre mit christlichen Auffassungen... Liebe Grüße von Deinem Kerlchen"

30.4.47 *„Lieber Hansi!... für deine Karten herzlichen Dank. Ich habe sie als laufende Reihe über Bärbels Bett gepinnt. Später werden sie als Bilderbuch zusammengetan... Herzlichen Dank für deine Sendung mit Brotmarken und Tabak für Mum... die Brotration wurde wieder gekürzt. Gisela bekommt 2000 g und wir 4000g ... Von Fritz*

---

[43] Dr. Heinrich Frieling war der Chef des Farbenpsychologischen Institutes in Marquartstein.

Kröhnke[44] bekam ich einen netten Brief und 20 Zigaretten. Er ist dabei, Göttingen zu verlassen... im Rahmen des allgemein wieder auftauchenden Kriegsgeschreis liegt wohl auch seine Warnung an mich, nur nicht nach Bochum zu gehen. Nun, du weisst ja, dass ich es aus vielen anderen Gründen für richtig halte, auch auf längere Sicht noch hierzubleiben..."

Offensichtlich sollen Ruths und Hans' Möbel in Berlin geholt und nach Bochum gebracht werden, denn sie schreibt: „... es fehlt ein Fahrzeug, das die Möbel von der Goethestr. nach Lichterfelde zu Schmeling bringt ... zum endgültigen Transport nach Bochum bzw. München ist Schmeling nun bereit. Herzliche Grüße! Kerlchen"

5.5.47 „Lieber Hansi! ... Ich arbeite jetzt vormittags einige Stunden im Büro der ‚Werkstatt-Siedlung'[45] ... was lohnt, weil gut 50.- monatlich extra rausspringen... Deine Pläne in Bezug auf weitere Verkäufe bzw. Nichtverkäufe finde ich nur gut. Ich werde ja nun auch laufend beisteuern können und dadurch unser Konto etwas erweitern... Die Mehrbelastung nehme ich bewusst auf mich, da unsere Zukunft noch auf so unsicheren Beinen steht... Ausserdem kann ich einer wirklich guten Sache nützlich sein..."

17.5.47 „Lieber Hansi!... bin grad an einer Lungenentzündung vorbeigekommen... auf tiefsitzenden, langanhaltenden Husten muss man also in Zukunft achten... hatte eine scheussliche Nacht mit Atemnot... Den Garten konnte ich am Abend des Fieberbeginns in

---

[44] Sohn von Dora Kröhnke, Ruths Klavierlehrerin
[45] Das Büro war in der Wohnung von Lohmanns in der Alte Dorfstraße.

einem ,Frühjahrsbestellten Zustand' verlassen. Es fehlen noch Schlangengurken, Porree, Mais, Zwiebeln und Tomaten." (Eine Zeichnung zeigt, wohin Stangenbohnen, Kartoffeln, Zuckerrüben, Kräuter, Spinat, Erbsen, Salat, Kohlrabi und Kohl gepflanzt wurden.) *„Brief von Gerd sehr erfreulich. Weniger erfreulich sind die Aussichten auf seine Entlassung. Wenn er nicht als zur SS gezwungener gilt, sehe ich schwarz... Dass unsere Möbel in letzter Minute ins Haus Ohm gerettet wurden, schrieb ich schon... inzwischen versuchen wir, die Möbel hierher zu schaffen... Otti schickte heute ein Stück Fett und Fr. W. eine Tüte mit Keksen. Letzteres lockt die beiden Hasen öfter als sonst mal bei Mutti Besuch zu machen. Gisel fieberte gestern Abend und hustet, war aber heute wieder quietschvergnügt. Geburtstagswunsch? Weiss eigentlich nix. Buch immer. Mum wünscht sich eine Säge! Ich auch, weil sehr wichtig"*

21.5.47 *„Lieber Hansi! Heute geht die Wurst an Dich ab. Käsemarke anbei zurück. Hab ja schon Ostern kein Käse darauf bekommen. – Auf Deine Kartoffelmarken haben wir was bekommen. Ein großes Glück, dass gerade jetzt Kartoffeln ankamen bei Frau W. Hoffentlich klappt die Kartoffelfrage für Gisi[46], damit sie bald kommen kann. Meine Ärztin hat mir noch strengste Schonung anbefohlen und wenn Gisi ohne viel Mühe Mum die Kinder ein wenig vom Leibe hält, wäre viel geholfen... Der Kindergarten spielt sich jetzt im Wagenpfeil ab, sehr praktisch. Wölfchen geht jetzt auch mit, worüber Bärbel sehr erfreut ist, denn B. wird von einer Nachbarin morgens und mittags mitgenommen, solange ich krank bin. Claudia ist nun*

---

[46] Gisela geb. Ohm, Ruths Schulfreundin.

auch da und spielt nett mit Gisela... Bin gespannt auf Bericht aus
Gelsenkirchen. Liebe Pfingstgrüße! Deine Ruth"

2.6.47 Ruth an Hans: *„Lieber Hansi!... Ich bin in Schuhnot (Halb-*
schuhe!) für beide Kinder. Beide besitzen 1 Paar Sommerschuhe,
recht schlecht, und wenn die kaputt sind, dauert es auch jetzt beim
Schuster ziemlich lange. Außerdem hat Gisel die ihrigen bald aus-
gewachsen. Wenn also Möglichkeit besteht, so bitte ich sehr um Wei-
ckes ausgewachsene, doch wie gesagt, nur Halbschuhe, denn Stiefel
haben beide, die sind bei der großen Hitze hier nicht brauchbar...
Eine wirklich schwere Frage ist die wegen Deines Urlaubs. Frau W.
bezweifelt ganz stark, dass vor der neuen Ernte noch alte Kartoffeln
kommen. Die neue Ernte wird sich noch hinausziehen und dann gibt
es ja zunächst nur ganz geringe Mengen. Wir wissen nicht, wie wir
mit unserem letzten Rest überhaupt hinkommen sollen. Gisi isst
hauptsächlich auf Kartoffelmarken im Gasthaus. Ich habe hin und
her überlegt, finde aber keinen Ausweg. Wann würdest Du denn
ungefähr kommen wollen?
Die Möbeltransporte haben mich jetzt ein bisschen schlapp gemacht.
Ich warte erstmal drauf, ob unsere Zehlendorfer Sachen hier ankom-
men... Ich liege nämlich schon wieder: Scheussliche Halsschmerzen
und etwas Fieber. Gisi pflegt mich goldig mit Halswickeln usw. In-
zwischen wird auf dem Wuhrbichl das Zeltlager aufgebaut, der Bau
der ersten Werkstätten soll nun bald beginnen... endlich ist ein La-
gerleiter da... Eine Notiz in der N.Ztg. vom 2.6. besagt, dass die
Militärregierung und deutsche Stellen in Heidelberg den Bau von
Werkstättensiedlungen für Jungflüchtlinge planen! Den Kindern
geht es bis auf Gisels Husten wieder gut. Die genießen die Hitze und

71

Gisel fordert jeden morgen: „Mutti, barfuss laufen" Herzliche Grüße! Ruth"

14.6.47 „Lieber Hansi!... Brief 7 und 8 kamen jetzt erst an. Der 7. ging durch die Zensur und war lange unterwegs... Vor allem möchte ich Dir für die vielen Marken danken, Brot rettet uns aus vielen Schwierigkeiten, wir wollten schon Gisis mitgebrachtes Öl tauschen. Ich hab es nun mit L's Hilfe[47], die wirklich rührend ist, fast schon wieder geschafft und bin durch die gute Fütterung während der Krankheit nicht mal dünner geworden... Deine Wurst geht morgen ab. Ich muss offen gestehen, dass ich mich mit Deinen Ausführungen über Religion usw. jetzt nicht so beschäftigen kann... Seit dem 1.6. bin ich richtig im Büro der Werksattsiedlung angestellt. Gehalt liegt noch nicht ganz fest, wird aber ganz nett sein... Ich arbeite von 9-4 mit reichlicher Mittagspause... Ich sehe mehr und mehr die Notwendigkeit von Fred's Idee und Projekt. Es ist ganz entsetzlich, was wir jetzt Tag für Tag an Elend sehen, das unsere Jugend betroffen hat. Du machst Dir einfach keine Vorstellung davon. Ich stelle mich deswegen bewusst zur Verfügung... Fred's menschliche und charakterliche Qualitäten machen mir oft Kopfzerbrechen. Er ist ebenso grossartig und mitreissend, wie völlig versagend, wenn es um die Behandlung von Menschen geht. Mein Trost ist, dass L's das völlig sehen und dagegen wirken, wie ja überhaupt die ganze Sache ohne deren völliges Einsetzen noch längst nicht so weit gediehen wäre. Rein äusserlich gesehen stehen nun die Zelte und die Arbeiten – Strassenbau, Ausschachten – könnten beginnen. Es fehlt die Lagerleitung, was ein Problem ist, da Fred nicht kann und die Jugend so verwahrlost ist... Alle öffentlichen Stellen – Innenministerium,

---

[47] Lohmanns

Landrat, Flüchtlingskommissare, Bürgermeister, Jugendausschüsse usw. – sind informiert, z.T. hier gewesen und es ergibt sich ein sehr reges Für und Wider... Einflussreiche Freunde sind im Begriff zuzustossen. Geworben wird u.a. bei den Quäkern u. Polly Rockefeller durch Otti, die die ganze Beschaffung des Baumaterials in Händen hat an Hand der amerik. Beziehungen. Sie ist noch auf Reisen... Gisi bleibt noch bis nächste Woche und Ilse erwarte ich heute noch über Sonntag. Du siehst, zum Kranksein ist keine Zeit mehr. Also Schluss. Liebe Grüße von Deiner Ruth."

22.6.47 *„Lieber Hans! Gestern Abend haben wir wunderbar Sonnenwende gefeiert. Der Chor mit 40 Leuten*[48] *war ins Atelier eingeladen... es wurde Hausmusik gemacht... um 10h ging es durch den dämmerigen Wald mit Glühwürmchen zum Wuhrbichl, wo unsere Jungflüchtlinge bereits um den brennenden Holzstoß standen, wir sangen... gegenüber flammten am Berg auch lauter Feuer auf – es war zauberhaft schön... Wir kommen mit allem immer wieder so hin... nur mit Kartoffeln sieht es böse aus, sie reichen noch 4-5 Tage. Auf Deine Marken habe ich keine mehr bekommen, da halt keine mehr da sind.*

Im Büro ist jetzt einige Beruhigung eingetreten. Wir sitzen wieder bei L's ... Wir müssen mit allem Geduld haben, vor allem bei der Materialbeschaffung. Es sollen zunächst nur Werkstätten (Holzbauten) in kleinerem Stil erbaut werden, damit bis zum Winter einiges unter Dach ist. Die Gründung eines Vereins steht bevor, da der Geldgeber nur ein grosses Projekt will und nun absprang... Hast Du nochmal über Kohlen für den Winter nachgedacht?... Liebe Grüsse von Deiner Ruth"

---

[48] in dem auch Karl Lohmann sang

26.6.47 *„Lieber Hans! Da ich gerade noch im Büro, d.h. in Karls Zimmer sitze, während nebenan eine Besprechung stattfindet, will ich Dir Deine Frage beantworten. Ja, es hat kurze Zeit einen Lagerleiter gegeben, der aber auf „demokratischen" Beschluss der Jugend hin abgesetzt wurde. Leider hat Fred nachgegeben und den Anschuldigungen der Jungen, die sich wohl lediglich gegen eine gewisse Disziplin wandten – diese Jugend sieht jegliche Ordnung sofort als Militarismus an – Gehör geliehen. Wir alle sind von der Qualität des Lagerleiters überzeugt und L's wollen ihn unbedingt zur Mitarbeit hierbehalten. Es gibt zwei schwere Probleme: die Schaffung einer Rechtsform... und die personellen Verhältnisse... Alles läuft noch und macht Schwierigkeiten... Karl und Otti sind da immer wieder grossartig, Otti mit ihrem Schwung, Karl mit seiner Ruhe und Gelassenheit. Es wird nun doch eine Genossenschaft angestrebt... denn die für einen Verein in Betracht kommenden Leute sind in der Mehrheit Anthroposophen und man befürchtete die allmähliche Ausrichtung des Werkstättenbetriebs zu einer anthroposophischen Lehranstalt...*

Ich war vor einigen Tagen in München... Ich hätte das vor mir hergeschoben, wenn nicht Karl und Fred auch dorthin gemusst hätten, so brauchte ich nicht alleine zu fahren..."

8.8.47 Postkarte aus München von Ruth an Hans: *„L.H.! Mum schickte mir Deinen Brief 21 nach. Ich bitte um Entschuldigung wegen der Bummelei. Die Kiste ist gut angekommen, der Inhalt aber zu altertümlich... Ich vertrete nun Bertl. Leider hat Christine auf die Tuberkulin-Probe positiv reagiert, so dass Ilse nun am Sonntag nicht ihren Urlaub in M'stein antreten kann. Es ist vorläufig nichts da,* *aber man muss abwarten. Für Bärbel keine Gefahr. Hoffentlich kommt Ilse dann im Laufe der Woche... Herzl. Grüsse! D. R."*

12.8.47 *„Lieber Hans!... Ilse blieb in München, da Christine noch weiter untersucht werden muss. Sie wollte vermeiden, dann erst noch mal nach M'stein mit ihr zu kommen, da Christine durch das viele Hin und her der letzten Zeit reichlich nervös geworden ist. Alfred wollte sich nochmal sehr hinter die Papiere für Überlingen klemmen und möglichst noch in dieser Woche mit Stinchen dorthin abhauen... Würdest Du sehr entsetzt sein, wenn ich Dich diesmal ausquartiere und unten im kleinen Zimmer schlafen lasse? Es sind verschiedene Gründe, vor allem die schon aufgeführten – keine feindlichen – nur distancierte. Nun gute Reise und herzliche Grüße. Ruth"*

14.9.47 *„L.H.! Fein, dass Du wieder gut gelandet bist. Ich fahre nun schon am 18. zu Ilse... Der Geburtstag der Kinder wird erst am 23. gefeiert. Mutter schickte ein reizendes Päckchen, die Geburtstagstische werden also brechen... Wir – d.h. Ellen – haben jetzt eine Ziege. „Mutti, ist die Ssiege schon gemolkt?" Meistens muss ich ran, ich hätte nicht gedacht, dass ich es noch kann. Gisela: „Mutti, krieg ich noch eine Tublette für meine Wörmer?" Herzliche Grüsse! Ruth"*

6 Sieben Kämpers und ihre Frauen

Hans beschäftigte sich ausführlich mit seiner Familiengeschichte und schreibt an Ruth aus Bochum. In diesem 8-

seitigen Dokument stellt er seine Forschungsergebnisse zusammen.

21.9.47 „*Meine liebe Ruth! Wenn Du mal die Lebensdaten dieser Kämper-Männer ansiehst, findest Du ein recht langlebiges Geschlecht, Am 4.Okt. 47 jährt es sich zum 6. Male, dass ich dich in die Familie holte, über die ich Dir vorstehend aus teilweise neuer Kenntnis berichtet habe. Ich glaube, dass trotz aller Schwierigkeiten, die schon hinter oder noch vor uns liegen, daß ich die richtige Wahl getroffen habe. Das Auf und Ab des äußeren und inneren Menschen, wie es an diesen sieben Generationen sichtbar wird, hängt in starkem Maße von den jeweiligen Müttern ab. Und ich hoffe fest, dass die Enkel, die diesen Bericht einmal fortsetzen werden, uns beiden darin ein leidliches Denkmal setzen werden.*"

1 Diederich Kämper 1678 – 1752 genannt Trautenroth, Zimmermeister, stammte vom Kämperschen Kotten in Langendreer, heute Witten. Die Familie in die er einheiratete war auf der Lunge nicht gesund. Und diese seine Sünde rächte sich bis ins dritte und vierte Glied, bis nämlich alle die kurzlebigen Nachkommen ausgestorben waren.	Maria Trautenroth 1678 – 1732
Als die erste Frau starb, heiratete er mit 55 erneut ein und nannte sich von da an Mesewinkel. Die drei Kinder aus der zweiten Ehe waren samt Nachkommen langlebige Leute.- „*Diese beiden Heiraten samt ihren Folgen sind recht lehrreich, vielleicht denkst Du da mal dran, wenn Du Deinen Bruder oder unsere Kinder bei der Gattenwahl berätst.*"	Maria Elsabena Rode 1700 – 1764 *gesund und wacker*

2 Johann Hinrich Kämper 1737 – 1820 genannt Mesewinkel, Zimmermeister, er war 14 Jahre alt als der Vater starb und konnte den Mesewinkelkotten nicht übernehmen; etwa zur Zeit Friedrichs des Großen gründete er seinen eigenen Kotten Mesewinkel *„Du kennst ihn, er liegt in Oberwengern."*	Anna Margaretha Becker 1739 -1816 *„hat 4 Söhne großgezogen … und dabei konnte sie nicht ein-mal ihren Namen schreiben."*
3 Joh. Peter Heinrich Kämper 1776 – 1849 Lehrer in Bochum (Ölbild) brachte die Familie ins städt. Bürgertum. Er hat als Lehrer und wohl als Kantor in der Kirche, deren Trümmer ich Dir zeigte, gearbeitet. Seine Söhne ließ er etwas werden und seine Töchter machten gute Partien. *„Eine davon kennst Du von der ovalen Fotografie die Justizrätin Michels."*	Pauline Krugmann 1777 - 1834 *„Ihr ältester und ihr jüngster Bruder waren Ärzte. Pauline muss ein prachtvoller Mensch gewesen sein, sonst wäre das wohl nicht alles so gelungen."*
4 Karl Alexander Kämper 1805 – 1891 Bürgerschulrektor Gymnasiallehrerausbildung, nahm aber eine Rektorstelle in Minden an wegen der besseren Bezüge. Er bekam im 70er Krieg als 65jähriger das Eiserne Kreuz am weißen Band. Und 3 seiner 4 Söhne waren als Offiziere der Artillerie auch dabei und erhielten alle das E.K.! *„Diese Heirat scheint mir der unglücklichste Punkt dieser kleinen Familiengeschichte zu sein. So gibt es unter den sieben Kindern und den zwölf Enkeln von Alexander und Emma manche unerfreuliche Erscheinung von Untüchtigkeit oder Geistesstörung. Hoffen wir, dass auch diese Nöte mit dem 3. oder 4. Glied ein Ende haben."*	Marie Paula Henriette Emma Heinzmann 1809 – 1877 *„aus vorzüglicher Familie… die ihr aber Unterstützung versagte, weil der Familie die Partie nicht gut genug war. Ob die Starrheit der Eltern sie bedrückt hat? Oder ob sie von anderen Vorfahren einen unglücklichen Zug geerbt hat?"*

5 Hugo Kämper 1845 – 1926 Generalleutnant *„Die stattlichste Erscheinung unter den sieben* *Kindern war wohl mein Großvater Hugo, der* *es bis zum Generalleutnant brachte. Er war ein* *Ehrenmann durch und durch, ein rührend* *guter Familienvater, ein fröhlicher Gesellschaf-* *ter. Das Beste an ihm war seine entzückende* *Frau… Das Ende seiner Schwester* (Elisa- beth?) *war schrecklich, sie war von mütterli-* *cher Seite her schwer belastet.“*	Lina Lyken 1849 – 1936 *„eine entzückende Frau,* *goldiger Humor, Klug-* *heit, die sich nicht auf-* *drängte, Uneigennützig-* *keit, Schmiegsamkeit…“*
6 Max Kämper 1879 – 1916 *„…menschlich muss er sehr fein gewesen sein –* *das darf man wohl hauptsächlich seiner Mutter* *danken…“*	Elsbeth Patschkowski 1888 *„wurde mit 28 Jahren* *Witwe… hat bei unserer* *Erziehung ihr Bestes* *getan…“*
7 Hans Kämper 1910	Ruth Hammesfahr 1917

30.9.47 *„Lieber Hansi!… Zuerst will ich etwas vom Kindergeburts-*
tag erzählen. Die beiden wurden am 23. beschert und jeder warf
erstmal einen kritischen Blick nach rechts bzw. links. Es war urko-
misch. Beide waren dann aber sehr beglückt und zogen selig in den
Kindergarten. Ich habe gebacken und den Kaffeetisch für 7 gedeckt…
Alle haben beglückt ihren Kuchen verputzt und zogen dann mit
Tante Liselotte auf den Wuhrbichl. Später sind Mum und ich dazu-
gegangen und haben Kreisspiele gemacht und ein Topfschlagen ar-
rangiert, zu dem ich in München Kreisel besorgt hatte…
In der Geschichte der 7 Kämperfrauen steckt viel Liebe und Mühe.
Du weißt ja, dass ich für Familienforschung nicht so viel Sinn habe
wie Du, vor allem nicht traditionsgebunden bin, mir also auch aus

erhobenen Fingern nichts abschneiden kann. Ich möchte Dir damit nicht wehtun, aber ich empfinde es halt so... Herzl. Grüsse! Deine Ruth"

7.10.47 *„Lieber Hansi! Hier ist die auf dem Telegramm angeforderte Bescheinigung. Ich warte nun auf Deinen nächsten Bescheid... Übrigens trifft Deine Annahme, man müsse dem Fahrer ¼ abgeben, nicht zu. Er ist ein Freund von L's und Otti würde ihn dann hier entsprechend betun. Das wäre also kein Grund. Und wenn Du vorerst nur 3t bekommst, so würden die wohl auf den Lastwagen gehen, bleibt nur das Verbot als solches. Bin wirklich gespannt, ob wir die Dinger rüberkriegen. Jedenfalls wäre das für alle eine Riesensache. Liebe Grüsse! Ruth."*

9.10.47 *„L.H.! Nur eine kleine Kostprobe, da diese Äpfel natürlich schlecht sind und wir einen Haufen sofort verwerten mussten. Ausserdem muss ich für die Kinder noch behalten. Die sind wie verrückt nach dem Obst. Gisel frisst die Schalen bereits aus dem Abfalleimer! Sie brauchen es wohl dringend, kommen mir vor wie Kinder, die aus Kalkmangel an die Wände gehen. Im November schicke ich dann Trockenobst. Lieben Gruß! Ruth"*

12.11.47 Hans wohnt nun in Gelsenkirchen, Rhein-Elbestr. 44. Ruth schreibt ihm: *„Lieber Hansi!... Ilse meldet sich nicht und ich muss jetzt pumpen, Wurst, Winterholz, Kartoffeln, Mohrrüben, hab Ilse schon neulich während ihres Hierseins bedrängt... Berlin: Frau Dora[49] ließ durch Thiele Möbel transportieren. Frag dort (Bahnhof Zehlendorf-Mitte)... Wenn Du kannst, guck mal in der Krottnau-*

---

[49] Dora Kröhnke

rerstr rein und schau mal nach den Sachen. Schrecklich in Eile mit lieben Grüßen! Ruth."

Dies ist der letzte Brief aus der Sammlung von Hans. Man erfährt leider nicht mehr, was aus dem Werkstatt-Projekt geworden ist.

Kapitel 4

1 Blitzeinschlag

Bereits im Laufe des Jahres 1946 hat ein neues Kapitel im Leben von Ruth begonnen – ein Romanstoff. Die Briefsammlung von Ruth geht 1947 nicht mit Briefen zwischen den Eheleuten Hans und Ruth, sondern mit Briefen von Karl Lohmann und Ruth weiter.

Von meiner Mutter wusste ich nur, was sie später auch immer wieder erzählte:

„Ich saß in Otti Lohmanns Wohnung in der Alten Dorfstraße 17 an der Nähmaschine. Die Tür ging auf und Karl Lohmann betrat das Zimmer. Da schlug ein Blitz ein", so erzählte Ruth immer von ihrer ersten Begegnung mit Karl Lohmann. Er war Ende Sept. 45 aus der Gefangenschaft zurückgekehrt[50]. Dass Ruth und Karl sich häufig begegneten und 1947 gemeinsam mit Fred

---

[50] Seinem Kriegstagebuch entnehme ich, dass er bereits Ende Sept. 1945 heimkehrte. Es endet am 30.9.1945 mit den Worten *„In Feldwies steige ich aus und tipple nach Übersee, wo ich dieses Tagebuch abschliesse. Gott schütze uns auch weiterhin".* Übersee ist in der Nähe von Marquartstein.

80

Denger an einem Werkstatt-Projekt arbeiteten, erfuhr man schon in den Briefen an Hans vom April bis November 1947. Aber wann hatte der Blitz eingeschlagen – schon Ende 1945? Was war von Ende 45 bis Ende 46? Musste Karl vielleicht vor eine Spruchkammer zur „Entnazifizierung"?[51] Ich weiß weder, wann genau der Blitzschlag passierte, noch was im Laufe des Jahres 46 geschah. Ruth schreibt später[52] *„zum Jahreswechsel 46/47 wanderte mancher Gedanke zu Dir von der Schlechingerstr. her"* in die Alte Dorfstraße. Also hatte der Blitz schon 1946 eingeschlagen.

Als ich Ruth fragte, wie es dazu kommen konnte – sie war doch verheiratet und hatte 2 Kinder – sagte sie: *„Er war recht unglücklich mit Otti verheiratet, hatte drei Kinder, Barbara (15), Michael (12), Christoph (10). Ich war mit Hans verheiratet, auch recht unglücklich."* Auf meine Frage „Warum?" erklärte sie: *„Hans stand mit guten Büchern hinter mir am Kochtopf und las Nitzsche vor – ich fand das schrecklich".* Vor der 29-jährigen jungen Frau mit zwei kleinen Kindern stand in Person von Karl Lohmann die Liebe ihres Lebens. Dass sie mit Hans „recht unglücklich" verheiratet war, belegen ihre Briefe nicht unbedingt.

---

[51] Im Nürnberger Hauptkriegsverbrecherprozess (20.11.1945 bis 1.10 1946) wurden die wichtigsten Repräsentanten des NS-Regimes von den vier Siegermächten ...angeklagt und abgeurteilt... Nur noch unter amerikanischer Ägide fanden die zwölf Nachfolgeprozesse in Nürnberg statt, in denen sich Ärzte und Juristen,... zu verantworten hatten. Und Karl war Jurist und als rechte Hand von Carl Schmitt an prominenter Stelle tätig gewesen.
[52] im Brief vom 28.12.51

Im Juli 1947 schon feiern Karl und Ruth ihren 30. Geburtstag gemeinsam[53]. Karl machte sich nützlich, half Ruth im April 47 bei Gartenarbeiten, hackte Holz, wobei er sich einen Ringfinger so verletzte, so dass er steif blieb, was ihn beim Cellospielen sehr störte. Die abenteuerliche Liebesgeschichte hatte – sicherlich schon 1946 – begonnen[54], während Ruth noch in Briefen an Hans das alltägliche Leben schildert und über ihre Arbeit und ihre Wünsche, die den gemeinsamen Hausstand und ihre gemeinsame Zukunft betreffen, spricht.

Als der Bergbau und Rhein-Elbe wieder begonnen hatten, bekam Hans seine alte Stellung in Gelsenkirchen. Nun wollte er seine Familie zu sich holen. Von 1947 – 1949 bemühte er sich darum, Ruth und seine beiden Töchter ins Ruhrgebiet zu holen. Doch Ruth wollte nicht zu Hans ins Ruhrgebiet, sondern in Marquartstein bleiben. Noch weiß er nicht warum.

Sie hat einen Geliebten – den verheirateten Karl, mit dem er freundschaftlich verbunden ist[55]. Seine Schwester Ilse ist die beste Freundin von Karls Ehefrau Otti Lohmann und auch mit Hans befreundet.

Hans wohnt also alleine zunächst in Bochum-Gerthe, Otto-Geres-Str 93, dann in Gelsenkirchen in einem Zimmer in der Virchowstraße. In seine Wohnung im Gesellschaftshaus konnte er noch nicht zurück, weil sie von Besatzungstruppen beschlagnahmt war. Karl ist inzwischen mit Otti und den drei Kindern von Marquartstein nach München gezogen und Ruth

---

[53] wie man Ruths Brief vom 5.7.51 entnehmen kann
[54] In ihrem Brief vom 24.10.51 heißt es, dass sie nun schon 5 Jahre einander nahe sind.
[55] s. Postkarte vom 15.2.47

mit Mum und den zwei Kindern in die Lohmannsche Wohnung Alte Dorfstr.17.

Wenn Karl in München ist, besucht er auch Ruth in Marquartstein. Sie scheinen eine wunderbare Zeit zu haben, denn später[56] schreibt sie: *„Hans war 3 Jahre lang die Anständigkeit selber, hat gewartet und gehofft und sich in jeder Weise großzügig gezeigt, hat einsam gelebt, während wir glücklich waren..."*

2 Christiane

Im Febr. 1948 passiert es: Ruth wird ungewollt schwanger. Als Karl das erfährt, verspricht er ihr, sie zu heiraten.[57] Aber Karl ist verheiratet, Vater von drei Kindern und damit befasst, eine neue Karriere zu beginnen. Vor dem Krieg war er als Jurist die rechte Hand von Carl Schmitt[58] und wirkte an dessen Veröffentlichungen mit. In der Nachkriegszeit besuchte er ihn einige Male. Er will nun als Journalist tätig werden und reist viel, um Möglichkeiten auszuloten. Aachen, Hamburg, Ludwigsha-

---

[56] im Brief vom 13.6.50
[57] genauer nachzulesen im Brief vom 13.6.50
[58] **Carl Schmitt** (1888 - 1985) war ein deutscher Staatsrechtler, der auch als politischer Philosoph rezipiert wird. Er ist einer der bekanntesten, wenn auch umstrittensten deutschen Staats- und Völkerrechtler des 20. Jahrhunderts. Schmitt engagierte sich ab 1933 für den NS-Staat. Obwohl er schon Ende 1936 erheblich an Einfluss verlor, galt er nach 1945 als kompromittiert.... Schmitt wird heute zwar wegen seines staatsrechtlichen Einsatzes für den Nationalsozialismus und als Gegner der parlamentarischen Demokratie und des Liberalismus kategorisch abgelehnt, zugleich aber auch als „Klassiker des politischen Denkens" anerkannt – nicht zuletzt aufgrund seiner indirekten Wirkung auf das Staatsrecht und die Rechtswissenschaft der frühen Bundesrepublik.
Der umfangreiche Nachlass Schmitts wird im Landesarchiv Nordrhein-Westfalen Abteilung Rheinland verwahrt. Hier liegt sicher auch der Briefwechsel von Karl Lohmann mit Carl Schmitt.

fen, Nürnberg, Stuttgart, Heidelberg, München… werden in seinen Briefen im Laufe der Jahre erwähnt.

3.9.48 Karl an Ruth aus Koblenz-Pfaffendorf[59] *„Mein Liebes! – Nun ist die erste Woche unserer Trennung schon fast vorüber. Wie oft ist es gut, wenn die Zeit rasch vergeht und ein noch in der Zukunft liegender Zeitpunkt überraschend schnell heranzurücken scheint. Was mich betrifft, so will ich alles tun, um diesen psychologisch einfachen Vorgang nicht zu stören: Ich will mich in die Arbeit stürzen und nur abends meine Gedanken zu meinen Lieben schweifen lassen. – Den ersten Reisetag verbrachte ich in einer Art Dämmerzustand, noch völlig im Bann des gewaltigen Erlebnisses wenige Stunden zuvor. Mein Herz war mit schwerem Schmerz gefüllt und mein geschlossenes Auge sah immer nur Dich, nur Dich, – so gefasst und in Dir selbst ruhend, heiter und klar. Dass Du mir <u>diesen</u> Abschied so leicht wie nur möglich gemacht hast, werde ich Dir nie vergessen mein Ruthl! Und doch war ich einfach traurig, als ich in Stuttgart ankam, an das sich keine persönlichen Erinnerungen mit Dir knüpfen… In Stuttgart hatte ich eine einstündige Aussprache mit Dr. Jeserich[60], meinem Chef im Kommunalwissenschaftlichen Institut in Berlin von 1933 – 1936. Obwohl wir uns damals nicht gerade freundschaftlich getrennt hatten, verlief das Gespräch recht angenehm und, wie mir schien, sogar nicht ohne Herztöne. (Ach Gott!). Wäre ich ein halbes Jahr früher gekommen, hätte er mir einen Schriftleiterposten in Stuttgart verschaffen können. Nun aber kann*

---

[59] Karls Geburtsort. Seine Mutter und Schwester Hedel leben dort.
[60] Kurt Gustav Adolf Jeserich (1904 -1995) deutscher Kommunalwissenschaftler und -politiker sowie Verlagsdirektor… Nachdem er Ende 1947 als „Mitläufer" entnazifiziert worden war, arbeitete er zunächst als wissenschaftlicher Berater und zwischen 1948 und 1959 als Geschäftsführer des Kohlhammer Verlags.

er mir nicht <u>mehr</u> als intensive Mitarbeit an verwaltungsrechtlichen Zeitschriften anbieten. Ich habe sie angenommen, ihm aber gleich Kenntnis gegeben von meinen Aachener Plänen. Er war sehr daran interessiert, zumal da Hilberath mit mir zusammen im Institut unter Jeserich gearbeitet hatte. Kurzum, die Verbindung zu Jeserich halte ich natürlich aufrecht, auch arbeitsmässig, konzentriere meine Kraft und Hoffnung aber doch auf Aachen. Alles weist mich in diese Richtung, auch die Gespräche, die ich mit Höpker, Vorwerk und Schomerus anschließend an die Unterredung mit J. im Econ Verlagshaus führte und mein Besuch nach Heidelberg. Zwar gewinnt ‚Christ und Welt' allmählich festen Boden; aber mehr als gelegentliche Mitarbeit wird für mich nicht dabei herausspringen. In Heidelberg laufen die Bemühungen noch, doch ist wohl jetzt schon klar, dass eine Rückkehr an die dortige Universität in keiner Form in Frage kommt. Der fakultätsgewaltige Kollege Jellineth, mein engster Fachkollege, ist mir durchaus feindlich gesinnt. So bleibt höchstens die Möglichkeit durch den Kollegen Wahl einen Posten in der Wirtschaft zu bekommen. Daran bin ich jedoch nur sekundär und subsidiär interessiert, dann schon lieber Journalistenschule, die meinen Fähigkeiten besser zu entsprechen scheint. Also, auf nach Aachen!

In Heidelberg wurde ich von Webers mit oft erprobter Gastfreundschaft aufgenommen. Er hatte Referendarprüfung, sie sass mit dem Komponisten Haussmann am Flügel und donnerte Reger und Mozart vierhändig, während der 10 Monate alte Nachkömmling auf dem Teppich herumkroch und brüllte: eine typische Szene aus dem heroischen Kampf der untergehenden bürgerlichen Welt gegen die Verproletarisierung. Abends kreuzte eine diamantengeschmückte Dame auf, Frau des Generaldirektors eines chemischen Werkes, das gerade aus der Demontageliste gestrichen werden soll. Sie gab ihrer

Freude durch kräftiges Singen Ausdruck, diesmal waren Schumann,
Hugo Wolf und besagter Hausmann die Opfer (wobei man im Falle
Hausmann also von Selbstmord sprechen könnte) Die Stimme war
nicht schlecht, tremolierte aber zu stark und so laut, dass mir die
Ohren schmerzten. Wie sehnte ich mich zu Birgits Cembalo zurück
und auch zu unserem Chor. Ich sehne mich diesmal überhaupt viel
stärker nach M. zurück, unseren schönen Bergen, den mir vertrau-
ten Menschen und sogar die Bayern vermisse ich. Du siehst, ich bin
grässlich sentimental. Das macht wohl das Bewusstsein, dass dieser
Abschied einen endgültigeren Charakter hat, als die früheren. Mor-
gen kommt die letzte Etappe dran: Nachmittags um 4 soll ich in
Aachen eintreffen. Ich bin gespannt. Drück kräftig die Daumen,
Ruth, dass alles gut geht; es ist so wichtig. Und dann: Lass bald von
dir hören, schreib mir alles Berichtenswerte von Dir und den Dei-
nen, von Birgit und Anny und den Freunden, von den Einheimi-
schen und Zugereisten. Dein Karl"

14.12.48 Karl an Ruth aus Aachen: *„Liebste, – wenn diese Zeilen*
Dich erreichen, hat Dein schweres Stündlein vielleicht schon zu
schlagen begonnen. Gebe Gott, dass Du Dich nicht allzu sehr quälen
musst, dass alles gut und schnell geht und ein Menschlein das Licht
der Welt erblickt, an dem alle ihre Freude haben werden!
Ich bin in Gedanken dauernd bei Dir, obwohl sich in meinen Gefüh-
len Dir gegenüber auf einmal etwas bemerkbar macht, was ich bisher
noch nicht gekannt habe: so etwas wie eine heilige Scheu, die der
Gläubige empfinden mag, wenn eine Priesterin sich allein in das
Innerste des Tempels begibt. Wir hatten beide gehofft, zusammen
diesen Tempel betreten zu können. Aber es scheint mir auch diesmal
versagt zu bleiben, - wenn sich die Geburt nicht stärker verzögert,

als anzunehmen ist. Ich habe vor, am Montag Abend 20.12. von Köln abzufahren und gleich bis München durchzureisen. Barbara wird mich wohl begleiten, um Weihnachten mit uns in München zu feiern. Wenn ich sie abgeliefert, Otti und Michael begrüßt habe, d.h. abends möchte ich mich zu Dir aufmachen. Ich werde mit dem Abendzug in M'stein eintreffen, Dienstag den 21.12. Am Heilig Abend fahre ich über die Feiertage nach München, komme aber zwischen Weihnachten und Neujahr für ein paar Tage zu Dir nach M'stein. Das ist mein Plan.

Das Alltagsleben spinnt mich hier so ein, dass ich mir gar nicht recht vorstellen kann, schon heute in einer Woche wieder den bekannten Weg über die Achenbrücke zum Haus Alte Dorfstr. zu machen und dann Dich dort vorzufinden, Dich und unser Kind!... Vergangenen Sonntag war ich zum Hochamt im Münster, das diesmal mit herrlicher Messmusik von Palästrina, Orl. di Lasso, de Près und mit einer Abschlusstoccata (D-Moll von J.S. Bach) ganz besonders großartig war. Solch eine formvollendet zelebrierte Messe in einem Bauwerk wie dem Aachener Münster ist gerade als Gottesdienst das vollendetste „Gesamtkunstwerk", das man sich denken kann, und Richard Wagners Opern (für die er die Bezeichnung „Gesamtkunstwerk" geprägt hatte) erscheinen daneben als armselige epigonenhafte und säkularisierte Versuche... – Liebes, ich will ja schon am 21. bei Dir sein, - dann haben wir doch wenigstens zwei Tage für uns!... Lass Dich küssen von Deinem Karl"

Dass Karl Weihnachten bei seiner Frau Otti und seinen Kindern in München verleben wird, ist Mum sehr recht. Sie ist nicht gut auf Karl zu sprechen.

Am 17. Dez.1948 kommt Ruths drittes Töchterchen Christiane zur Welt. Ich erinnere mich daran, wie ich auf Gerds Schultern sitzend, nach Piesenhausen zu Tante Dora Kröhnke gebracht wurde.

Gerd war, als er aus der Gefangenschaft entlassen worden war, im Sommer 1948 nach Marquartstein gekommen.

Schon vor dem Abitur in den Krieg geschickt, wollte er nach den Kriegserfahrungen nicht mehr die Schulbank drücken. Zunächst ging er ins Ruhrgebiet, wo er mit Hans' Hilfe Arbeit im Bergbau finden wollte. Dann aber fand er in Wesseling eine neue Heimat und machte eine beachtliche Karriere.

1948 Bärbel, Gerd, Gisel

17.12.48 nachmittags 5 Uhr, Ruth an Karl: *„Liebster, liebster Karl, nun ist es wohl so weit u. ich schreibe diese Zeilen schon etwas bedrängt von Wehen. Die Kinder sind fort, Anny da, die Hebamme wird gleich erscheinen... Du bist und bleibst bei mir... Ich habe gerade jetzt in diesen Augenblicken so stark das Gefühl der innersten Verbundenheit zu Dir... Ach hoffentlich geht's schnell. 9 Uhr abends: Liebster, nun bist Du zum vierten Mal Vater – von unserer Christiane, also ist das Dreiermädchenhaus doch voll geworden... Allerdings bin ich zunächst über das Mädchen etwas enttäuscht* *gewesen, aber über unser Kind als solches sehr glücklich... auf Wiedersehen am Dienstag! Deine Ruth"*

Karl wird per Telegramm über die Geburt seiner Tochter informiert:
KARL LOHMANN LUTHERSTR 12 AACHEN= CHRISTIANE UND RUTH GESUND= GERD

3 Gelöbnisse

3.1.49 wenige Tage nach der Geburt seiner Tochter Christiane notiert Karl:

„Allmächtiger, gütiger Gott und Vater! Aus tiefster Not schrei ich zu Dir... Herr hilf uns! Führe Du uns. Lenke unsere Geschicke so, dass die Frau, die ich liebe, und das Kind, das Du uns geschenkt hast, ihren Weg in ein Leben der Erfüllung, der Reife und des Glückes gehen.

Mach meine Liebe rein und selbstlos. Lösche den Brand in meinem Herzen, wenn Ruth, meine über alles geliebte Frau, ihre Liebe wieder ihrem Mann zuwenden sollte. Ich gelobe Dir, der Du mein Leben mit dieser Liebe über alle Massen reich gesegnet hast, dass ich alle meine Kräfte dafür einsetzen will, in dieser Liebe nichts mehr für mich zu begehren und alles zu tun, dass meine Ruth wachse und reife und glücklich werde. Mein Herz blutet angesichts der Möglichkeit, dass Ruth sich vielleicht von mir abwenden muss, um ihren Weg zu gehen, denn ich weiß nun, Du unergründlicher Lenker unseres Schicksals, dass ich diese Frau liebe, wie ich nie eine Frau geliebt habe und dass ich nie, nie aufhören werde, sie zu lieben, bis an das Ende meines irdischen Lebens und über den Tod hinaus. Vergib mir...

In wenigen Minuten führst Du mich weit fort von Ruth und unserm Kinde. Halte Deine Hand über sie und schenke uns, wenn Du es willst, ein fröhliches Wiedersehen.

Diese Gedanken bewegen mich Tag und Nacht seit unserem Abschied, Liebste. Ich schreibe sie auf für Dich im Augenblick der Abfahrt von München. Montag 3.1.49 Dein Karl"

In Gelsenkirchen wartet Ruths Ehemann Hans. Er bittet Ruth auch 1949 noch, mit den 3 Töchtern nach Gelsenkirchen zu kommen. Christiane will er anerkennen, seinen Namen hat sie ja schon... Ruth aber will auf keinen Fall ins Ruhrgebiet. Auf Hans' Bewerbungsschreiben ist zu lesen: *„Familienstand: verheiratet, Kinder: 3"*. Hans rechnet fest damit, dass sie mit ihren drei Töchtern nach Gelsenkirchen kommen wird.

4.1.49 Karl an Ruth aus Koblenz-Pfaffendorf: *„Liebste, wenn Du mich nach all dem Kummer, den ich Dir bereitet habe, noch haben willst, wenn Du noch bereit bist, dein Leben mit mir zu teilen, so nimm mein Ja-Wort. Ich biete es Dir an, unbedingt und unwiderruflich, so wahr mir Gott helfe.*
Aber Du musst genau wissen, was es für Dich bedeutet. Deshalb überstürze nichts... Du weißt, dass Hans Dir bestimmt ein treusorgender Gatte und Vater sein kann... Er ist gütig und warmherzig, klug und praktisch. Er steht fest im Leben und wird seinen Weg machen. Er wird für seine Kinder immer ein guter Vater sein. Du wirst es auch menschlich bei ihm nicht schlecht haben. Und dann ist er in der Lage, Dir aller Wahrscheinlichkeit nach, ein behagliches

Leben zu bieten, einen gewissen Komfort, wenig oder garkeine Sorgen hinsichtlich der materiellen Seite des Lebens.

Ich hingegen? – Über meine menschlichen Qualitäten lass mich schweigen; Du kennst sie zur Genüge und weisst, was sie Dir positiv und negativ bedeuten. Aber meine materielle Situation ist so, dass ich schon ein grenzenloses Vertrauen in die Zukunft, in Dich, in mich, vor allem aber in unsere Liebe haben muss, um nicht die Entscheidung über unser Schicksal schon aus dieser Situation entnehmen zu müssen. Wollten wir nur auf sie schauen –so müsste ich Dich den Weg zu Hans gehen lassen, auch auf die Gefahr hin, Dich dann für immer zu verlieren.

Wie sieht die Lage aus? Zur Zeit bin ich noch nicht mal in der Lage, Otti und die Kinder und mich allein zu unterhalten. Das muss vom heutigen Tag aus anders werden. Ich muss mindestens so viel verdienen, dass ich Otti und den Kindern wenigstens 300 DM monatlich zukommen lassen kann. Diesen Betrag würde ich noch über Jahre hinaus zu leisten haben, wenn ich mich von Otti und den Kindern trennen sollte, solang nämlich wie die Ausbildung der Kinder dauern wird. Immer vorausgesetzt, dass Otti mitverdient, wozu sie an sich bereit ist.

Für uns, d.h. für Dich und mich, und für Bärbel, Gisel und Christiane würde also für eine Reihe von Jahren nicht viel zum Leben bleiben. Wir würden uns sehr einschränken müssen und auf viele Annehmlichkeiten Verzicht leisten... Und das selbst dann, wenn ich 600 - 700 DM monatlich verdienen sollte. Zwar würde Hans wohl einen Zuschuss für Bärbel und Gisel geben, – aber Du selbst würdest kaum in der Lage sein, noch durch andere Tätigkeit mitzuverdienen, (was ich auch garnicht wünschen würde, – ausser dass Du für mich schriebest). Verwirklichen könnten wir die Begründung *unserer Familie nur dann, wenn Du uneingeschränkt bereit bist, ein voraussichtlich sehr bescheidenes Leben mit mir zu führen, und wenn ich eine Stellung habe, die so dotiert ist, dass ich das Minimum meiner Verpflichtungen erfüllen kann.*

Alle anderen Voraussetzungen sind meinerseits gegeben: Ich liebe dich, Ruth, ich liebe unser Christianchen und ich weiß jetzt, dass ich auch Bärbel und Gisel als Deine Kinder liebe. Ich bin bereit, mich von Otti und meinen drei Kindern so zu trennen, wie es für die Begründung unserer Familie notwendig ist, – und das, nachdem ich drei wirklich schöne und sehr harmonische Tage in München erlebt habe und der Abschied herzlicher und wärmer, denn je war.

Ich will jetzt Deine Antwort abwarten. Bleibst Du bei Deinem Ja zu mir, so werde ich mir irgendeine Stellung suchen, die mit dem nötigen Einkommen verbunden ist; es soll dann alles sehr rasch gehen. Um andere Fragen, Mum, Leben bis zur Scheidung usw. sprechen wir später. Auch darüber, wie es gekommen ist, dass ich plötzlich weiß, was ich zu tun habe. Meine Hand zittert, aber mein Herz ist ruhig und stark, Ruth! Dein Karl.

Heute Abend fahre ich nach Aachen. Bitte behalte vorerst noch alles für dich, besonders Otti und die Kinder dürfen jetzt noch nichts erfahren; auch Hans noch nicht."

8.4.49 Hans schreibt aus Gelsenkirchen an seine Freundin Lene Wünsche: *"Liebe Lene! Schönen Dank für Deinen Brief vom 31. Zu Deinen Bemerkungen über Walters[61] Ausführungen zur Emanzipation war mein erster Gedanke: ja – Du kennst ja Otti nicht! Die ist nämlich schon ein ganz erstaunliches Menschenkind. Dann aber sah ich, daß Walter ja tatsächlich zweimal über die Emanzipation*

---

[61] Ottis Bruder: Walter Hoffbauer

geschrieben hat, einmal allgemein und erst dann über Otti. Zu Dei-
nem Einwand und zu der Bemerkung, daß man sich sehr lange un-
terhalten müsse, sagt er: ich glaube, wir würden doch sehr schnell
einig werden. Die Emanzipation geht nur bei den wenigen Frauen
nicht schief, die eine volle Reife erreicht haben...

4 Otti

Otti und Ilse sind beste Freundinnen und beraten sich.
Otti und Hans sind ebenfalls befreundet, sie schreiben, beraten
und besuchen sich. Hans holt sich bei Otti Rat.
Otti ist mit Karl verheiratet. Er berichtet Otti, was sich zwi-
schen ihm und Ruth ereignet hat und Otti erzählt es Hans.
Karl spricht mit Otti über die finanzielle Seite einer Trennung
und sucht und findet bei Otti Trost, wenn er Depressionen hat.
Ruth ist verheiratet mit Hans, befreundet sich mit Otti und
liebt deren Ehemann.
Eine sehr ausgefallene Konstellation!

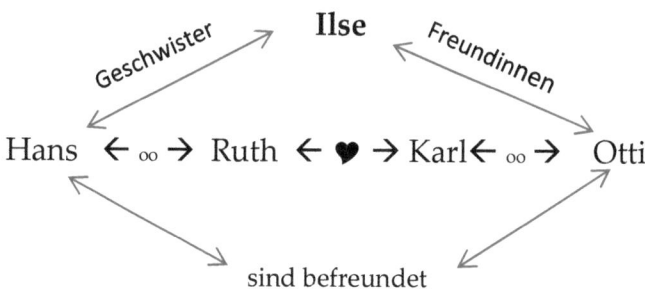

Otti scheint der Dreh- und Angelpunkt im Verlauf des folgenden Familiendramas zu sein und beeinflusst das weitere Geschehen maßgeblich.

Am **21. Mai 49** schreibt Otti an Hans: *„Lieber Hans, - Es ist nichts weiter als das alte, allmählich langweilig werdende Übel: Ich habe nie Zeit… Die Woche davor und danach: Weissglut der Wohnungssuche (über die ich aus Aberglauben keine Einzelheiten mehr liefere, bis wirklich etwas erreicht ist), - viel anstrengender Dolmetschdienst am Starnberger See und im Kreis Weilheim, der zu einem Experimentierkreis für Schulreform bestimmt ist. Abends viel Briefschreiberei, weil nunmehr 3/5 der Familie nur auf diese Weise erreichbar.*

Nun aber zu Deinen grundsätzlicheren Fragen: Jawohl, Karl ist hier gewesen, - etwa eine Woche, wovon einen Teil in München und dann in M'stein, aber dort viel unterwegs auf Wanderungen mit den Söhnen. Sichtlich friedlicher Verlauf mit Ruth. Das heisst: Karl ist sich klar, dass keine grundsätzlichen Änderungen unternommen werden können, bis nicht die sachlich-materiellen Grundlagen geschaffen sind. Karl und ich sind uns darüber klar, dass wir uns vor zwei Jahren keinesfalls scheiden lassen.

Der Rest, meine ich, ist Angelegenheit von Dir und Ruth und ich möchte Ruth, bzw. Euch in Eurer Verständigung da nicht vorgreifen. Walter hat wohl recht, wenn er meint, dass es nochmals eine Geduldsprobe geben kann, aber diesmal wird es weniger meine Geduld betreffen. Darum habe ich wohl gut reden, wenn ich sage: bitte versuche Du doch so weit es Dir möglich ist, auf Ruths Vorschläge einzugehen. Ich glaube nämlich, es wird für uns alle auf die Dauer dann das richtigere sein.

Ich merke, dass diese meine Äußerungen etwas in der Luft hängen, weil ich nicht gewillt bin, genaueres zu sagen, - eben aus Gründen des Vorgreifens. Deshalb möchte ich Dich auch nicht sprechen, ehe Du nach M'stein fährst. Hingegen möchte ich Dich bitten, dass Du auf dem Rückweg mehr als einen Tag für München rechnest. Aber wenn Du aus der Situation dort dann möchtest, dass ich komme, brauchst Du mich nur telegrafisch hinholen. Eines jedoch möchte ich Dich inständig bitten: lege dich in M'stein so wenig wie möglich fest, bis Du und ich uns dann gesprochen haben... Der Brief ist schauerlich sachlich ausgefallen, nachdem Du mir so zwei reizende geschrieben hast, aber das Schreiben ist ja sowieso unzulänglich, und ich bin froh, dass wir uns bald wieder mal sehen. Herzlichst, Otti."

Zu dieser Zeit ist Hans in einer neuen Situation: seine Frau weigert sich beharrlich zu ihm nach Gelsenkirchen zu kommen, er aber hatte 1948 Gerlinde[62] im Englisch-Konservation-Kurs „Die Brücke" kennengelernt. Sie war als Dolmetscherin bei Krupp und leitete den Kurs. Hans erzählte ihr von seiner ungeklärten Familien-Situation. Gerlindes Vater riet vom Um-

---

[62] Nach einer abenteuerlichen Zeit als BDM-Mädel erst Kriegsdienst (Kochen für die Jungs, die Gräben ausheben mussten, um die russischen Panzer zu stoppen), dann Arbeitsdienst auf einem Gutshof. 1945 – sie war 18 – musste sie aus Selin in Neubrandenburg bei Bärwalde fliehen. Sie floh mit ihrer Freundin Helga (spätere von Brauchitsch) nach Westen und gelangte noch gerade über die zugefrorene Oder. Sie hatten sich einem Treck von Flüchtlingen aus Ostpreußen angeschlossen. Als sie mal auf einem Pferdewagen mitfahren konnten, der Stroh geladen hatte, sagte der Bauer „lasst die Köpfe draußen, die Deutschen suchen nach Deserteuren und stechen in die Ballen." An der Straße hingen desertierte Soldaten an den Bäumen. Das Dorf, jenseits der Oder, war völlig überfüllt. Gerlinde und Helga schlichen in die Bäckerei und fanden ihren Schlafplatz im Backofen. Sie wollten nach Berlin, kamen dort auch an, aber nach dem größten Bombenangriff auf Berlin am 2.2.45 bekamen sie alle eine Nacht „Urlaub auf Ehrenwort". Sie konnte nicht zurück zum Bahnhof gelangen wegen des Feuersturms. Dennoch erreichte sie ihren nächsten Einsatzort in Eschenstrut bei Kassel, wo sie in einem Stollen in der Munitionsfabrikation arbeiten musste.

gang mit einem verheirateten Mann ab: *„In eine Ehe bricht man nicht ein"*. Sie zog sich aus diesem Kurs zurück und sah Hans ein Jahr lang nicht mehr. Erst 1950 gab es eine Zufallsbegegnung. Sie fand das sehr schön und am nächsten Tag ein Briefchen im Briefkasten.

Bis Mai fehlen Briefe zwischen Ruth und Karl – vermutlich schrieb er nicht. Jedes Wochenende verbringt er in Koblenz-Pfaffendorf bei seiner Mutter und seiner Schwester Hedel[63]. Ruth wartet vergeblich auf Briefe von Karl. Anfang Mai beginnt die Korrespondenz wieder.

24.5.49 Karl an Ruth: *„Mein Ruthele, - wie leid tut es mir, dass meine Schweigsamkeit Dich bekümmert. Ich hoffe, es kommt nicht wieder vor, dass Du volle acht Tage auf ein Lebenszeichen von mir warten musst. Ich war selbst ganz erschrocken, als Dein Brief vom Freitag mich darauf aufmerksam machte. Inzwischen wirst du aber meinen Brief vom Donnerstag erhalten haben und daraus ersehen, daß wohl die Fülle der Arbeit, als auch die innere Einstellung auf einen Brief*wechsel* („Zug um Zug") mich zum Erwarten Deiner Antwort auf die von mir erörterten Fragen usw bewogen haben. Aber Du hast recht, das dauert zu lang, und so gebe ich Dir heute einen „Zwischenbescheid".*
Dass Dir die Ausführung schwererer Arbeit[64] schlecht bekommen ist, betrübt mich tief. Gebe Gott, dass Du den Rückfall in Schwäche und Schmerzen ohne weitere Folgen überwinden konntest. Du musst

---

[63] seine lebenslang treueste Beraterin.
[64] Ruth fährt jeden Tag mit dem Rad nach Grassau und arbeitet bei der Firma Körting.

Dich eben noch eine Zeit lang schonen[65]*, auch wenn Du dann Mum nicht so entlasten kannst. Wir sind eben* <u>*alle*</u> *auf Deine Gesundheit und Leistungsfähigkeit angewiesen, sonst können wir unsere so riskanten Zukunftspläne gleich ad acta legen.*

Aber sonst hat mich Dein Brief beglückt, trotz seiner „Klagen". Und merkwürdig, als ich die Schlussworte las: „Deine, Deine Ruth", da schoss mir das Blut geradezu heiss ins Herz. In solchen Momenten gibt es für mich nur einen Wunsch, Dich im Arm zu halten. –

Und dann muss ich Dir noch danken für die Bilder unserer Süssen und für das liebevoll gepackte Päckchen, das ich gestern erhielt. Nun hoffe ich, dass mir die morgige Post Deine Antwort auf meine letzten Sechsseiten bringt. Ich gelobe Dir meinerseits umgehende Beantwortung.

Mir geht es nicht schlecht, obwohl ich manchmal über das Ausmaß meiner Inanspruchnahme seufze… Ich bin befasst mit der Abfassung eines vom Merkur bestellten Aufsatzes (bis 15.6.)… Und am 1.7.49 soll unsere Zeitung in Aachen täglich erscheinen… Pfingsten fahre ich nach Pfaffendorf, wie ich mich freue. Hedel schreibt entzückend über Dich. Doch davon nächstens mehr. Lass Dich küssen. Dein A.B. "

5.6.49 Karl an Ruth: *„Mein liebes, liebes Herz! Ich kann nicht anders, ich muss Dir gleich auf Deinen so lieben Brief*[66] *antworten. Ach Ruthele, wie froh und glücklich haben mich Deine Zeilen gemacht; nicht genug kann ich Dir dafür danken! Die Sehnsucht nach Dir*

---

[65] Ein lebenslanges Muster: Ruth ist schwach und krank; Karl fängt sie auf… Barbara sagte in den 90ger Jahren: *„Damit hat deine Mutter meinen Vater geködert. Er fühlte sich stark an der Seite von Ruth. An Ottis Seite war er der Schwache, an Ruths Seite konnte er der Starke sein."*

[66] Ruths Brief fehlt leider.

wird immer brennender, aber umso mehr ist seit meinem letzten,
kurzen, aus tiefer Erschöpfung und aus dem Drang der Arbeit her-
aus geschriebenen Brief[67] an Dich die Angst gewachsen, dass ich
mich zu kühl und nüchtern und warnend Dir gegenüber geäußert
habe. Eigentlich müsste ich Dir jetzt ja nur zur Seite stehen, wo Du
allein es zu tun hast mit so schweren Partnern wie Hans, Otti und
evtl. auch Walter. Vielleicht machte ich mir das nicht genügend klar,
als ich mich bei der Abfassung meines letzten Briefes in Deinem
Interesse verpflichtet glaubte, meinen Wunsch nach Zusammenleben
mit Dir ganz zurückzustellen und Dich noch einmal nachdrücklich
auf das Problem der Trennung von Deinen Kindern hinzuweisen[68]. –
Liebste! In Wahrheit schreit alles in mir nach Vereinigung mit Dir,
und ich kann mir eine Fortsetzung meines Lebens in Aachen ohne
Dich einfach nicht mehr vorstellen.
Aber ich muss Dir noch etwas gestehen. Otti hat mir ausführlich
über ihr so erfreuliches Wiedersehen mit Hedel berichtet. Ihr Brief
hatte jedoch in mir den Eindruck erweckt, als ob Hedel „unser Prob-
lem" nun in einem ganz anderen Licht sähe. Ich bin dadurch beun-
ruhigt worden, weil die Sorge in mir hochstieg, ich könnte bei der
Beurteilung der Lage doch etwas Wesentliches übersehen haben.
Doch nun hat sich eben nach einem stundenlangen Abendgespräch
mit Hedel herausgestellt, dass das Gegenteil der Fall ist: Die Begeg-
nung mit Otti, so gut und erfreulich sie war, hat Hedels Überzeu-
gung, dass Otti und ich als Eheleute immer *unglücklich sein wer-*
den, nur verstärkt! Und diese Tatsache steht für mich absolut fest, -

---

[67] Karls Brief fehlt leider auch.
[68] Hier ist plötzlich davon die Rede, dass Ruth sich von ihren Kindern trennen muss.
Bisher – s. Brief vom 4.1.49 – hatte man den Eindruck, dass zur *„Begründung unserer*
Familie" auch Ruths Kinder gehören. *„für Dich und mich, und für Bärbel, Gisel und*
Christiane würde also für eine Reihe von Jahren nicht viel zum Leben bleiben", hieß es da.

völlig unberührt von etwaigen Sorgen oder Skrupeln hinsichtlich der Vereinigung mit Dir. Soweit ich überhaupt Entscheidungsfreiheit habe, gibt es für mich nur eine Alternative: Mit Dir zusammenleben oder einsam bleiben. Aber ich möchte mit Dir leben und arbeiten, Ruth; ich brauche Dich! Ich brauche Dich! Wie ein Schrei rang sich nach dem Lesen Deiner Worte das Stossgebet aus meinem Herzen „Herrgott, lass alles gut werden, führe mich mit meiner Ruth zusammen!"
Hedel hat sich sehr über Deinen Brief gefreut. Sicher wird sie Dir noch selber schreiben. Für heute nur so viel, Du mein Herz. Wie mag es Dir gehen? ! Gott behüte Dich! Dein, Dein Mann"

So wie Ilses Freundin Otti für Hans eine wichtige Beraterin in seinem Leben war, so ist Karls Schwester Hedel die Frau, die in Karls Leben bis zu ihrem Ende eine wichtige Klagemauer und Beraterin bleibt. Sie bestärkt ihn in der Überzeugung, dass Otti und er als Eheleute immer unglücklich sein werden. Und: Hedel ist mit Ruth einverstanden.

20.7.49 Otti, die in München inzwischen umgezogen ist, an Hans: *„Lieber Hans… die ganze Wohnung hat nur ein Zimmer, und Wohnküche und Bad… Wir haben zeitweilig schon zu viert in der Wohnung geschlafen, da wir neuerdings sehr mit Jugend umgeben sind, dadurch, dass ich einige Monate Hofdolmetscherin für eine amerik. Jugendleiterin war… Karl kommt am 13.August, wenn die Zeitungsarbeit es erlaubt, ist völlig k.o. und schreit nach 3 Wochen Urlaub, hat aber nur eine… Donnerstagabend kommt Ilse zu mir. Wir sind uns näher gerückt, da direkt mit der Linie 22 verbunden. Deine Schwester bleibt nach wie vor ein großer, heller, wenn auch*

nur selten genossener Lichtblick in meinem Leben. Sie gehört zu den
Menschen, die allein schon mich an diesen Kontinent binden... Wie
nett, dass Du mich herbeiwünschst... Die Sonne scheint und meine
Arbeit ist interessant. Deine Otti"

5 Besuch in Aachen

Karl hat inzwischen in Aachen eine Wohnung. Im Juli 49 ließ
Ruth ihre drei 6½-, 4½- und ½-jährigen Töchter bei der 61-
jährigen Mum in M'stein, um für 10 Tage zu Karl nach Aachen
zu reisen. Anschließend schreibt sie:

23.7.49 Ruth an Karl: *„Mein liebes Herz! Wie mir zumute ist? Ach*
übel, „benommen" ist gar kein Ausdruck. Ich bin recht verzweifelt,
matt und niedergedrückt ... Unsere „unausgesprochenen" Tage in
Aachen bedrücken mich maßlos, gerade im Hinblick auf die wieder
befestigte Erkenntnis, dass wir beide wirklich eins sind und zusam-
mengehören...
Ich habe mich sehr auf mein Heim gefreut, aber ohne Dich ist es eben
kein Heim. Die Zerrissenheit meines Lebens spürte ich stark, als ich
Christiane auf den Arm nahm u. feststellen musste, <u>wie</u> ähnlich sie
Dir sieht.
Ja und beim Zurückdenken an unser Zusammensein erscheint es mir
fast wie eine Unterlassungssünde, dass wir nicht den Mut hatten,
mal alles zu beleuchten. Denn daran fehlte es auch, nicht nur an Zeit
und Überbelastung Deinerseits. Doch wollte ich Deine innere Ner-
vosität nicht noch mehr bestärken, deshalb habe ich dann geschwie-
gen. Aber es wäre möglich gewesen, Karl. Und ich kann Dir den
Hinweis nicht ersparen, dass es auch von Dir aus notwendig war,

mal Deine Arbeit beiseite zu schieben, um wenigstens das zu erörtern, was sich durch meine vorhergehenden Briefe angehäuft hatte. Ich habe den Eindruck gewonnen, dass Du seit meinem Ausspruch „Ich kann die Kinder jetzt nicht gleich alleine lassen" merkwürdig mutlos geworden bist. Das alles wollte ich mit Dir besprechen, denn es gibt noch vorbereitende Möglichkeiten, wobei auch eine Auseinandersetzung mit Hans nötig wäre. Doch ich kann das alles nicht alleine. Du musst doch mitziehen und mir helfen... Es ist auch sinnlos zu behaupten, ich mache mir Illusionen und sähe die Wirklichkeit nicht. Du suggerierst mir Dinge ein, die Du in Dir selber zu suchen und zu bekämpfen hast. Die praktischen Hemmnisse vom Bettuch bis zur Wohnung türmen sich haushoch. Aber wir müssen mal den Mut haben.

Ja, mein liebes altes Besteck, das alles sage ich Dir, obgleich ich auch weiß, dass wir uns noch einige Monate gedulden müssen, doch Du erscheinst mir momentan so inaktiv, fast mutlos und resigniert. Von da aus sehe ich unsere Pläne gefährdet. Aber ich will trotz allem geduldig sein. Ich habe Hedel darauf hingewiesen, wie nötig Du Ruhe hast. Ach Liebster, überhaupt Deine Schwester. Ich kann gar nicht ausdrücken, wie beglückt ich über die Begegnung mit Hedel war. Es geht sogar so weit, dass ich mir von Herzen wünsche, Hedel möge mir gegenüber ähnlich empfinden, denn ich möchte ihre Zuneigung nicht missen müssen. Sie sieht einfach reizend aus. Ich hatte sie mir viel älter aussehend vorgestellt und war platt über so viel Liebreiz. Unsere Unterhaltung verlief äußerst harmonisch. Fast hätte ich durch das Treffen auf dem Koblenzer Bahnhof den Anschlusszug verpasst... In M'stein standen B. und G. auf dem Bahnhof und empfingen mich strahlend. Unsere Süße hat mich dann sehr kritisch betrachtet und lehnte sich auf meinem Arm ganz weit zurück mit der

Tendenz Komm mir ja nicht zu nahe, Du fremde Frau! Mum hat sich schief gelacht.- Ich musste mich doch erst wieder an unsere verwohnte Wohnung gewöhnen, zumal ich bei meinen Verwandten in Bonn ganz herrlich gewohnt hatte[69].

Liebster, nun lass es Dich nicht verdrießen, dass ich mal wieder Sturm gelaufen bin am Anfang dieses Briefes... Du brauchst jetzt einen Schubs, damit Du aus deiner inneren Inaktivität herauskommst... Karl, es wird mir immer klarer, wie restlos kaputt meine Ehe ist. Ist es ein Wunder, wenn mich eine zitternde Angst bei dem Gedanken überfällt, ich müsste je in sie nur aus äußeren Erwägungen zurück? Ich kann diese wahnsinnige Unruhe gottlob jetzt manchmal im Gebet zur Ruhe bringen... Sei geküsst, A.B., von Deiner Ruth"

26.8.49 Otti an Hans aus München: *„Lieber Hans... Immerhin sollst Du in den Ereignissen, die <u>nunmehr</u> vor der Tür stehen, nicht das Gefühl haben, dass ich nicht zu Dir hielt. Wieweit es notwendig ist, dass ich Dir das schreibe, ist mir nicht ganz klar. Karl meint: „Ruth schreibt's ihm ja" Jedoch das lässt mich meinen, dass Du es ein wenig auch von der anderen Seite hören solltest. In diesem Fall ist die andere Seite ---- Karl! Folgendes, nun, braucht ja niemand zu wissen, dass ich's Dir so deutlich schrieb bzw. weisst Du überhaupt nichts von mir.*

Karl kam am 13. hier an, mit dem festen Entschluss, Ruth <u>jede</u> Hoffnung nicht nur auf eine Ehe, sondern auch auf ein Zusammenleben mit ihm zu nehmen. Ehe nicht, weil a) es ein Wahnsinn ist, sich einzubilden, dass man <u>zwei</u> Familien erhalten kann, b) weil diese nur gerechtfertigt wäre, wenn man annehmen könnte, dass sie zu

---

[69] Bei Alexander Hammesfahrs reicher Verwandtschaft in der Lennéstraße.

100%igem Glück führt, was er nicht mehr glaubt. Zusammenleben nicht, weil die 10 Tage, die Ruth in Aachen war ihm genügten, und er zur Ahnung kam, dass sie ihm in Kürze auf die Nerven fallen würde, und sie sich in einem schwierigen, gehetzten Leben dort auch keineswegs bewährte. Er ist jetzt ganz erfüllt von den Einsichten, die Walter letzte Weihnachten an ihn ranredete. Samt und sonders.

Er ist sich auch völlig klar darüber, was man jetzt über ihn sagen kann. Und Ruth scheint es eindeutig zu sagen. Sie wirft ihm auch mit Recht vor, dass er früher zu diesen Einsichten hätte kommen können, anstatt im Januar zu dem genau gegenteiligen Entschluss zu kommen. Darauf kann er nur erwidern, dass er ja immer wieder Anläufe gemacht hat, Ruth ihn aber immer wieder „herum gekriegt" hat. Jedoch neigt <u>er</u> nicht dazu, die Schuld schön säuberlich zu verteilen. Schuld – das ist meine Meinung – haben wir alle vier, und am weitesten kommt man, wenn man aufhört von Schuld zu sprechen.

Karl möchte nun nichts lieber, als dass Ruth zu Dir zurückkehrt, nicht um sie loszuwerden, sondern weil zu seinen Einsichten auch gehört, dass die Trennung von ihren Kindern Wahnsinn ist,– und dass sie eigentlich nicht von der Unmöglichkeit einer Ehe mit Dir sprechen dürfte, ehe sie's nicht probiert hat. – So ging er von hier nach M'stein, sogar mit dem Entschluss, ihr finanziell nur so zu helfen, wie er's mal mit Dir verabredet hatte; 20 DM monatlich auf ein Bankkonto für Christiane. Aber an diesem Punkt hat sie ihn weich gemacht und er glaubt, dass wenn sie <u>wirklich</u> sich selbständig machen <u>will</u>, er verpflichtet ist, ihr etwa mit monatlich 50 DM monatlich zu helfen.

Wenn Ruths Aussagen mit diesen nicht übereinstimmen, dann wäre es am besten, Du besuchtest Karl in Aachen bald mal, und Deine Informationen kommen dann von ihm. Auch wäre es wahrscheinlich

wirklich gut, wenn an diesem Punkt Ihr euch zusammen tätet. – Ich hatte das Gefühl, dass dies nun der Punkt ist, an dem „Ruth gezwungen werden will", – und Karl hatte es auch, – aber er weiß eben nicht, ob _er_ berechtigt ist, diese Härte auszuüben. Er fährt am Sonntag hier ab, ist ab 1. Sept. wieder in Aachen. Love, Otti"
Kann Walter angefragt werden?

4.9.49 Otti an Hans aus M'stein: „_Lieber Hans... Nichts Neues, nur dass Ruth und Karl nicht mehr korrespondieren ausser sachlichen Notwendigkeiten. Schade, – aber vielleicht gut, dass es mit Krach auseinandergeht._

Wenn das Leben so einfach wäre, wie der kleine Max es sich vorstellt, dann würde ein Satz wie: man _darf_ _den Mann nicht_ _so_ _frei rumlaufen lassen, – vielleicht Wahrheitsgehalt haben. Meine Schuld liegt um etliche Kilometer tiefer. Aber darüber brauchen wir uns nicht klar zu werden. – Hauptsache Karl und ich wissen's._

Die Sache mit dem Konto hast Du richtig verstanden. Jedoch wartet auch Ruth die nächste Besprechung mit Dir ab, – wie sie mir gestern sagte. An sich wäre es mir lieber, wenn wir von nun ab mit ganz offenen Karten spielten und uns nicht sähen, ehe Du nach M'stein fährst... Karl muss Ruth bitten, sich mit 30 statt mit 50 DM zu begnügen. Falls wir uns doch am 17. vorher in München sehen, halte ich es dann für _sehr_ _wichtig_, _dass Ruth das dann_ _nicht_ _weiß. Ich fahre am 9. nach München. Ich drücke bei Gott alle Daumen, die ich habe! Deine Otti"_

10.9.49 Otti aus München an Hans: „_Lieber Hans,... Es war völlig überflüssig, dass ich Dir schrieb, Ruth hätte sich in Aachen nicht bewährt. (Hoffentlich erfährt sie_ _das_ _wenigstens nicht... Es ist Zeit,_ dass wir unsere Loyalitäten mal wieder entwirren. Ich gedenke nicht mehr, Ruth zu kritisieren. An erster Stelle steht heute für uns alle, dass sie die leidtragendste ist... Die Entwirrung bietet natürlich gewisse Schwierigkeiten, da ich auch nicht gedenke, meine Freundschaft mit Dir zu kündigen... Ich rate Dir gut, wenn ich sage, behandele Deine Freundschaft mit mir äusserst diskret, kündige sie sogar, wenn es richtig erscheint. Man kann auch den Verkehr abbrechen, ohne sich innerlich untreu zu werden. Herzlichst, Otti"

6 Die Würfel sind gefallen

19.10.49 Otti an Hans: *„Lieber Hans, ich nehme an, dass Du Wert darauf legst, bald Antwort zu haben... Gefühlsmäßig würde ich sagen, dass wir uns hier eher an den Begriff „Lappalie" halten, als an den Begriff „solange sie meine Frau sein will"... Karl wollte, als er zur entscheidenden Besprechung zu Ruth fuhr, sich an sein Abkommen mit Dir halten: Bankkonto. Jedoch wurden ihm dann solch schwere Vorwürfe gemacht – nicht ganz unberechtigt – dass er sich genötigt sah, mindestens nun Ruth in eventuellen Freiheitsbestrebungen so weit zu unterstützen, dass er ihr den monatlichen Zuschuss auszahlte.*

In meinem späteren Gespräch mit Ruth über die Klärung unserer Finanzlage, durch das ich ihr nur zeigen wollte, dass sogar diese kleine Zuwendung nicht ganz leicht fällt, (wie wäre erst eine doppelte Familie möglich gewesen!) sagte Ruth, dass sie noch die ganze Finanzlage mit Dir klären müsse, sie hätte sich in diesen Jahren sehr durchgeschlagen, weil sie sich unter diesen Umständen nicht berechtigt fühlte, große Ansprüche an Dich zu stellen.

Ruth wartet sehr auf Dein Kommen, um all diese Dinge zu klären... Wenn Karl heute darauf bestünde, das Bankkonto nur durchzufüh-

ren, so käme das einem Sich-ganz-auf-deine-Seite-stellen gleich, wie auch einem Zwang auf Ruth... Erst wenn Du und Ruth euch einig geworden seid... kann gemeinsam verabredet werden, wie auch diese Lappalie[70] zu handhaben ist. Aber nicht unter Umgehung von Ruth...

Lieber Hans... Werben muss Dein Motto sein, nicht legalen Druck ausüben... Karl verschone ich zunächst damit, da er nächste Woche nach Nürnberg fährt, wo ihm ein Redakteursposten angeboten ist... Er verhält sich bewusst zurückhaltend... da er glaubt, dass das der einzige Beitrag ist, den er jetzt leisten kann... ich möchte nicht, dass es ihm... als Gleichgültigkeit ausgelegt wird... Dank für Deinen langen Brief! Sei gegrüßt von Deiner Otti"

10.1.50 Otti an Hans: *„Lieber Hans... es ist keine Übertreibung zu sagen, dass ich mich von den nun gefallenen Würfeln noch immer ge- und betroffen fühle. Zwar hat sich in den vergangenen Monaten mein Verhältnis zu Ruth grundlegend gewandelt – nicht zuletzt weil sie sich in Kleinigkeiten mir gegenüber viel freundschaftlicher verhalten hat, – dass meine Reaktion auf die Würfel überhaupt nichts an Kritik enthält, ja es ist sogar Bewunderung da. Und was dich betrifft, darüber waren Ilse und ich uns einig – ist auch ein Stück Erleichterung da. Denn wenn die alte Ruth zu Dir zurückgekehrt wäre, hättest Du den Rest Deines Lebens zu spüren gekriegt, dass Du nicht der Richtige für sie bist. Aber ich glaube, es ist eine neue Ruth am Entstehen. Und diese kehrt zunächst <u>nicht</u> zurück...*
Ich habe in den vergangenen Monaten mich sehr deutlich von Dir zurückgezogen. Heute möchte ich Dir beichten, dass der Rückzug einzig und allein um Deinetwillen geschah. Ich hatte das Gefühl, dass Du in dem Bemühen um Ruth nicht durch unsere freundschaftliche Beziehung gestört werden solltest. Jedenfalls fällt jetzt der Grund zu solchem Rückzug weg und ich biete Dir meine Freundschaft in alter Frische und Wärme wieder an!... Jedenfalls wisse:

---

[70] So nennt sie Geldangelegenheiten.

106

wenn Du mal eine brauchst, bei der Du Dich ausspucken willst, –
wie nanntest Du das immer so schön –„mosern“ – oder sonst was: es
gibt mich! Herzlichst Deine Otti“

7 Schlechte Aussichten

Aus der Zeit von August 49 bis März 50 gibt es keine Korrespondenz zwischen Karl und Ruth. Im März 1950 beginnt sie wieder. Nun geht es um Ruths bevorstehende Scheidung von Hans, wobei Karl sie als Jurist berät.

25.3.50 Karl an Ruth aus Bad Godesberg, dort wohnt er bei Verwandten: *„Mein Liebes, ich habe ein elend schlechtes Gewissen, dass ich jetzt erst wieder an Dich schreibe. Gern hätte ich es schon früher getan, doch fand ich einfach nicht die dafür erforderliche Ruhe, weder die äußere noch die innere. Ich bin schon seit etlicher Zeit sehr abgespannt und habe infolgedessen nicht mehr die Kraft, mich dem alles fressenden Bonner Betrieb so zu entziehen, wie es wünschenswert wäre. Darunter leidet schliesslich alles, erst recht mein sog. „Privatleben“, von dem die Privatkorrespondenz einen wesentlichen Bestandteil bildet.*

Doch dies nur zur Erklärung meiner Schweigsamkeit, die ich wahrlich viel lieber häufiger unterbrechen würde. Es fällt mir nämlich nicht leicht, Dich und Christiane mir in Gedanken vorzustellen, ohne durch gelegentlich ausführliche Schilderungen von Dir konkrete Anhaltspunkte zu haben. Die letzte Nachricht war, dass das Kind nicht nur eine Bronchitis, sondern auch die Masern habe... Vielleicht steht Christiane gerade wegen ihrer zarten Konstitution Deinem Herzen besonders nahe.

Von Hans habe ich nichts gehört, obwohl ich ihn am 6. März schrieb und ihn bat: 1.nicht die Ehelichkeit anfechten 2. die Scheidungsklage nur auf das leichtere Verschulden des § 43 zu stützen und 3. hinsichtlich der Kinder Deinen Wünschen in bindender Weise zu entsprechen... Ich hatte das Schreiben an H. hinausgezögert, weil ich abwarten wollte, ob unser Briefwechsel eine Meinungsänderung bei Dir hervorrufen würde. Dass ich nun Deinen Wünschen entsprechend an Hans geschrieben habe, nimm bitte als Zeichen dafür, dass ich Dir freie Hand zu lassen gewillt bin, nicht ohne schwere Sorge für Dich, vor allem was Deine Hoffnung auf die beiden Kinder betrifft, aber aus der Einsicht heraus, dass die Aufrechterhaltung meiner Einwände Dich jetzt unerträglich belasten müsste.

Ach Herzele, wie seltsam ist doch das Leben... Auf Wiedersehen, liebes Herz! Dein Karl!"

10.4.50 Ruth aus M'stein an Karl: „*Mein liebes Herz! Heute hat Hans bei euch in München gesessen und ich wusste nicht, soll ich ihn beneiden oder nicht... Birgit war da und alles wird dabei durch die Mühle der Psychologie gedreht und mir dreht sich dabei das Herz im Leibe um. Ich bin dafür überhaupt nicht gebaut u. eine unendliche Sehnsucht nach Ruhe, Frieden u. Einfachheit überkommt mich dann.*

15.4.50 (ist auf dem gleichen Briefbogen angefügt) *Christiane hatte doch keine Masern. Sie litt nach der Bronchitis plötzlich an entzündlichen Augen u. musste mehrere Tage im verdunkelten Zimmer stehen. Leider ist das Kind weiterhin lichtempfindlich und hat öfter eine Bindehautentzündung. Sonst ist sie süß wie immer und schlängelt sich an den Gegenständen im Zimmer entlang. Zum*

Loslassen und Alleinelaufen hat sie noch nicht genügend Mut. Phy-
sisch ist sie längst so weit.
Ich will versuchen, Anfang Mai zu reisen, der Tapetenwechsel ist
mehr als notwendig geworden für mich. Hab auch Dank für die 50.-.
Für heute liebe Gedanken und Grüße von Deiner Ruth."

30.4.50 Karl an Ruth aus Bad Godesberg: *„Mein liebes Herz,…*
Gestern war ich in Düsseldorf zum Parteitag der FDP, kehrte aber
abends zurück, übernachtete in meinem Büro und blieb gleich zur
Arbeit hier. Heute hast Du wohl von Otti und den beiden Buben
Besuch erhalten. Wenn Du Zeit und Lust hast, berichte mir doch
über den Eindruck, den Michael auf Dich gemacht hat. Ich hoffe ihn
ja am nächsten Sonntag zu sehen. Über den Plan einer Autoreise
zum Rhein, werden sie Dich wohl unterrichtet haben…
Wie schön ist es, dass Christiane keine Masern bekommen hat! In
Deinem augenblicklichen Zustand würdest Du schwer daran getra-
gen haben. Ich wünsche ja so sehr, Du könntest Dich mal einige
Tage erholen. Hoffentlich klappt es mit Deiner für Anfang Mai ge-
planten Reise. Ich möchte gern Dich wiedersehen und sprechen. Das
würde das uns verknüpfende Band stärken und auch einer sachlichen
Lösung der vielen schwebenden Fragen zugute kommen.
Mit Hans habe ich diese in München kurz besprochen, d.h. ich hörte
mir – mit den Kindern ziemlich müde aus dem Deutschen Museum
zurückgekehrt – seine Ausführungen an. Die von Hans entworfene
Skizze zu einem Vertrag liess er für mich zurück. Eigentlich wollte
ich heute dazu Stellung nehmen, bin aber zu dem Resultat gekom-
men, auf einen genauen Entwurf zu verzichten. Was im Einzelnen
vereinbart werden muss, hängt ja davon ab, ob die Ehelichkeit erfolg-
reich angefochten werden wird. Wie ich mir die Sache vorstelle,

magst Du aus der Anlage ersehen. Für Deine baldige Stellungnahme wäre ich Dir dankbar, da es natürlich gut wäre, wenn Du und ich uns in Hauptpunkten einig wären. Wie weit ist bis jetzt die Aktion Gelsenkirchen gediehen?

Wegen der Journalistenschule bemühe ich mich immer noch. Da aber Hilberath in keinster Weise mitzieht und überhaupt nur noch für seinen neuen VW Interesse zu haben scheint, habe ich mich mit Denecke verbündet und ziele jetzt auf eine Hochschule für Politik, wie sie in München zur Zeit von Feude aufgezogen wird (mit dem ich Ostern lange darüber sprach). Dienstagabend bin ich bei Radzibors, Mittwoch Vormittag halte ich meine Vorlesung. Ich flitze wie ein Weberschiffchen hin und her, aber der Stoff wird nicht dichter; schade! Sei gegrüßt, Liebste, Dein Karl"

2.5.50 Ruth an Karl aus M'stein: *„Mein Liebstes! Ich trage schon seit einiger Zeit in Gedanken einen Brief an Dich herum. Heute will ich Dir für die Zeilen vom 30.4. danken. Am Sonntag las ich Deinen Brief an Otti u. wurde so wieder etwas über Dich, Deine Pläne und Gedanken orientiert. Es macht mich immer wieder traurig, dass Du mir von Deinen Kindern oder Verwandten erzählst, so als ginge das alles mich nichts mehr an. Umso dankbarer war ich Otti, die mir u.a. die Bilder von Deinen Geschwistern aus Südamerika zeigte. Otti gab mir dann noch alle Briefe aus letzter Zeit von Barbara... Ich frage mich wirklich manchmal, warum Du so etwas nie erzählst. Hast Du vergessen, wie oft ich mich mit Dir gerade um Babs gesorgt habe? Weißt Du eigentlich nicht, wie lieb ich deine Kinder habe? Ich fühle mich dann so ausgeschlossen, aus deinem Leben, dass ich alle Brücken abbrechen möchte. Wo hat es echte menschliche Beziehungen zwischen uns gegeben oder gibt es sie noch? Und doch fühle ich mich*

durch eine innere Stimme daran gebunden, Dich weiter mitzutragen
u. wenn es in Stillschweigen geschieht.
Es waren übrigens nette Stunden mit Otti. Es ist erstaunlich, wie
offen sie heute sich mir gegenüber offenbart, in ihrem eigensten Füh-
len und Denken, in ihrem Verhältnis zu Dir, in ihren Nöten darum
u. ihren Sorgen um die Kinder. Michael hat sich wenig verändert,
doch der Ausdruck des Gesichts ist männlicher geworden. Er ist sehr
anders als Babs und Christoph, geprägter und geschlossener.
Bei mir geht es rund. Oft bin ich erst um 9 Uhr zu Hause. Es gibt im
Büro von 8-5 kein Aufatmen. Ich habe schon manchen Betrieb erlebt,
aber so etwas nicht. Rücksichtslos werden die Menschen in unserem
Betrieb ausgebeutet, u. warum? Damit Herr Dr. Tannhäuser mög-
lichst viel bauen und Geld verdienen kann …
Seit gestern gehe ich ernstlich mit dem Gedanken um, Dich auf mei-
ner Rückreise zu sprechen. Da kommt heute Deine Bitte nach einem
Wiedersehen. Wenn Du wüsstest, wie bitter nötig ich es hätte mal
wieder bei Dir auszuruhen. Aber finde ich noch meinen Karl? Deine
Zeilen klingen so nüchtern… Ich kann mich noch nicht endgültig
entscheiden, Du musst bedenken, dass das Wiedersehen schön und
der Abschied grauenvoll ist. Ich lebe innerlich immer mehr wie abge-
storben u. habe mich auch dreingefunden…
Meine Reiseroute ist Marquartstein – München. Übernachten bei
Otti, München – Hamburg, dort Besuch bei Frau Lottig. Hamburg –
Marne. Kurzer Abstecher zu Gisi. Marne – Gelsenkirchen. Bespre-
chung mit Hans. Gelsenkirchen – München. Ja – u. vielleicht Unter-
brechung in Bonn, um jemand zu sehen, der mal von sich behauptet
hat, dass er „dauerhaft" und „rostfrei" wäre. Müsste man eigentlich
mal schauen, ob das wahr ist! Ich hoffe, dass ich am 13.5. fahren
kann…

111

Christiane geht es „gut", hat wie immer Schnupfen und Husten, tut die ersten Schrittchen ganz alleine u. ist vergnügt. Gute Nacht, mein Liebes, Deine Ruth. "

16.5.50 Ruth an Karl aus M'stein *(6 Seiten):*„*Mein liebes, liebes Herz! Wie gern hätte ich Dir gestern einen Arm voll Trollblumen gebracht. Hoffentlich hast Du meinen Enziangruß erhalten... Der Frühling ist wieder so märchenhaft, dass ich schon lange überlegte, wie ich Dich etwas daran teilnehmen lassen kann. Du hast doch auch den Bergfrühling jedes Jahr so sehr genossen, u. ich musste bei all dem Schönen so viel an Dich denken.*

Es war lange recht kalt u. immer wieder lag Neuschnee auf den Bergen. Aber gerade dieser Schnee wirkte zauberhaft auf den Bergspitzen, die unter einem klaren, blauen Himmel im funkelnden Sonnenschein des Morgens dalagen. Ich habe, so oft es ging, den Geigelstein (unseren!) ganz intensiv betrachtet und zum ersten Mal die Vorstellung bekommen, dass dieser Berg in alten Zeiten angebetet worden sein kann... Die Wiesen wurden von Tag zu Tag grüner... jetzt sind sie vorwiegend gelb vom Hahnenfuss, aber dazwischen stehen die roten Lichtnelken u. die ersten Margeriten wagen sich auch schon hervor. Nicht lange u. sie lösen das Gelb ganz ab u. bald ist es schon wieder so weit, dass die Wiesen geschnitten werden.

Habt ihr auch eine so schöne Obstblüte gehabt? Bei uns war u. ist es noch märchenhaft... Gestern musste ich an unseren Spaziergang im Denger-Sommer 47 denken, als wir nach der Ausarbeitung einer Ansprache für D. später unter den Buchen lagen u. durch das helle, sonnendurchtränkte Grün in den Himmel schauten, nicht weit von unserem Holzweg 1946 entfernt.[71] Da ich nun keinen Urlaub bekommen habe, spanne ich wenigstens nur 3 Tage aus. Morgen fahre ich mit Bärbel an den Königsee mit Stöttner... Ich will Dir auch noch von Christiane berichten. Unser Spatz läuft nun, Liebster, mit ausgestreckten Ärmchen kommt sie auf mich zugelaufen u. quietscht u. trällert dabei vor Wonne. Wir haben zu einer kleinen List gegriffen, die Wunder wirkte. Damit sie das Gefühl des Festhaltens behält, gaben wir ihr zwei Dinge in die Händchen, Bärbels Pantoffeln, dann wurde sie weiter entfernt von uns aufgestellt u. gerufen. Sie durchquert nun Küche u. Wohnzimmer, schlägt geschickte Haken vor jedem von uns, weil sie nun ganz alleine will... Ich singe ihr oft Hänschen klein vor, die ersten drei Töne macht sie genau nach. Sie ist sehr groß für ihr Alter, das Haar ringelt sich auf dem Hinterkopf, die Farbe ist dunkelblond.

18.5. Ja Karl, wir hatten herrliche Sonne gestern bei unserer Fahrt über die Queralpenstrasse durch das Weissbachtal mit Blick auf den Watzmann, durch die Ramsau, Berchtesgaden, Königsee, Obersee, Reichenhall, Ruhpolding. Bärbel hat auch alles sehr genossen. Für sie war es die erste Autofahrt ihres Lebens... Mit Christiane war ich auf dem Wuhrbichl, wo sie sich bald mit Blumen, Tannenzweigen und Ameisen beschäftigte. Sie ist dann still vergnügt und beschäftigt sich – wie in ihrem Ställchen – ganz alleine. Ab und zu muss sich ihr Zärtlichkeitsbedürfnis austoben, dann macht sie „a-i-i-". Dabei schmiegt sie die Ärmchen um meinen Hals u. schmust. Ich bin „mam-mam", Mum ist „mum", Gisela ist „disa". Mein Vater, der in allem ihr stiller Verbündeter ist, bringt ihr nun „Opa" bei, woraus manchmal „Papa" wurde, dabei spitzt sie das Mäulchen, sieht goldig

---

[71] Hier erfährt man, dass offensichtlich schon im Sommer 1947, wahrscheinlich schon 1946 diese Liebesbeziehung bestand.

aus, – aber mir wird dabei weh ums Herz. Ihre einzige Unart ist, dass sie den Inhalt ihres Topfes zu genau untersucht. Dabei hats nun die ersten ernsthaften Klapse gesetzt, die sie tief beleidigt, mit dicker Schippe u. einigem Geheul zur Kenntnis nimmt u. dabei den Kopf versteckt. Als kleiner Naktfrosch herum-zulaufen bedeutet äußerste Wonne. So, da hast Du Deine Jüngste. Ich kann Dir wieder einige Bilder schicken[72].

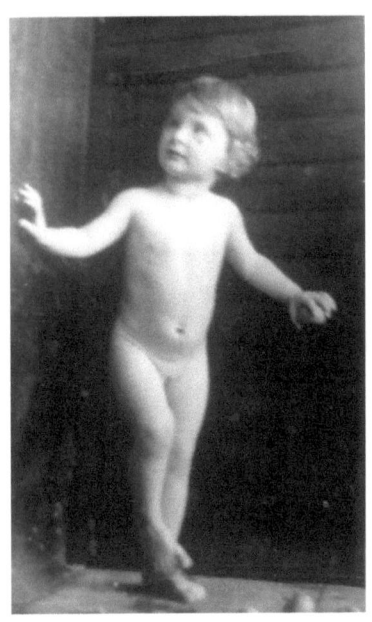

Karl, seit 10-12 Tagen warte ich mit zunehmender Traurigkeit vergeblich auf Post von Dir. Auf meinen letzten Brief hatte ich eine baldige Antwort erwartet. Du wunderst Dich vielleicht, dass ich überhaupt nichts über die brennenden Fragen schreibe. Ich habe es so satt u. immer wieder das Gefühl der Missverständnisse u. nicht wirklich ausgetragener Auseinandersetzung. Ich weiss nicht, ob Du dieses ohnmächtige Gefühl kennst, wenn eine Konstellation entsteht, die auf Briefe, auf zweierlei Auffassungen, auf beiderseitigen Schwächen, auf Entfernung, Entfremdung aufgebaut ist. Dazu kommt, dass ich bei Dir nicht mehr durch schaue. Wo, - wie stehst Du überhaupt zu mir? Lohnt ein Wiedersehen? Ich bin in dieser Hinsicht in völlige Resignation versunken u. lebe einfach der Vergangenheit. – Ich bitte Dich noch, lass alle Gedanken um den Vertrag wegen Christiane, Du

---

[72] Ich erinnere mich noch, wie dieses Foto entstanden ist; es war ein mehrtägiges Unternehmen, mit Mämäs Hilfe ist es endlich gelungen.

hörst bald von mir darüber, aber in anderer Richtung. Wenn ich mich nicht vor mir selber schämen würde, könnte ich vielleicht heute schon berichten. Der Mensch ist ein elender Waschlappen, manchmal. Doch man wird einfach von dem Fluss des Lebens überspült, alle Höhen und Tiefen zählen gar nicht, man muss froh sein, wenn man nicht ertrinkt u. noch so viel Kraft hat mit einiger Haltung – Ach Quatsch, – wenn Du auch nur noch urgroßväterliche Briefe schreibst: Lass Dich küssen für heute von Deiner Ruth."

20.5.50 Karl an Ruth aus Godesberg: *„Du liebes, liebes Herz, nein, so geht es wirklich nicht weiter, dass ich dich einfach ohne eine Nachricht von mir lasse! Gewiss, ich bin nun derartig in den hiesigen „Betrieb" geraten, dass Ausspannen, Atemholen, Zu-sich-selbst-Kommen mir völlig fremd gewordene Begriffe sind. Weisst Du, Ruthele, auch wenn ich nicht vor der Schreibmaschine sitze, bleibe ich „gejagt"… immer von dem Drang getrieben, nicht den Anschluss zu verlieren an die unendlich vielfältige proteushaft[73] sich wandelnde politische Entwicklung. Was mich gegenwärtig am meisten bedrückt, das ist die persönlich aber auch sachlich bedingte Unmöglichkeit, des mich bedrängenden Materials Herr zu werden… Hinzu kommt, dass die Aachener Redaktion es an Zusammenarbeit vermissen lässt… und meine Artikel häufig verspätet oder gar nicht bringt… Die Unklarheit meiner hiesigen Position ist nicht dazu angetan, die aus der Art der Arbeit resultierende innere Unruhe zu mildern. Im Gegenteil.*
Dennoch will ich mein Schweigen Dir gegenüber damit nicht entschuldigen – es ist einfach unentschuldbar – sondern höchstens erklären. Und vielleicht wäre es gerade auch im Hinblick auf eine an-

---

[73] allzu wandlungsfähig

dere innere Hemmung besser, ich schriebe Dir häufiger, vielleicht
würde diese Hemmung dadurch überwunden werden. Das ist die
Ungewissheit meiner Herzenskräfte und –regungen im Verhältnis
zu Dir. Ich glaube, im Grunde meines Herzens fürchte ich mich vor
Dir, weil ich immer noch auf der Flucht vor der Vergangenheit
bin...[74] *Noch wirkt das Entsetzen nach, das mich auch bei der unbe-*
wussten Erinnerung an die Krisen namentlich des vergangenen
Jahres überkommt, die mich wirklich zum ersten Mal in meinem
Leben an den Rand meiner Leistung gebracht haben. Auch wenn ich
selber es wochenlang nicht merke, so weiß ich doch, dass ich inner-
lich in einem Ausmaß verwundet bin, das wohl nur die Zeit zu hei-
len vermag. (Ich bringe es schon lange nicht mehr fertig, so wie Du,
Kraft im Vertrauen zu Gott zu finden.)
In solcher Verfassung tun Briefe wie deine beiden letzten unendlich
wohl, Du liebe, liebe Frau. Ich musste mir einen schrecklichen inne-
ren Ruck geben, den heute ankommenden zu öffnen und zu lesen
(drei Stunden trug ich ihn so mit mir herum). Ich erwartete eine
Flut von Vorwürfen und Anklagen und stärkte mich dadurch, dass
ich mir sagte: Ruth hat ja völlig recht, sich über mich zu beschweren,
d.h. ich habe ein Strafgericht wahrlich verdient. Und dann kam –
zugleich Beschämung und Erleichterung auslösend – die entzücken-
de, plastische Schilderung des oberbayerischen Frühlings, den wir so
oft gemeinsam genossen und die Beschreibung von Christianes Ent-
wicklung. Mein Gott, wie sollte ich Dir, liebes Herz, dafür nicht
danken! ... Mein Schreibtisch steht direkt vor dem großen zweiflüge-
ligen Fenster meines Büros im Bundeshaus. Mein Blick fällt auf

---

[74] In zweifacher Hinsicht wohl: auch seiner Nazivergangenheit hat er sich nicht gestellt, nie darüber geredet und rastete aus, als ich ihn danach fragte. In seiner Biogra-
phie fehlt diese Zeit völlig.

würdige alte Bäume, die Vögel zwitschern und unter ihnen tut sich auch eine Nachtigall hervor, die nach ununterbrochener „Nachtvor-stellung" sogar am Tag ihre schmelzende Stimme ertönen lässt.

Das amerikanische Feldbett steht links von mir, über ihm hängt, hinter neuem Glas und Rahmen, der Gilles. Damit bin ich schon am Ende meiner „Privat"-Einrichtung, wenn ich von den Büchern und Zeitschriften absehe... dennoch fühle ich mich in diesen 10 qm um-spannenden vier Wänden so wohl, dass ich auch abends hier weile, wenn ich nicht einer Veranstaltung beiwohnen muss. Solcher Veran-staltungen sind aber sehr viele, seit ich in zwei Ausschüssen der Bundespresskonferenz sitze und Vorsitzender des Presseausschusses geworden bin...

Jedes Wochenende bin ich bei Hedel in Koblenz... Dass Otti mich mit allen 3 Kindern am 7/8 Mai überfiel, hast Du sicher schon ge-hört. Das Wiedersehen war sehr nett, wenn auch etwas anstren-gend...

Ich muss jetzt schliessen, mein Ruthele, Über Pfingsten hoffe ich nach Berlin fliegen zu können auf Einladung von Bundesminister Kaiser, bei dem ich neulich zu Gast war... Und nun lass Dich küs-sen, so viel, dass Du auch dem Christianelein noch etwas abgeben kannst, von Deinem dummen alten Besteck"

8 Verantwortung

Nach all den Schwierigkeiten, die diese Beziehung für beide bisher schon bedeutet hat, teilt Karl am **11. Juni 50** Ruth mit, wozu er sich nun entschlossen hat. Der Brief fehlt, aber aus Ruths Antwortbrief wird deutlich, worum es ging. Ruths 3-

seitigen Brief gibt es nur in Mums Handschrift. Drüber steht „Abschrift" – er beginnt ohne Anrede.

13.6.50 Ruth an Karl: *„Da Hans auch Sonntag geschrieben hatte, wollte ich Dir sowieso schreiben, Karl. Heute finde ich Deinen Brief vom 11.6. vor. Deine Bemerkungen über die Verantwortung Christiane gegenüber, von denen auch Hans berichtet, sind mir so wichtig, daß ich sie zuerst aufgreife. Karl, wenn Du und ich ganz offen und redlich vor uns selber dastehen wollen, so müssen wir beide zugeben, daß wir dieses Kind zwar nicht bewusst gewollt haben, aber daß der unbewusste Wunsch danach bestand. Zu verstehen aus der ganz natürlichen äußerlichen Gebundenheit, die ein Drittes als Vollendung und Gegebenes entstehen läßt. Du kannst dies heute nicht leugnen wollen, sonst lügst Du. Die Verantwortung der Nichtexistenz eines Kindes hatte ich in starkem Maße übernommen, indem ich Dich auf meinen „Kalender" aufmerksam machte. Du weißt wohl noch, dass Christiane am 10. Tage vor u.s.w. gezeugt worden ist, an einem Tage, der nach der bekannten Theorie noch ungefährlich ist. Schön, ich hätte bei meiner Verantwortung noch vorsichtiger sein sollen. Willst Du mir heute unsere beidseitige Verantwortung auf der Waage vorrechnen, ja sag mal, schämst Du Dich denn gar nicht? Hast Du vergessen, daß Du mir in der Stunde, als Du von Christianes Existenz erfuhrst, gesagt hast „Das ist was anderes, dann heirate ich dich"? Diese Worte sind doch wohl der sicherste Beweis dafür, dass Du in jener Stunde die richtige Verantwortung mir und dem Kinde gegenüber empfandest.*

Die Dinge sind nicht nur von der materiellen Seite zu lösen, das sehe ich heute mehr denn je ein, und daß diese Dich bedrücken begreife ich völlig. Daß Du mir aber heute, weil Dich 50.- drücken, mehr als

lieblos schreibst, das begreife ich nicht mehr. Es klingt nicht anders,
als bedauerst Du alles, unsere Begegnung und das Kind, und möch-
test alles ungeschehen machen. Du hast kein Gefühl dafür, daß man
zu solchen Dingen zu stehen hat... Von alleiniger Verantwortung
kann in einem solchen Fall nie gesprochen werden. Du trägst genau-
so Verantwortung wie ich, ja vielleicht noch mehr, denn Du bist ja
16 Jahre älter als ich, reifer und erfahrener damals gewesen, auch im
Erleben auf erotischem Gebiet. Aber: dies alles so erwähnen zu müs-
sen, ist entsetzlich. Du hast mal von der Bewährungsprobe unserer
Liebe gesprochen. Karl – Du hast Dich nicht bewährt – und das aus-
zusprechen ist furchtbarer, als alle Trennung von Dir. Daß mir die-
ses Nachspiel nicht erspart bleibt, ist einfach grauenvoll.
Du brauchst mir keine 50.- zu geben, wenn sie Dir wie „Mühlen-
steine am Hals hängen", wenn es darauf ankommt, bringe ich das
Kind auch alleine durch und übernehme jegliche Verantwortung für
es. Ich stehe voll zu seiner Existenz, zu unserer einmal bestandenen
Liebe und zu meiner Schuld.
So sehr ich es jetzt für richtig gehalten hätte, die Ehe mit Hans auf-
recht zu erhalten, so sehr versetze ich mich auch in Hans' Lage. Er
war 3 Jahre lang die Anständigkeit selber, hat gewartet und gehofft
und sich in jeder Weise großzügig gezeigt, hat einsam gelebt, wäh-
rend wir glücklich waren. Ich kann es ihm nicht verdenken, daß er
heute mit der Frau zusammenleben möchte, die er wirklich lieb hat,
zumal er bei uns beiden (ihm und mir) nicht sicher sein kann, wie
sich alles entwickelt. Ich habe ihn ganz offen gefragt, wie er dazu
stehen würde, wenn ich mich in einem Jahr noch nicht in „eheliche
Beziehung" zu ihm begeben hätte. Er hat darauf nicht geantwortet,[75]

---

[75] Gerlinde:„*Pappi konnte Ruths Schmu nicht ertragen. Er hat darauf nie geantwortet*".
(25.8.2017)

aber daß er davor zurückschreckt, verstehe ich gut... Und die Kinder? Daß Du Dir auch nicht einmal klar machst, was aus den Kindern dabei wird...

Ich bleibe dabei, ich wäre bereit meine Ehe fortzusetzen, in meiner Familie zu leben, aber ich kann doch Hans jetzt nicht nachlaufen, zumal ich nicht fest davon überzeugt bin, daß alles gut gehen wird. Ich würde mit bestem Willen versuchen, aber ich kann Hans keine Gewähr geben... Ich zauderte zu lange und bin damit schuldig an Hans' Vorgehen geworden... Hans hat sich dazu bereit erklärt, die Scheidungskosten zu übernehmen... auf solche Dinge kann ich mich bei ihm fest verlassen...“

16.6.50 Karl an Ruth: *„Mein liebes, liebes Herz, – ja Du hast recht, ich hätte das nicht schreiben sollen, das über die Verantwortung um unsere Christiane. Es floss mir in einer starken Erregung aus der Feder, als ich alle Argumente zusammensuchte, um Dich zu äußerster Aktivität zu entflammen. Ich bitte Dich um Verzeihung. Das muss ich tun, auch wenn ich Dir ausdrücklich sage, dass mir der Satz mehr als ein formales Argument erschien und dass der Nachdruck auf dem folgenden, von Dir überhaupt nicht erwähnten Satz lag: wir müssen uns bald wiedersehen, um wieder den richtigen Kontakt – auch und gerade zwischen dem Kinde und mir – zu gewinnen. Ja, das müssen wir wirklich, Ruth! Es ist höchste Zeit, dass wir für unsere Beziehung eine dauerhafte Grundlage und Gestalt finden. Das Hin und Her in den letzten Monaten macht uns beide kaputt. Aber es ist nicht nur auf die ungeklärte äussere Situation – Aufrechterhaltung deiner Ehe oder nicht – zurückzuführen, sondern auch auf meine miserable innere Verfassung. Ich bin schon seit langem von einer so grauenhaften Existenzangst erfüllt, dass wahrlich*

nicht nur eine monatliche 50 DM Verpflichtung mir wie ein Mühl-
stein um den Hals vorkommt, sondern eigentlich das ganze Leben.
Ich ertappe mich ja immer wieder bei dem Gefühl ausgewachsener
Lebensmüdigkeit, der Frucht einer erschreckenden inneren Leere,
Hoffnungslosigkeit und eines Mangels an jedem, aber auch _jedem_
Selbstbewusstseins , die alle auf die fast krankhafte fixe Idee zurückgehen, dass ich in jeder Beziehung – menschlich und beruflich – ein
Versager bin. In der Praxis führt das dazu, dass ich Herzklopfen und
Schweissausbrüche bekomme, wenn ich auch nur irgendeinen dum-
men Abgeordneten ansprechen muss, dass ich mich in meine Büro-
bude verkrieche, wie die Schnecke in ihr Haus. Dort fresse ich dann
zitternd vor Nervosität den ganzen ungeheuren Stoff der politischen
und wirtschaftlichen Tagesaktualitäten in mich hinein, lasse mich
aber regelmäßig so von ihm überwältigen, dass die Kraft zur Verar-
beitung, Reproduktion und Produktion ziemlich lahmgelegt wird.
Nur ganz selten gibt es ein paar Stunden der Entspannung… Das
Schrecklichste an allem ist doch wohl eine solche Gott-Ferne, dass
ER für mich tot ist… Vielleicht liest sich das alles schrecklich pathe-
tisch. Es ist mir aber bitterer Ernst. Ich bitte Dich um Verständnis
und um Geduld… Vielleicht erfahre ich jetzt den Zusammenbruch
aller trügerischen Stützen, um frei zu werden für das, was wesentlich ist…

Zur „Sache" mag ich mich jetzt gar nicht mehr recht äußern. Ich
habe heute die Zeugenladung für den 6.7. erhalten. Was Dein Anwalt über „Verzeihung" gesagt hat, stimmt nicht. Sie kann in jedem
äußeren Verhalten zum Ausdruck kommen, nicht nur in der Fortsetzung des ehelichen Lebens, sprich Verkehrs… Hans hat seit _unserer_
letzten Begegnung im August 1949 unentwegt sein Bemühen um
Wiederherstellung der Familie fortgesetzt (das Koffergeschenk im

April!) und Dich auch dadurch zu dem Entschluss gebracht, zurückzukehren. Das ist m. E. eine „Verzeihung" Durch ununterbrochene Handlung, die nicht plötzlich zurückgenommen werden kann. Wenn er jetzt Nein sagt, ist das menschlich verständlich, verschiebt aber juristisch die Gewichte derartig, dass Du es nicht nötig hast, als die allein Belastete aus dem Verfahren hervorzugehen... Ich könnte in Konflikt geraten zwischen dem Willen, euren Wünschen gerecht zu werden und der evtl. unter Eid stehenden Pflicht zur wahrheitsgemäßen Aussage. Bitte besprich das genau mit einem erfahrenen Anwalt. Vielleicht kannst Du auch Otti ins Vertrauen ziehen... Gib ihr bitte die beigefügten Zeilen, doch behalte den ersten Teil dieses Briefes für Dich. Dein Karl"

15.6.50 datiert – offensichtlich etwas später abgeschickt, denn sie antwortet schon auf Karls Brief vom 16.6. Ruth an Karl: *„Ach Karl, - wenn Du doch deinen Brief aus Pfaffendorf so vernünftig abgefasst hättest, wie Deinen letzten, den ich eben gelesen habe und für den ich Dir herzlich danke. Du wirst nun ebenso empört sein, wie ich es war... Dein Brief und meine Antwort liegen mir heute noch wie ein Alpdruck auf der Seele, es geht nun schon lange an meine Substanz, da wird man nicht friedlicher... Es hörte sich so an, als wolltest Du alles abschütteln – alles. Du musst bedenken, dass Du mir seit Monaten statt Brot Steine reichst... Hans hat mir seinerzeit Kampf mit schärfsten Mitteln angedroht, sollte ich mich zur Wehr setzen wollen... Über die Kinder ist zwischen Hans und mir ein Gentleman-Agreement getroffen worden... „Wenn Du in Not gerätst und die Kinder nicht voll ernähren kannst, so bin ich bereit sie zu übernehmen, wenn meine Wohnmöglichkeit und finanzielle Lage das erlaubt". Und er fügte hinzu: „Du siehst diese Über-*

legung nicht als erneuten Versuch an, Dir die Kinder doch noch durch eine Hintertür fortzunehmen". Ja, ich bin zu meiner „Ehe" bereit, aber mir ist dabei, als solle ich begraben werden. Und was, wenn Hans eines Tages wegen Verweigerung ehelicher Pflichten klagt?... Am 20.6. werde ich zu Frau Lottig fahren mit Unterbrechung in Göttingen, wo sich vielleicht beruflich etwas anbahnen lässt. Auf der Rückfahrt treffe ich mich mit Hans in Gelsenkirchen... Ich bin völlig übermüdet und ab, deswegen Schluss für heute. Alles Liebe, Deine Ruth.

P.S. Von Babs erhielt ich heute einen ganz reizenden Brief... Sie schreibt wörtlich „Weisst Du, wenn ich Heimweh habe, dann immer nur nach M'stein, Dir und den Kindern." Hans schreibt nach seinem Besuch bei Dir: „Karl will vermeiden, die Verjährungsfrage ins Spiel zu bringen. Tut er's doch, so legen wir ihm den Ehebruch auf den Tisch."... Wenn's hart auf hart kommt, muss ich zahlen und ich gehe der Kinder verlustig, während ich mich jetzt fest auf die Abmachungen mit Hans verlassen kann."

Kapitel 5

1 Scheidung

Vor dem Scheidungsprozess am 6.7.1950 erwähnt Karl juristische Gründe, damit Ruth nicht *als die allein Belastete aus dem Verfahren* hervorgeht. Doch wenn Karl unter Eid wahrheitsgemäß aussagen muss, dass Christiane sein Kind ist – wird Ruths Ehebruch deutlich werden.

16.6.50 Ruth an Karl: „*Mein Liebes! Ich war heute schon beim Rechtsanwalt u. will Dir gleich berichten. Auf Kampf kann ich es nicht ankommen lassen, da tatsächlich juristisch nicht verziehen ist. Der Brief vom 24.4. spielt keine Rolle, weil Hans nicht ausgesprochen hat, dass er einen Strich unter alles Geschehene ziehen würde... Die Tatsache, dass nun auf Hans' Seite eine andere Frau eine Rolle spielt ist belastend für ihn. Bei einer ernsten Auseinandersetzung aber würde ich doch die überwiegend Schuldige sein, habe Hans dann verärgert und kann nicht mehr mit seiner Loyalität wegen der Kinder rechnen, muss ausserdem die Scheidungskosten tragen.*

Ich könnte Hans nochmal auffordern, die Ehe wieder herzustellen oder, wenn er das nicht will, wenigstens auf § 48 klagen. Aber Hans wird auf § 48 nicht eingehen. Das würde bedeuten, dass mir die Kinder zugesprochen werden und er auch für mich unterhaltspflichtig ist, wenn ich keine Stellung habe oder in Not gerate... Hat Hans wirklich ausgesprochen, dass er sich nicht wegen meiner Schuld, sondern wegen der anderen Frau jetzt scheiden lassen will?... Er wird immer sagen „Diese Frau ist ja letzten Endes nur eine Folge deines Verhaltens" und dagegen kann ich nichts einwenden, auch wenn ich mich vor einigen Wochen zur Ehe bereit erklärte.

Die Klage, die ich heute bekam, befremdet mich, weil... jeder sofort den Ehebruch erkennt. War es notwendig zu erwähnen, dass der letzte Verkehr im April 47 stattgefunden hat? Dieses Datum und Christianes Geburt im Dez 48 lassen doch sofort die Zusammenhänge erkennen... Ich möchte Dich flehentlich bitten, mir beim Termin am 6.7. – bei dem wir uns groteskerweise wiedersehen werden – keinen Unsinn zu machen. Ich ziehe den Kürzeren beim Kampf. Auch dem Janelein geht es nicht gut. Sie hat scheusslich mit ihren Zähnen zu tun. Nun ja, es hilft nix. Liebe Grüsse, Deine Ruth"

18.6.50 Ruth an Karl: „*Mein Karl, - ganz ähnlich habe ich mir Deine innere Verfassung vorgestellt. Ich kann Dir kaum schildern, was in mir vorging beim Lesen Deiner Zeilen vom 16.6... Ich weiß, dass Du nur das Beste willst u. doch instinktlos so oft danebenhaust. Ich musste einfach mal rabiat werden. Wenn man dich mal an die Hand nimmt oder Dich mal anfaucht, dann geht es schon...*
Ich fahre am Dienstag (20.6.) nach München, bleibe bei Otti, bin Donnerstag in Göttingen und reise Sonnabend nach Hamburg wo ich mich bei Malchen mit Hans treffen werde. Am 6.7. bin ich zum Termin in Essen...
Zum zweiten Teil Deines Briefes möchte ich sagen, dass für mich alle juristischen Überlegungen in den Hintergrund treten durch die Erkenntnis, dass ich menschlich schuldig an Hans wurde, dass seine „Schuld" nur die Folge war und ich daraus keine juristischen Vorteile zu ziehen gedenke. Das wäre unanständig, zumal ich mich auf Hans in jeder Hinsicht verlassen kann... Herzele... halt mir die Daumen für Göttingen, - ich werde die meinen für Deine neue Anstellung... drücken. Gute Nacht, mein Liebes! Deine Ruth."

20.6.50 Ruth an Karl: „*Mein liebes Herz...sein Verhalten und sein Brief vom 24.4. bedeuten keine Verzeihung. Was ich versuchen werde: Scheidung auf § 48, also beide nicht schuldig, aber meinerseits Verzicht auf den Unterhalt für mich und auf das Sorgerecht der Kinder. Beides muss ich Hans in Anerkennung meiner inneren Schuld zubilligen. Aber es wäre mir lieb, wenn ich nach Außen hin schuldlos geschieden werde."*

22.6.50 Karl an Ruth: „ *Mein liebes Herz, meine besten Wünsche begleiten Dich auf Deiner Reise nach Göttingen, Hamburg, Gelsen-*

kirchen, Essen. Hoffentlich hast Du noch ein paar ruhige Stunden bei Ottilie gehabt... Otti hat mir geschrieben, dass ihr beide höchst negativ auf meine Gedanken reagiert habt. Du brauchst jetzt nicht zu antworten, Herzele. Nur so viel zum rein „Juristischen". 1.)... es ist das Richtige, auch in „ethisch" komplizierten Situationen, sich an die Rechtsordnung zu halten. 2.) Diese lässt sich selten eindeutig aus dem Gesetz ableiten. 3.) So ist es eine Frage, was in Eurem Fall unter „Verzeihen" zu verstehen ist... 4.) Hans selber will auf Scheidung klagen, weil er jetzt erst die Überzeugung gewonnen haben will, dass ihr nicht zueinander passt und dass deshalb der Versuch einer Wiederherstellung zu riskant sei. 5.) Er klagt wegen „objektiver Zerrüttung", für die Deine Verfehlung ja nur eine Folge davon gewesen ist. 6.) Ich bleibe deshalb dabei, dass es juristisch falsch und moralisch bedenklich ist, die Klage ausschließlich auf Dein Verschulden zu stützen u. sie obendrein so zu formulieren, dass der Ehebruch erkennbar wird. Es geht einfach zu weit, Dich allein mit der ganzen Schuld zu belasten und sich daraus einen Rechtstitel zu verschaffen, der ihn von jeder Verpflichtung (und Schuld) freispricht und ihm die Möglichkeit offen hält, die Kinder zu beanspruchen.

Vielleicht erörterst Du diese Punkte mit ihm und Malchen mit dem Ziel, eine Änderung der Klagegründe herbeizuführen: Klage auf § 48, bei der das Verschulden durchaus eine Rolle spielen kann, bloss nicht im Urteilsspruch selbst.

So werden wir uns am 6.7. in Essen sehn. Wollen wir nicht dort gemeinsam den 7.7. begehen? Jetzt muss ich Schluss machen, die Arbeit duldet keinen Aufschub. In Liebe Dein Karl."

29.6.50 Ruth an Karl aus Marne: *„Mein liebes Herz!... Immerhin habe ich noch drei ruhige Tage vor mir, die ich bei meiner Freundin*

Gisela Schneider, die Du auch kennst, verbringe. Zur Sache möchte ich nichts sagen. Die Gespräche mit Malchen Lottig und Hans verliefen in guter Harmonie. Da, wo es nötig war, hat sie mir noch in sehr feiner Art u. Weise beigestanden u. es wird schon richtig laufen... Unbeschreiblich schön ist Frau Lottigs Heim, ganz so warm und gemütlich, wie diese Frau selber, an der man als junge Frau ein wirkliches Vorbild finden kann. Ich habe die Tage bei ihr sehr genossen u. werde am Montag noch einmal dort übernachten. Hamburg habe ich mit Hans durchstreift; wir haben mit den letzten Kröten des Monats uns den Genüssen der Großstadt hingegeben u. festgestellt, dass diese Zweisamkeit vor der Scheidung etwas sehr Komisches an sich hatte. Beide sind wir froh, dass es so geht.

So mein Liebes, ich hoffe sehr, dass Du am 6.7. schon früh in Essen eintriffst. Ich hole Dich vom Bahnhof ab. Liebe, liebe Grüße von Deiner Ruth"

30.6.50 Mum an Ruth: *„Liebes Ruthchen!... Ich bin froh, dass das Zusammentreffen mit Hans gut verlaufen ist u. daß Dir Frau L. bei der Unterredung gut assistiert hat... Den Brief von Körting, den ich Dir per Eilboten weiterschicken ließ, wirst Du erhalten haben. Hoffentlich glückt die Anstellung dort... In der Zeitung stand, daß für ehemalige Wehrmachtsangehörige eine Überbrückungszahlung vorgesehen ist... Die Pension soll dann im Herbst endgültig geregelt werden.*

Sonst leben wir alle recht gemütlich zusammen. Lieselotte ist ein prächtiger Mensch. Nicht nur, weil sie mir rührend zur Hand geht. Sie ist äußerst taktvoll u. bescheiden, aber auch energisch. Sie übt einen sehr guten Einfluß auf Gerd aus. Heute bei einer grenzenlosen Hitze sind Großvati, das Pärchen, Gisela und Bärbel nach Piesen-

hausen baden gegangen. Gerd und Lieselotte beschäftigen sich sehr lieb mit den Kindern... Gestern war Großvati mit Bärbel auf dem Schnappen. Die Hochplatte und den Hochlerch haben Gerd und Lieselotte bestiegen. Gerd sieht aus, als wenn er aus Bronze wäre, so braun ist er am Körper. Heute, an unserem 40. Hochzeitstag, überreichte mir Vati verschämt ein Pantoffelblümchen. Für den Abend ist ein Pfirsichböwlchen angesetzt. Wir werden dann an Dich denken und bedauern, daß Du nicht bei uns sein kannst. Ich kann mir denken mit welcher Freude Dich Gisi und Frau Ohm empfangen haben. Du kannst dort einige schöne Tage verleben und Dich für das Kommende stärken... Halt die Ohren steif mein Ruthchen, auch die letzten Tage u. besonders der 6. Juli wird vorübergehen. Viele liebe Grüße von uns allen. Mum"

Am 6.7.50 ist der Scheidungstermin. Ruth erzählte stets, dass Hans die alleinige Schuld auf sich genommen habe. Immer fragte ich mich warum? Er sei halt sehr anständig und nobel gewesen, erklärte sie mir das. Gerlinde aber sagte[76]: „Schuldfrage? Davon war nicht die Rede... Sie wurden geschieden, beide schuldlos..." In Ruths Brief vom 18.4.52 spricht sie davon, dass sie schuldig geschieden wurde. Ob ich die Wahrheit je erfahre? Egal was in der Scheidungsurkunde steht, die Schuldfrage war Ruth so wichtig, sodass sie sie vertuschte.

2 Magenkrämpfe

12.7.50 Ruth an Karl aus M'stein: *„Liebster Mann! Seit heute plage ich mich mit Magenkrämpfen herum und hadere mit dem*

---

[76] Im Mai 2017

Schicksal... Was mich bewegt nach dem Wiedersehen, ist schwer zu
sagen... Ab Koblenz bekam ich einen Sitzplatz... Babs hat mich rüh-
rend empfangen... Auf die Frage, wie sie denn zu einem gemeinsa-
men Heim in Bonn stünde, antwortete sie „Für mich ist das nicht
mehr so wichtig, da ich ausgeflogen bin. Ich würde mir aber schon
wünschen, die Eltern wieder zusammen zu wissen, damit man nicht
nur in den Ferien provisorisch zusammen ist u. schon der Gedanke
des Zu-Hauses wäre schön. Für die Jungen wäre das auch wichtig,
aber ich sehe schwarz, wenn sie gemeinsam mit den Eltern in Bonn
wohnen werden. Wir Kinder sind ja immer der Stein des Anstoßes
zwischen ihnen gewesen u. ich fürchte, dass es wieder schief geht u.
die beiden Buben leiden würden. Wenn Vater Dich geheiratet hätte,
so wäre ich damit fertig geworden, Michael auch, Christoph wäre es
am schmerzlichsten geworden, aber ich glaube, auch er hätte das
überwunden. Und ich – ich hoffe Mutter erfährt das nicht – ich habe
ja immer so viel mehr Vertrauen zu Dir gehabt als zu Mutter und
wir hätten wohl bei Dir ein Heim gefunden, aber nun, da die Eltern
sich entschlossen haben, unseretwegen zusammenzubleiben sollen sie
es auch wirklich tun.
Dann fragte sie, welchen Namen Christiane tragen würde. Ich habe
ihr reinen Wein über unser letztes Gespräch eingeschenkt. Sie sagte
nur, dass sie den klaren Weg (Legitimierung) für richtig hielte...
Erspare mir jeden Kommentar, Karl – die Vergangenheit stieg auf u.
diese Gespräche haben mich viel Kraft gekostet. Ich habe Otti nichts
gesagt von der evtl. Legitimierung, möchte lieber auf Deinen Vor-
schlag, es ihr selbst zu sagen, zurückgreifen. Ich setze mich dabei
einer Gefahr aus, das weiss ich, denn Du hast es noch selten ge-
schafft, eine Überzeugung, uns beide betreffend, gegen Ottis Willen
durchzusetzen.

Mich anschließend bei Otti zurechtzufinden war schwer. Mein innerstes Wesen hat sich gesträubt, ohne dass unser gutes Verhältnis unterbrochen worden ist. Sie hat mich sehr nach Deinem inneren Zustand ausgefragt. Ich habe ihr aber nur einen lückenvollen Bericht gegeben... Über ein gemeinsames Heim macht sie sich auch Kopfschmerzen und wird wohl bald mal die Beziehungen herstellen, die sie nach Bonn hat. Alles andere macht mal selbst aus.

Herzele, u. nun habe ich noch eine Bitte. Erwäge ernsthaft, ob Du Dich mit Frau Lottig über das aussprechen kannst, was Dich im Hinblick auf alles Kommende so bewegt. Mir ist bewusst, wie wenig gerade ich Dir dazu sagen kann u. wie wenig im Grunde genommen es Otti kann. Du hast doch zu Frauen viel leichter Kontakt, Du kennst Malchen, sie kennt Dich – bitte tue es...

Noch was: Otti fragte sehr genau, wie lange wir uns gesehen haben u. wo ich wie lange wohnte. Unnötig, – aber da sie es tat, habe ich ihr <u>auch</u> mitgeteilt, dass wir eine Nacht im Hotel waren, schon um Pannen der Verwandtschaft in Godesberg gegenüber zu vermeiden. Morgen früh gehe ich zu Ritter in die Körting-Werke. Hoffentlich klappts. Lass Dich umarmen und küssen von Deiner Ruth "

16.7.50 Karl an Ruth aus Koblenz-Pfaffendorf: „*Acht Tage sind es her, mein liebes Herz, seit wir auf den Wogen des Rheins schaukelten und uns des Wiedersehens freuten. Wie unbeschwert war doch der harmonische Abschluss von vier Tagen des Beisammenseins. Wir wollen dies als Zeichen unserer Zusammengehörigkeit auffassen, die zukünftig nicht mehr in Frage gestellt werden soll. Das ist wohl der wichtigste Gewinn unserer erneuerten Begegnung... Dein lieber langer Brief hat mir gut getan, Ruthele; ich danke Dir herzlich für Deine Anteilnahme und dass Du so ausführlich geschrieben hast,* *obwohl Magenkrämpfe Dir zu schaffen machten, beschämt mich direkt... Hinsichtlich der Wiedererrichtung eines gemeinsamen Wigwams mit Otti hat Babs natürlich auch recht. Der Halbheit des jetzigen Schwebezustands bin ich mir durchaus bewusst. So wie die Dinge jetzt liegen, werden Otti und ich uns immer weiter auseinander entwickeln, jeder gewöhnt sich von Tag zu Tag stärker an das Alleinleben, jeder gewinnt mehr und mehr seinen eigenen Lebens- und Bekanntenkreis, aus dem er ohne Schaden nicht mehr verpflanzt werden kann...*

Frau Lottig besuchen? Nur zu gern – aber wann? Stehen mir doch für München und Marquartstein höchstens fünf Tage zur Verfügung. Kommt denn Frau Lottig nicht mal nach Süddeutschland, so dass ich sie in der Nähe von Bonn treffen könnte? Soll ich in diesem Sinn bei ihr anfragen? Ach, ich freue mich, dass wir uns in 4 Wochen wieder sehen können, Herzele, und vor allem: dass ich Christianchen sehen werde... Für's Kind bringe ich im August etwas mit. Spürst Du, dass ich Dich liebe? Lass Dich küssen von Deinem Karl"

2.8.50 Karl an Ruth aus Godesberg: *„Mein liebes Herz, ja, ich lebe noch, wenn auch im verzweifelten Kampf mit der Zeit... Nun sind auch noch seit acht Tagen Michael und Christoph hier. Das ist für mich eine große Freude, aber auch eine mindestens ebenso große Gewissensbelastung, weil ich mich so wenig um die Buben kümmern kann. Und ausgerechnet heute forderte mich Herr Deneke auf, sofort nach Aachen zu kommen um ihm dort noch eine Woche in der politischen Redaktion zu helfen. Wie soll ich denn das noch machen? Ich muss ihm morgen einen Korb geben, ganz egal, was daraus wird.*
Auf jeden Fall werde ich am 9. oder 10. von hier aufbrechen und so schnell wie möglich nach Marquartstein fahren. Am 12. und 13.8.

will ich bei Otti in München sein. Am 14. geht's dann weiter nach Ludwigshafen, wo ich bis Ende des Monats in der Redaktion der „Rheinpfalz" arbeiten soll, die ich ab 1.9. hier vertreten werde... Trotz meiner Schweigsamkeit denke ich täglich an Dich und Christiane und hoffe von ganzem Herzen, Ihr seid wohlauf. Auf Wiedersehen, Ruth – Gott geb's! Lass Dich umarmen von Deinem Karl"

5.8.50 Ruth an Karl: *„Mein liebes Herz! Eigentlich habe ich wohl allen Grund, mich für meine Schweigsamkeit zu entschuldigen, denn Dein lieber Brief vom 16.7. ist immer noch unbeantwortet u. inzwischen sind Deine Zeilen vom 2.8. da. Es geht mir innerlich nicht gut u. ich bin so angestrengt in meiner Arbeit, dass wenig Kraft für private Dinge bleibt, die über die Beschäftigung mit den Kindern u. Sorge um den Haushaltskram hinausgehen. Trotzdem habe ich Dir in Gedanken oft einen Brief geschrieben u. viel an Dich und unsere Zeit in Godesberg gedacht... Ich bin nur am Wochenende 12./13. frei. Könntest du nicht erst nach München fahren?... Ich versuche, für Christiane ein Spielzeug zu ergattern, das sie hinter sich herziehen kann, u. kann das hier nicht bekommen. Wenn Du also für sie ein Spielzeug kaufst, dann etwas zum Ziehen, da macht sie nicht so viel Dummheiten u. ist mit der Zieherei beschäftigt. Sie versucht nun alles nachzusagen. Am deutlichsten kann sie „Papi" sagen.... Aber Schluss, gleich ist die Post zu. Gute Reise und rette Dich, Du armes Hascherl, aus Deiner vielen Arbeit. Einen lieben Kuss von Deiner Ruth"*

8.8.50 kurze Notiz von Karl an Ruth: *„Liebes Herz! Soeben habe ich Otti geschrieben, dass ich am Donnerstag komme und von Freitag bis Sonntag Dich besuchen werde. Wenn Du nichts Gegenteili-*

ges mehr hörst, komme ich am Freitag mit dem Bus. Ich freue mich!
Dein Karl"

13.8.50 Ruth an Karl: „*Mein innig geliebtes Herz! Noch etwas*
benommen bin ich aufgewacht, da ich gestern Abend eine
Schlaftablette nahm, um recht schnell über meinen Kummer hinweg-
zukommen. Schon auf dem Nachhauseweg nahm ich mir vor, Dir
einen Willkommensgruß nach Ludwigshafen zu schicken. Hier ist er.
Ich wünsche Dir für die nächsten 14 Tage so sehr, dass die neue Ar-
beit nicht in allzu grosses Gehetze ausartet.
Ja, – und es war doch schön: der Abend, die Nacht (ja, auch die, Du
armes Hascherl) und unsere Tour. Ich konnte mal wieder so reden
und fühlen, wie es mir wirklich ums Herz ist, das gibt es ohne Dich
sonst überhaupt nicht mehr. Jetzt tue ich wieder die Pelle um mich u.
versuche von Tag zu Tag weiterzugehen. Ich brauche Dich – Du
fehlst mir so grenzenlos, ich habe immer und immer, auch wenn ich
mich manchmal in Schweigen hülle, Sehnsucht nach Dir. Aber all
das soll nun wieder eingekapselt werden, ich will Dir nichts mehr
schwer machen, mein Karl… Ach, ich bin so froh, dass Du das Kind
sahst u. Du beeindruckt von ihr warst, obgleich Du sie in ihrem
ganzen Liebreiz nicht erleben konntest, das schmerzt mich tief. Es
wäre schön, wenn sie unser *besonderer Schatz werden u. bleiben*
könnte.
Wenn Du an Hans schreibst, so schicke mir doch eine Durchschrift.
Bitte sei energisch, aber nicht verletzend. Hans wird geneigt sein,
Deinen Standpunkt letzten Endes mit Deiner Scheu, Christiane vor
der Welt zu bekennen, auszulegen. Mach dann sofort einen Vertrag
mit ihm – und mit mir. Es kommt darauf an, dass Du keine großen
Worte mehr machst, sondern handelst. Es wäre auch deswegen wich-

tig, weil dann meine Mutter wieder ein herzlicheres Verhältnis zu Dir finden würde, da sie für Jahre mir noch helfen wird, das würde sich günstig auf unsere Beziehung auswirken. Mit meinem Vater muss auf die Dauer u. ganz in Ruhe u. Frieden eine andere Lösung gefunden werden, das ist mir restlos klar geworden. – Liebster, für Deinen Abschiedskuss am Bus danke ich Dir ganz besonders. – Mein liebster Mann, ich umarme u. küsse Dich innig, Deine Ruth"

17.8.50 Ruth an Karl: *„Mein liebes Herz! ... Ich bin recht zufrieden, dass Barbara hier ist. Nach Deiner Abreise bedeutete sie mir richtig Trost. Den Kuchen hat Babs gebacken u. fast das Backpulver vergessen. Lass ihn Dir gut schmecken... Dem Christianchen geht es gut. Babs und sie haben wieder innige Freundschaft geschlossen u. Christiane sagt nun „Babsi".*
Im Büro werde ich „herumgereicht", es macht nicht viel Spass. Bitte denke an meine Pläne in beruflicher Hinsicht. Wenn es mir doch gelänge, mein Heim mal so zu bauen, wie es mir gemäß ist. Die letzten Ereignisse bedrücken mich immer noch, vor allem, dass ich die Situation so schlecht meisterte. Es wäre nicht notwendig gewesen, dass Du so früh abreistest, aber vorbei ist vorbei.- Nun Liebes, lass Dir einen herzlichen Geburtstagskuss geben von Deiner Ruth."

21.8.50 Karl an Ruth aus Ludwigshafen, Redaktion im Pressehaus „Rheinpfalz": *„Mein liebes, liebes Herz, es gab also doch einen Geburtstagskuchen, für den ich Dir – und Babs – von Herzen danke. Ich war gestern Abend in einem Vorort von Heidelberg eingeladen, wo ich Carl Schmitt traf... Die Stunden mit Forsthoff und Carl Schmitt waren höchst amüsant, jedoch nicht eigentlich mehr. C.S. zitierte aus seiner eigenen literarischen Vergangenheit folgen-*

den hübschen Satz über Thomas Mann: „Th. M. verstand es, das was alle Welt bemerkte, nicht unbemerkt zu lassen und sich damit einen Namen zu machen."…

Ich kann nicht sagen, dass mich mein Aufenthalt hier sehr befriedigt… Zeitvertreib, aber keine ausfüllende Beschäftigung. Ich hoffe, schon am Ende der Woche hier meine Zelte wieder abbrechen zu können… Ja, Ruthele, an Deine beruflichen Wünsche denke ich schon, glaube aber, dass auf die Dauer nur systematisches Suchen Erfolg haben wird… Dich und das Kind küsst Dein Karl."

29.8.50 Ruth an Karl: „Mein Liebes! Wie sehr habe ich mich über Deine beiden lieben Briefe gefreut… Das Problem der Entfernung voneinander macht mir jetzt so viel zu schaffen… Es ist doch so, dass die Tatsache der verlorenen, dauernd gegenwärtigen Auseinandersetzung uns voneinander entfernt… Wenn ich unsere beiden letzten Begegnungen überdenke, so ist die Basis, die wir fanden, die einzig gangbare in unserer Situation u. doch vermisse ich manches. Unsere Süsse ist allmählich ein kleiner Besen geworden… Du hast mir noch immer nicht die Kuchenform geschickt… Von Frau Lottig bekam ich einen sehr netten Brief. Sie fährt in Kürze in die Schweiz. Ich habe sie gebeten, sich bei Dir zu melden, sollte sie in die Nähe von Bonn kommen… Kann ich Dir eine Kiste mit Büchern schicken? Ich brauche den Platz… Es wird vor allem dann akut, wenn es mir gelingt, auf freundliche Weise meinen Vater „hinauszusetzen", nämlich ins Altenwohnheim Schöneck. Dann will ich mir Dein Zimmer wieder einrichten… Lass mich in Gedanken meinen Kopf an Deine Schultern legen u. Dich innig umarmen. Viele liebe Gedanken von Deiner Ruth."

2.9.50 Karl an Ruth aus Godesberg: *„Mein liebes Herz, lass mich gleich Deinen Brief vom 29.8 beantworten. Bitte schick mir doch gleich die Adresse von Frau Lottig... Mit dem Versand einer Bücherkiste bin ich einverstanden... Dass „unser" Zimmer wieder frei wird, freut mich herzlich, besonders für Dich... Die Kuchenform mit Kaffeeeinlage hast Du hoffentlich inzwischen erhalten...*

Otti ist jetzt fest entschlossen, sich wieder ein „gepflegtes" Milieu zuzulegen, dass sie sogar ohne feste Berufsaussicht nach Bonn ziehen würde, wenn ich ihr hier eine Wohnung bieten könnte. Aber noch ist es nicht so weit...

Ich bin jetzt täglich mehrere Stunden unterwegs, um mich zu „informieren". Dann fabriziere ich Nachrichten und abends muss entweder geredet oder ein Artikel „fabriziert" werden. Heute war ich in Aachen, nachdem ich vorgestern mit Sch. im Bundeshaus pokuliert[77] habe. Ich habe ununterbrochen zu tun – auf der Redaktion, bei Hilberath, bei Dr. Pfeiffer. Dann speiste ich bei Deneke. Wir unterhielten uns prächtig, auch seine Frau störte nicht... Jetzt ist Mitternacht vorbei und es zieht mich zu der Couch, auf der Du in dem Zimmer geschlafen hast, das ich jetzt bewohne. Lass Dich umarmen, mein Ruthele, Dein Karl"

5.9.50 Ruth an Karl: *„Mein liebes Herz! Völlig erledigt habe ich heute „blau" gemacht. Mein Vater erlaubte sich eine grobe Taktlosigkeit, die mich in meiner Empörung und Verlassenheit in strömendem Regen bis nach Unterwössen und zurück trieb. Ich konnte dann eine ruhige Aussprache herbeiführen, in der ich meinem Vater klar-*

---

[77] pokulieren (veraltet) – zechen, stark trinken

legte, dass wir uns durch verschiedene Lebensauffassungen zu sehr aneinander reiben und es im Interesse aller besser wäre, dass er ins Schöneck[78] zieht. Er hatte selbst schon den Plan gehabt, doch das Schöneck sagt ihm nicht zu.

Du sollst noch schnell die Anschrift von Malchen erfahren, da sie in diesen Tagen abreist... Innigen Dank für das Päckchen... das ist gerade so, als wenn Du mich fest in die Arme schließt. Lass Dir ein Gleiches angedeihen, auch ohne Kaffee, Deine Ruth."

Als Alexander Hammesfahr 1949 aus der Gefangenschaft zurückgekehrt war, kritisierte er Ruth sehr und verurteilte sie aufs heftigste wegen der Geburt eines unehelichen Kindes. Mum weigerte sich, mit ihm in den Westerwald zu gehen[79]. Zu dieser Zeit wohnten also Mum und Alexander und Ruth mit ihren 3 Töchtern in der kleinen, dunklen Wohnung, Alte Dorfstr 17. Es gab viele Auseinandersetzungen. Er zog im Nov 50 aus und zahlte seiner Frau keinen Pfennig.

8.9.50 Ruth an Karl (5 Seiten): *„Mein Liebstes, Du – ich habe Dir viel zu berichten. Christianchen habe ich eben ins Bett gesteckt, sie war nicht ganz in Ordnung heute, hat Temperatur, ist blass und hat tagsüber 5½ Stunden fest geschlafen. Bei all dem lacht sie und ist lieb...*

Im Radio spielen sie „Till Eulenspiegel". Ich bin froh, dass ich gute Musik hören kann, das hat mir sehr gefehlt. Ich glaube, dass ich mir im Frühjahr ein eigenes Radio bei Körting erstehen werde, natürlich auf Abzahlung...

---

[78] Altenheim
[79] er kommt ursprünglich aus Siegburg

Vielleicht werde ich schon morgen eine Bücherkiste packen… Bei der AOK sind ganz automatisch die Kinder bei der Mutter mitversichert, Hans hat nun aber eine Privatversicherung und wird mich jetzt ganz abmelden… Ich habe gedacht, ob er nicht die 3 Kinder in seiner Versicherung behält, wie er es mit B. und G. tut… Ich muss noch klären, wie die Geschichte bei der Scheidung aussieht… Mein Vorschlag wird Hans ein Dorn im Auge sein, weil damit wieder Unwahrheiten und Schwierigkeiten verbunden sind… Hans teilte mir noch mit, dass er sich verlobt habe und dass die Wohnung zum Nov. frei wird, vermutlich wird er Weihnachten heiraten…

Dass Otti schon viel früher nach Bonn geht, habe ich von den Jungs erfahren. Ich kann ihre Sehnsucht nach einem gepflegten Milieu gut verstehen, wie sehr geht es mir doch selbst so. Doch wenn ich euch auch gar nichts anderes wünschen kann, nämlich ein gemeinsames Heim, mein Herz blutet bei dem Gedanken. Wenn es bald geschieht, so werden wir uns Weihnachten wohl bestimmt nicht sehen…

10.9. Heute kam Frau Schmitt[80] zum Kaffee… Das Janelein lag den ganzen Nachmittag neben mir auf der Couch während der netten Kaffeestunde. Da das Kind 39° Fieber hatte, hab ich abends Anny noch geholt, sie stellte Rasselgeräusche auf den Bronchien fest. Nach einem Wickel schläft sie jetzt und war die ganze Zeit über entzückend mit ihrer Zärtlichkeit u. ihrem Lächeln. Gute Nacht u. einen lieben Kuss von Deiner Ruth. "

22.9.50 Ruth an Karl: *„Mein liebes altes Besteck! Die Bücherkisten sind fertig gepackt und stehen auf der Tenne… Mich bedrängt seit Tagen die Frage um Christiane… Vor meinen Augen malt sich die*

---

[80] Maria Schmidt, zunächst konnte Ruth den Namen nicht richtig schreiben, später spricht sie von Frau Schmidt, dann von Maria, am Ende von Mämä.

Tatsache ab, dass das Kind ohne väterliche Wärme u. ohne väterlichen Geist aufwachsen soll, im Gegensatz zu unseren anderen Kindern. So sehr Hans auch bereit ist, die Vaterrolle zu spielen, solange Christiane klein ist, so unmöglich erscheint mir dies in ferneren Jahren. Zum einen ist das eine Zumutung für Hans, zum anderen kann er das gar nicht, weil er zu dem Kind keine Beziehung über mich hat. Die Mutter ist ja da Mittlerin zum Kind hin... Natürlich hätte die Legitimierung[81] nur Sinn, wenn Du von innen her, die Liebe und Verpflichtung fühltest, dem Kinde ein Vater zu sein... Hans hat sich noch nicht zu Christiane geäußert, nur einen netten Brief geschrieben und ein herrliches Paket zum Geburtstag der Kinder geschickt... Gute Nacht, mein Liebes, Deine Ruth"

Karl hat sich in seiner Familie noch nicht zu seinem unehelichen Kind bekannt. Christiane gilt als Hans Kämpers Tochter. Keines der Kinder – weder B. u. G., noch Barbara, Michael oder Christoph – wusste, dass Christiane ihre Halbschwester war.[82]

12.10.50 Karl an Ruth aus Godesberg: *„Liebes, ich habe Dich in den letzten Wochen schauerlich vernachlässigt... ich kann nur anführen, dass ich so stark durch meine Arbeit und durch Ottis Anwesenheit und die Wohnungssuche in Anspruch genommen bin... Um 22 Uhr kann ich nur noch das Radio andrehen, um, auf dem Feldbett*

---

[81] Christiane wurde 1948 geboren und bis 1952 von Karl verschwiegen. Dass Ruth selber große Probleme mit diesem Thema hatte und es später vertuschen wollte, zeigt ein von ihr geschriebener Lebenslauf, in dem es heißt: *„...1945 Flucht aus Mähren/Tschechoslowakei nach Bayern. Nach Scheidung und Wiederverheiratung 1948 Geburt meiner dritten Tochter Christiane..."*

[82] In dem Brief vom 24.7.1951 noch schreibt sie an Hans *„Ich möchte auf keinen Fall haben, dass die Kinder schon jetzt etwas über Christiane erfahren..."*

im Büro liegend, durch gute Musik mich seelisch und körperlich zu entspannen... Vielleicht wird es etwas besser, wenn ich erst wieder einmal ein richtiges Zuhause habe. Ich freue mich von ganzem Herzen auf die in Aussicht gestellte Wohnung. Ich mache mir keine Illusionen über die neuen Schwierigkeiten und Belastungen, die ein auch noch so distanziertes Zusammenleben mit Otti, mit sich bringen wird. Ich bin ein Einzelgänger (geworden?), und das geht so weit, dass ich den Gedanken an ein intimes Zusammenleben mit einer Frau, wie es in der Ehe sein sollte, nur erträglich finde, wenn dieses Zusammenleben im Zeichen von einer großen erotischen Spannung steht.

Viel wichtiger ist, was aus Dir wird, Ruth. Man kann ja mit Händen greifen, dass Du Dich Deiner jetzigen Lage nur mit Mühe gewachsen fühlst. Auf Dauer musst Du fort von M'stein, heraus aus der Wohnung mit ihrem Dunkel, ihrer Hässlichkeit, ihren Erinnerungen. Otti und ich haben ganz stark den Eindruck und sind gewillt, Dir dabei zu helfen. Lass uns nun erst einmal hier Fuss fassen und eine Basis gewinnen. Dass Dir demnächst die paar Möbel genommen werden sollen, die uns gehören, hat Otti und mir schwer zu schaffen gemacht. Aber wie können wir es anders machen?... Es braucht halt noch etwas Zeit bis Deine und unsere Dinge – gemeinsam oder getrennt – in Ordnung gebracht sind. Das gilt auch für Christiane, deren Schicksal mich tief berührt, auch wenn ich jetzt zu entfernt bin, um zu Deinem Brief vom 22.9. (mit dem Legitimierungsvorschlag) Stellung nehmen zu können. Hab Dank für die Bücherkisten... leb wohl mein liebes Herz; ich umarme Dich. Dein Karl "

29.10.50 Karl an Ruth aus Godesberg: *„Mein liebes Herz, Meine Gedanken wandern öfter als im Sommer nach M'stein, in die ver-*

trauten Räume, um Dich dort zu suchen. Dein Schweigen bedrückt mich. Du musst Dir jetzt, wo auch die Jungs und die letzten Sachen M'stein verlassen, vielleicht etwas wie verloren oder vergessen vorkommen. Deshalb wiederhole ich, Ruth: Lass uns erst einmal selber wieder Fuss gefasst haben, dann wollen Otti und ich uns sofort nach Möglichkeiten für Dich umtun... Du musst heraus aus der dunklen Wohnung, die für das Kind sehr nachteilig ist, aus der Stätte von 1000 Erinnerungen, die den Schritt nach vorwärts lähmen. Du brauchst überschaubare, klare, sonnige Verhältnisse, wir müssen sie eines Tages finden. Du musst Dich wieder einmal mit eigenen Möbeln umgeben, und ich muss Dich fragen: Wie denkt Hans darüber, (insofern es sich um das Milieu für seine Kinder handelt)?
Vielleicht hast Du schon vernommen, dass das Häuschen in Bonn am 1.12. bezugsfertig sein soll: zwei große und ein kleines Zimmer, Wohnküche, Bad, Keller und Boden. Es ist nicht viel für fünf ausgewachsene Menschen, aber die Kinder werden ja nur während der Ferien zuhause sein, zum ersten Mal jetzt Weihnachten. Vielleicht kommt Otti schon vor dem 1.12. hierher... Ich fürchte, Weihnachten nicht nach Süddeutschland fahren zu können... Lass doch mal wieder von Dir hören. Dein Karl"

9.11.50 Ruth an Karl aus M'stein (8 Seiten): „*Mein Liebes, viele, viele Briefe schrieb ich in Gedanken an Dich, aber dabei blieb es... Meine Verlassenheit ist nicht größer geworden durch den Weggang der Jungen oder das Ausräumen der Wohnung – diese Verlassenheit besteht seit Du mich im vorigen Jahr allein gelassen hast. Ich bin einsam und müde geworden, dass ich keine Kraft mehr habe, mich von hier weg zu sehnen. Die Erinnerung an unsere hier verbrachte Gemeinsamkeit schmerzt nicht mehr so wie früher, im Gegenteil, sie* *sind mir Trost und tragende Kraft geworden. Ich bin in Dein kleines Zimmer[83] gezogen. Dies bleibt für mich der Raum unserer ersten wirklichen Gemeinsamkeit, in dem wir später so viele schöne, aber auch manche schwere Stunde verlebten... Das Kinderzimmer haben wir stillgelegt, Mum schläft mit den Kindern im Wohnzimmer...*

Ich leide unsäglich unter der dunklen Wohnung, kann es aber nicht ändern. Doch „klare sonnige Verhältnisse"? Karl, mit Dir hätte ich sie uns geschaffen, ohne dich gibt es diese für mich nicht. Ich habe mir abgewöhnt, mich danach zu sehnen, darauf zu hoffen. Dabei schalte ich den Begriff „Zukunft" ganz aus, denn vor ihm kann ich nur noch Grausen empfinden

Es ist klar, dass meine Arbeit darunter leidet, manchmal schaffe ich mein Pensum kaum... Es ist so schlimm geworden, dass ich oft nicht fähig bin, die diktierten Worte ins Stenogramm zu nehmen. All das merkt man natürlich u. hat es mich auch schon spüren lassen... Meine Arbeit ist für mich kein Beruf im befriedigenden Sinne, sie bleibt für mich nur Notwendigkeit... Du kannst Dir vorstellen, dass ich mich abends auf Zuhause freue. Dann nehme ich den kleinen Spatzen in mein Zimmer und lass das kleine Ding so wirken, wie es mag. Da bleibt kein Auge mehr trocken. In Gedanken an das, was mich durch sie mit Dir verbindet, komm ich dann wieder zu mir.

Nun haben wir endlich eine Hilfe – die Wohnung glich einem Schweinestall u. Mum sah von Tag zu Tag schlechter aus ... Ich bin in letzter Zeit mit großer Angst ins Büro gegangen, weil Mum es nicht mehr schaffen konnte... Mit keinem Gedanken möchte ich tauschen gegen ein Leben mit Hans in einer Ehe ohne wirkliches Zusammengehörigkeitsgefühl, ohne jegliche erotische Spannung, oder

---

[83] Es ist das Zimmer, von dem Ruth am 26.6.1947 schrieb „Lieber Hans! Da ich gerade noch im Büro, d.h. in Karls Zimmer sitze..."

einzig bedrängt durch sie. Mir wird heute erst klar, was dem Hans in einer Ehe mit mir und dem fremden Kind zugemutet worden wäre... Übrigens ist mir jetzt das Sorgerecht zugesprochen worden...

Mein Vater hat uns Anfang Okt. verlassen, nicht im Bösen, aber auch nicht im Guten. Er ging wegen einer Auseinandersetzung Dich betreffend, bei der ich ihm klarmachte, dass Du in mein Leben gehörst. Bis zu einer gewissen Grenze hat er von sich aus gesehen recht. Verübeln tue ich ihm sein Verhalten uns gegenüber als Familienvater – er zahlt meiner Mutter keinen Pfennig.

Du kannst Dir vorstellen, wie sehr ich Deine augenblickliche zusätzliche Hilfe gebrauchen kann. Der Vorschlag kam von Otti. Du hast mir nicht dazu geschrieben, musstest auch mal wieder geschoben werden. Ob Du nicht spürst, wie sehr Du unser Verhältnis durch solche Haltung geradezu degradierst? Du hast das Glück, eine Frau neben Dir zu haben, die im Hinblick auf unser Verhältnis u. Deine Verpflichtungen dem Kinde und mir gegenüber vollste Großzügigkeit bewahrt. Ich muss spüren, wie Du nie mit ganzer Kraft für mich einzustehen gewillt bist, sondern Dich immer schieben lässt. Verstehst Du, dass mich das masslos deprimiert u. traurig macht?

An dieser Stelle will ich Dir auch sagen, dass ich nicht einsehe, warum Du um die Weihnachtszeit nicht einmal ein paar Tage herkommen willst... Ich finde, Christianes wegen hättest Du die Verpflichtung... Das Kind ist so entzückend. Sie wirkt auch nur im Erleben...

Liebster, nun schreibe ich schon seit Tagen an diesem Brief. Der Roman soll endlich in den Kasten... Ich würde nie nach Bonn wollen... auch wenn Otti und Du einen noch so guten Posten für mich fändet... Ich bringe es heute nicht mehr fertig, im Schatten Deines Heims leben zu müssen. – Doch vorläufig sind das noch ungelegte

Eier, denn erst einmal rühre ich mich hier nicht weg... So mein Lie-
bes, für heute soll es genug sein. Lass Dich mal wieder innig umar-
men und küssen von Deiner Ruth."

4 Resignation

26.11.50 Karl an Ruth aus dem Bundeshaus: *„Mein liebes Herz,*
es fällt mir schwer, Deinen langen Brief zu beantworten. Die Resig-
nation, die aus Deinen Zeilen spricht, hat mich tief erschreckt. <u>*Nicht,*</u>
weil sie das Produkt einer Erschöpfung ist, sondern weil ich fürchte,
dass sie einem Wesenszug in Dir entgegenkommt... Ich weiß es
nicht, fürchte es nur. Wenn dem aber so wäre, Ruth, dann möchte
ich Dich um Deiner Kinder, um Deinet- und um meinetwillen be-
schwören, alles daran zu setzen, um darüber hinwegzukommen.
Denn diesen Zügen nachgeben, würde nichts anderes bedeuten als
Dir Deine letzten Kraftquellen zuzuschütten. Und das darfst Du
nicht, weil Du mindestens für die Kinder da sein musst, die allein
auf Dich angewiesen sind, Wie willst Du denn jemals das, was ver-
gangen ist, überwinden, wenn Du nur nach rückwärts schaust und
dabei die Vorstellung nährst, dass ein Glück, dessen Erscheinungs-
form nicht mehr gegenwärtig ist, heute und in Zukunft noch beste-
hen würde, wenn – wir geheiratet hätten! Muss ich Dir denn in aller
Krassheit sagen, dass ich das nicht glaube? Dass ich an der objekti-
ven Richtigkeit meines Schrittes noch nicht einen Moment gezweifelt
habe? Ach, weshalb willst Du die Toten nicht ihre Toten begraben
lassen, das heisst: weshalb sperrst Du Dich so gegen die Zukunft
und bringst <u>*Dich und andere*</u> *damit in die Gefahr, am Leben und*
dem, was es immer wieder an Schönem und Glückhaften uns be-

schert, vorbei zu leben? Das dürftest Du Dir doch nur dann erlauben, wenn Du ganz allein für Dich da wärst. Und deshalb bitte ich Dich von Herzen, Ruth, zunächst auszuhalten und abzuwarten, bis ich zusammen mit Otti eine Dir angemessene Tätigkeit für Dich gefunden habe. Es gibt ja auch andere Orte als Bonn oder M'stein. Denn dass Du nicht in M'stein bleiben darfst ist mir klarer denn je. Ich kann nur nicht alles auf einmal tun, muss jetzt zuerst einmal dafür sorgen, dass unser Umzug bis Weihnachten vor sich gehen kann. Die Fertigstellung des Häuschens verzögert sich schauderhaft... Leider kann ich nicht daran denken, jetzt oder zu Weihnachten Urlaub zu nehmen. Es ist deshalb absolut unmöglich, eine Reise nach M'stein ins Auge zu fassen - ganz abgesehen davon, dass ich das jetzt einfach meinen Kindern nicht antun darf, die mich bei den bevorstehenden Veränderungen dringend brauchen.

Heute war ich in Koblenz. Meine Schwester muss sich einer Operation unterziehen, man fürchtet Krebs. Ich mache mir grosse Sorgen... Nächsten Sonntag hoffe ich Dir wieder schreiben zu können, - möge es ein erfreulicherer Brief werden als dieser. Ich umarme Dich und das Janelein, Dein Karl"

10.12.50 Ruth an Karl: *„Mein Liebes, zu Deinem letzten Brief mag ich nicht viel sagen. Ich habe Tage gebraucht, ehe ich Dich unter der Kruste der scheinbaren Lieblosigkeit wiedergefunden habe. Es ist sinnlos zu diskutieren, hier steht Meinung gegen Meinung. Und mir ist es eben nicht möglich, etwas zu Grabe zu tragen, was nicht tot ist. Ich will Dir gerne an dieser Stelle ganz offen bekennen, dass ich es einfach nicht für möglich gehalten habe, so sehr unter der Tatsache Deines erneuten Zusammenlebens mit Otti leiden zu müssen...*

Wir arbeiten seit Wochen sonnabends von 7 – 17h einschließlich der sonst freien Sonnabende. Gottlob habe ich nun einen menschlicheren Chef bekommen... Bitte schreib bald, wie es mit Hedel steht... Ich denke fest an Dich, wenn die Kerzen brennen. Mein liebes, liebes Herz, Deine Ruth."

12.12.50 Karl an Ruth aus Bonn, Luisenstr. 79: *„Eigentlich ist es schon der 13.12., liebes Herz, und unser Kind hat in vier Tagen Geburtstag. Mich quält die Vorstellung, mein letzter, in einer gewissen Aufwallung geschriebener Brief könnte das Gegenteil von dem bewirkt haben, was er eigentlich beabsichtigte: Dich aus einer Art Lethargie und Rückwärtswendung herauszureißen, Dir zu helfen, mutig in die Zukunft zu blicken. Wenn dem so wäre, würde mir das bitter leid tun... Zu Weihnachten schreibe ich ausführlicher. Wie froh wäre ich, dann zugleich einen Brief von Dir beantworten zu können! Ich umarme Dich und Christiane. Dein Karl*
Eben – es ist inzwischen Vormittag – erhalte ich Deinen Brief vom 10., für den ich Dir von Herzen danke. Das Geschenk für Christiane wird evtl. unmittelbar vom Geschäft geschickt. Otti lässt grüßen."

22.12.50 Karl an Ruth aus Bonn, Luisenstraße: *„Nur in paar Zeilen, liebes Herz, die Dir sagen sollen, dass ich in diesen Tagen mit den innigsten Wünschen Deiner und Christianes gedenke. Möge das Licht des Festes auch in Dein Herz fallen. Zwischen den Jahren hoffe ich Zeit für einen ausführlicheren Brief zu finden... „Ruhe" ist für mich ein Fremdwort geworden. Lass Dich umarmen! Dein Karl"*

30.12.50 Karl an Ruth aus Bonn, Luisenstraße: *„Mein liebes Herz, das alte Jahr soll nicht zu Ende gehen, ohne dass ich Dir für*

*Dein liebes Gedenken zu Weihnachten gedankt und für das neue Jahr
alles, alles Gute gewünscht habe. Ernster denn je bewegt uns die
Frage nach der Zukunft. Aber ihr den Vorrang vor der Gegenwart
einzuräumen wäre ebenso falsch, wie nur mit rückwärts gewandtem
Blick zu leben…*

*Während der Feiertage habe ich viel an dich gedacht… Gern wäre ich
zu euch gefahren, aber es ging jetzt nicht. Im Sommer möchte ich mit
Dir und dem Kind ein bis zwei Wochen der Erholung an einem
schönen Ort verbringen.*

*Wie mag sich das Fest bei euch abgespielt haben? Bei uns war es sehr
schön, nachdem noch am Samstag die Möbel angekommen waren. So
bot sich uns die neue Wohnung nicht nur neu und warm, sondern
auch anheimelnd. Die Kinder sind sehr glücklich, wieder zu wissen,
wohin sie gehören. Die Buben stecken in den wildesten Flegeljahren,
aber noch wird ihr Vater geistig und körperlich mit ihnen fertig.
Babs ist sehr ruhebedürftig aber trotzdem auf eine angenehme Weise
hilfsbereit… Otti steckt bis zur Nasenspitze in Einrichtungsarbeiten,
scheint sich aber in ihrem Element zu fühlen. Am 1. Jan. tritt sie ihre
neue Stellung an. Von Hedel will ich Dir berichten, dass der Befund
gottlob negativ war.*

*Bei der „Presseversicherung" in Stuttgart habe ich jetzt eine Le-
bensversicherung (3000 DM) abgeschlossen, aus der Christiane be-
günstigt wird, wenn der Versicherungsfall durch meinen Tod eintre-
ten sollte… Bleib tapfer, mein Ruthele! Ich küsse Dich und das Kind.
Dein Karl"*

1.1.51 Ruth an Karl (5 Seiten): *„Mein geliebtes Herz! Ich schreibe
eigentlich täglich in Gedanken Briefe an Dich, aber die Scheu davor,
dass ich es immer wieder falsch mache, hält mich dann davon ab.*

Theoretisch weiss ich genau, dass so vieles falsch ist, aber das Herz weiss es anders. Das ist ja das augenblickliche Desaster meines Lebens. Ich bin tatsächlich in restlose Resignation verfallen... lebe tot und leer Tag für Tag weiter...

Ich danke Dir für Deine Briefe, Dein Päckchen an die Kinder und an Mum und mich. Mum war sehr gerührt über Dein Gedenken. Was gerade sie für unser Kind tut ist nicht zu beschreiben u. sie tut es diesem Kinde gegenüber <u>nur</u> mit Liebe und Güte. Es ist ein Erlebnis für mich, meine so starre Mutter mit einem Kind wirklich spielen zu sehen, ein Bild, das ich weder aus meiner eigenen Kindheit, noch aus den Jahren der frühen Kindheit von B. und G. kenne.

Am Freitag war Endspurt im Büro. Ich musste bis zum Schluss durcharbeiten. Die letzte ½ Stunde habe ich dann im Kreise meiner Chefs verbracht, die behaupteten, dass ich viel zu melancholisch sei und mir einige Schnäpse eintrichterten, die nur die Wirkung hatten, dass ich einigen Blödsinn mitredete u. innerlich meine Sinne schärften für die Gegensätzlichkeit meiner ganzen Verfassung. Um 5 h verließ ich den Laden und fuhr zu Silvia Gregori, wo Bärbel als Maria im Krippenspiel mitwirkte...

Am Sonnabend ging ich zu Frau Schmitt, wo ich bis 5 h die Puppen für die Kinder angezogen habe... Nach der Christvesper, wo ich nach Meinung meiner Kinder „schön" gesungen habe, ging ich noch einmal zu Frau Schmitt... am Grabe ihres Mannes zündeten wir Kerzen an. Und so konnte ich der tief-unglücklichen Maria Schmidt vielleicht ein wenig tröstend zur Seite stehen. Am 1. Feiertag ging es dann mit den Kindern in den tief verschneiten Wald... Mein sehnlichster Wunsch für 1951 ist, aus dieser Wohnung rauszukommen. Aber ich möchte hier bleiben. In einer fremden Stadt ohne diese schöne Umgebung käme ich mir vollends verlassen vor... Ach Karl,

ich mühe mich täglich um Tapferkeit, doch die Frage nach dem w o f
ü r quält mich so… Ich umarme Dich heute mit den besten Wün-
schen für das kommende Jahr, Deine Ruth."

5 Unterbrochene Brücken

4.1.51 Ruth an Karl: *„Mein Liebes – Du!…ich schicke dir Bildchen*
von unserem Spatzen… danke Dir für die 100 DM – ich habe – of-
fengestanden – etwas in Angst darauf gewartet… ab 1.2. bekomme
ich von Hans 40 DM weniger… es wäre schwer für mich, wenn
auch Du kürzen würdest… Hab ich Dir geschrieben, wie sehr die
Nylöner mich gefreut haben?… Ich musste diesen Winter jeden ei-
genen Wunsch zurückstellen zugunsten von den Kindern. Wie geht
es Dir? Ich hab Dich lieb und manchmal rechte Sehnsucht nach Dir,
Deine Ruth.
Nani schickt Dir ein „Bussi", sie quasselt nun alles nach."

17.1.51 Karl an Ruth:*„Mein Liebes Du, - ich muss Dir endlich mal*
wieder schreiben… Kein Tag vergeht, an dem ich nicht an Dich und
Christiane denke… In diesem Jahr wollen wir weder auf unseren
Urlaub und noch weniger auf unser Beisammensein verzichten.
Hab Dank für die Briefe vom 1. und 4. Januar und die entzückenden
Bildchen von unserem Spatzen. Sag Mum bitte, wie dankbar ich für
ihre Liebe bin, die sie dem Kinde entgegenbringt … Ich hoffe, dass
Deine Arbeit nicht nur eine Last für Dich ist…
Mit Otti scheint es gut zu gehen, je mehr wir lernen, gegenseitig uns
zu respektieren und in distanzierter Freundschaft zu leben. Aber wir
brauchen eigentlich beide Ruhe und vor allem völlige Befreiung von

allem Haushalt. Ich bin mal wieder so am Ende meiner Kraft, dass ich nur mit Mühe mein Tagewerk tue.

Vorigen Samstag war ich in Hamburg, wo ich die Bonner Vertretung der „Hamburger Freien Presse" übernahm. Ein schöner Erfolg. Aber ich schaffe es nicht mehr allein und bin deshalb entschlossen, mich mit Deneke zu assoziieren, obwohl ich ihm die Hälfte meines Einkommens abtreten muss. Ruthele, ich muss schließen, sonst schimpft Otti mit Recht, dass ich nicht genügend auf meinen Schlaf achte. Ich möchte Dich jetzt in den Arm nehmen. Also gute Nacht! Dein Karl"

24.1.51 Ruth an Karl (8 Seiten): *„Mein liebes Herz! Da mich mein „Kalender" mal wieder tüchtig geschüttelt hat, bin ich gleich ins Bett gekrochen… Das Janelein wurde vor 8 Tagen geimpft… ist ständig auf Stühlen und Tischen unterwegs… beachtet blaue Flecken nicht,… steigt alleine aus dem Bett… Das Sprechen macht gute Fortschritte…*

Hab innigen Dank für Deinen letzten Brief, mein Liebes. Es war doch wenigstens mal wieder ein Lebenszeichen… So wie es Dir jetzt ergangen ist, geht es mir auch häufig, das ist bei mir mit ein Grund meiner schlechten inneren Verfassung… nirgends sieht man Ausweg und Ende – nur Einsamkeit, Arbeit, Sorge und Mühe. Nun, ich hoffe, dass es so nicht ist bei Dir.

Trotz der vielen Arbeit könntest Du meine Briefe besser beantworten… Deinen Reiseplänen zu dritt stehe ich sehr skeptisch gegenüber. Es gibt 3 wichtige Faktoren: Du und ich, aber auch Mum haben die Erholung bitter nötig. Mum hoffe ich im Sommer in stationäre Behandlung zu stecken, denn ich habe sie jetzt in meine Krankenkasse (DAK) genommen. Sie verfällt so sehr, hat mit Gicht und

Rückenschmerzen zu tun, dass ich mir oft die größten Sorgen um sie mache. Ich hoffe, dass Hans B. und G. in den Sommerferien zu sich nimmt und Mum dann weg kann. Bleibt Chr., die ich dann nehmen muss, heisst: auf meinen Urlaub verzichten, oder es gibt eine andere Lösung sie unterzubringen, denn mit ihr und Dir auf Reisen gehen heisst: Dir und mir die richtige Erholung nehmen. Ich habe mir das alles sehr durchdacht. Vor allem ich habe keine ruhige Minute dabei... So, nun Schluss, Gute Besserung – u. einen Kuss von Deiner Ruth

26.1. Ich wollte noch etwas anfügen: wie wäre es, wenn Barbara im Sommer mal 14 Tage Christiane und mich hüten würde, Du vielleicht einige Tage davon auch hier bist, wir beide dann 8 Tage verreisen? Wenn die Zeit heran ist, werde ich mit Babs und Otti darüber verhandeln. Karl, ich würde mich freuen, wenn Du vorher mal kämst. D.R."

11.2.51 Karl an Ruth aus Bonn. Luisenstraße (4 Seiten): *„Mein liebes Herz, bevor morgen die Arbeitsmühle wieder zu klappern beginnt, die mich dann die ganze Woche nicht mehr frei lässt, will ich Dir schreiben. Ich denke eigentlich jeden Tag an Dich, aber wenn ich mal Zeit zum Schreiben habe, fehlt es mir an Kraft oder Gelegenheit. Dass ich auf Deine Briefe nicht eingegangen bin, hängt mit der Unordnung zusammen, die die Veränderung meiner äußeren Lebensumstände unvermeidlich mit sich bringt. Ich habe jetzt zwar ein eigenes Zimmer, aber noch keinen Schreibtisch. Bis Ostern wird es hoffentlich besser sein…*

Doch nun zu Deinem Brief vom 24./26.1. Er hat mich wieder tief bekümmert. Es quält mich schrecklich, Dich so einsam und allein dem Lebenskampfe ausgesetzt zu wissen. Der Gedanke will mich nicht verlassen, dass sich Deine äußeren Lebensverhältnisse – und damit vielleicht auch die inneren - erst dann zum Besseren wenden könnten, wenn Du es fertig bringen würdest, M'stein zu verlassen. Bitte prüfe doch sehr ernst die Stuttgarter Möglichkeit, von der Otti mir erzählte.[84] *Wenn ich bedenke, dass hier Sekretärinnen bis zu 500 DM verdienen… schliesslich hättest Du in St. ganz andere Chancen für Dein Fortkommen, als M'stein sie Dir jemals bieten kann, ganz abgesehen davon, dass St. doch* viel *näher an Bonn liegt. Ich würde Dich zu gerne schon besucht haben, doch schaffe ich es weder zeitlich noch arbeits- oder kräftemässig.*

Seit 1. Febr. vertrete ich neben den Aachener Nachrichten und der „Rheinpfalz" (und dem Evangelischen Pressedienst) auch noch „Hamburger freie Presse" Das ist erfreulich und lohnend, geht aber momentan über meine Kräfte. Und doch muss ich bis zum 1. April durchhalten, wenn Deneke hoffentlich mein Partner wird…

Was Du zu meinem Vorschlag, einen Teil des Sommerurlaubs gemeinsam zu verbringen, schreibst, leuchtet mir ein, so gern ich auch Christiane dabei gehabt hätte. Ich will in den Osterferien Deinen Plan mit Otti und Barbara besprechen…

Ach Ruth, es könnte doch alles viel einfacher sein, wenn wir nicht so schrecklich weit voneinander entfernt wären. Stuttgart liegt doch nicht ganz so weit aus der „Welt" wie M'stein! Vielleicht würde es Dir auch guttun, wenigstens eine Zeitlang von Bärbel und Gisel entlastet zu sein. Wer so berufstätig ist wie Du, braucht abends Ru_ he, *nicht aber 3 lebhafte Kinder, die zwar erfreuen, zugleich aber auch Kraft beanspruchen. Ob Hans nicht seine beiden Mädels we-*

---

[84] In Bonn erörtern Karl und Otti nun miteinander Ruths Berufsaussichten in Stuttgart. Otti macht Ruth nach Marquartstein hin Vorschläge, was aus Ruths Brief vom 13.2.51 deutlich wird.

nigstens dann und solange nimmt, bis Du in Stuttgart Boden gefasst hast?

Lauter Zukunftspläne, doch was sollen wir anderes machen?... Auch wenn ich das Kind scheinbar nur nebenbei erwähne, Ruth, ist es in meine Gedanken an Dich mit einbezogen. Sie und ich – wir müssten uns bloss besser kennen, im Wesen erfasst und erlebt haben. Blosses Wissen um die Vorgänge begründet allein noch keine innere Vaterschaft.

Die 3 anderen konnte ich am 3. u. 4.2. in Stuttgart besuchen. Leider hatte ich nicht viel von ihnen, da ich zahlreiche Unterredungen mit ihren dortigen „Betreuern" führen musste. Am 5. verhandelte ich in Ludwigshafen, abends war ich in Heidelberg und am nächsten Tag reiste ich über Koblenz zurück nach Bonn... Dir und dem Janelein einen Kuss. Dein Karl"

13.2.51 Ruth an Karl (2 ½ Seiten Schreibmaschine): „Liebes... ich muss mir Luft verschaffen, obwohl ich nicht mehr davon überzeugt bin, dass es hilft. Die Brücken zwischen uns (beiden) sind ja sehr unterbrochen. Dass Otti mir schrieb wirst Du wissen. Ich bin f e s t davon überzeugt, dass sie es nur gut meint und ich möchte ihr nicht in den Rücken fallen. Ich werde ihr noch ausführlich schreiben, aber ich kann mich ihr gegenüber nicht so frei äussern, das weisst Du ja. Ihr Brief schoss wie eine Rakete in mein Dasein, und wie entsetzlich allein ich bin, wurde mir gestern Abend wieder klar. Dazu kommt, dass ich mich überfordert fühle im Hinblick auf solche umwälzenden Dinge. Ich merke zunehmend, dass ich noch Jahre brauche, um mich von dem erholen zu können, was hinter mir liegt. Ich habe mehr und mehr Angst vor dem Leben in der Stadt, das Leben, das ihr das richtige Leben nennt und das es für mich nicht mehr *ist. Das Leben hat mich so gezaust, dass ich dankbar bin, hier in dieser Abgeschiedenheit leben zu dürfen.*

Im beruflichen Leben... bin ich nie auf Anhieb eine gute Sekretärin... es ist eine Waghalsigkeit zu behaupten „Sekretärin mit Buchführungskenntnissen" (siehe Ottis Brief!) Ich habe mit meinem Chef über Ottis Brief gesprochen und er bestätigte durchaus meine Selbstkritik in Bezug auf meine Arbeit... Mir erscheint das Ganze wie eine Otti-Begeisterung. Und ich habe keine Möglichkeit, mich in ein politisch so ungewisses Fahrwasser zu stürzen....

Die Kinder gebe ich auf k e i n e n Fall zu Hans... vor allem jetzt, so bald nach der Scheidung, auch nicht nur ein paar Monate...

Dann bin ich mit meinem ganzen Hauskram so völlig hintenan, dass ich gar nicht wüsste, wie ich einen Umzug bewerkstelligen soll – rein finanziell. Hier kann ich wenigstens von meinen 435.- monatlich etwas abzweigen. Ich fühle mich in meiner augenblicklichen inneren Verfassung hier geborgen, während dieses nach Draussen sehen mir wie eine Auflösung meiner letzten Kräfte erscheint. Die Verhältnisse bei Körting sind nicht schön, doch wo sind sie bei neuaufbauenden Betrieben schön?... Das alles soll nicht heissen, dass ich nie gewillt sein werde, M'stein zu verlassen. Es muss eine wirklich fundierte Sache sein, sonst tue ich den Sprung ins Ungewisse bei den heute bestehenden Wohnungsschwierigkeiten nicht. Die Phywe in Göttingen wäre eher... das alles quält mich seit langem u. daher kam mein Wunsch, mal wieder persönlich mit Dir reden zu können. Es fehlt mir eine wirklich männliche Bratung, an Hans kann ich mich mit solchen Dingen nicht mehr wenden, will es auch gar nicht. Und eigentlich kann ich es zu Dir hin auch nicht mehr, weil Du nur noch in Deiner Arbeit steckst,... es scheint mir so zu sein, ein letztes Restchen Hoffnung bleibt, sonst würde ich heute nicht so

schreiben. Alles in allem: Meine Reaktion ist: B i t t e   l a s s t   m i r
m e i n e   R u h e! *So, nun sei für heute recht lieb gegrüßt von Deiner
Ruth"*

28.2.51 Ruth schreibt an Karl. Der Brief fehlt leider in der
Sammlung.

11.3.51 Ruth an Karl: *„Liebes… ich habe so nah u. warm von Dir
geträumt, dass mich das den ganzen Tag über umfangen hat. Deine
Schweigsamkeit lässt immer größere Sorge um Dich in mir aufkommen. Bitte, u. wenn es nur ein paar Zeilen sind, sag doch mal was,
ja?*
*Ob es nun auch hier Frühling werden wird? Die Vasen stehen voll
Märzbecher, die erste Amsel hat geschlagen… Im Büro habe ich, auf
meinen Wunsch hin, nochmals gewechselt, u. glaube nun endlich
den richtigen Platz erwischt zu haben. Das Janelein geht nun aus
den Läden und sagt „Pfüat di", sie lernt Dialekt u- Preussisch. Sie
ist im Ganzen jetzt stabiler u. hat mehr Farbe. Den beiden Großen
geht es ausgezeichnet. Wir gehen jeden Sonntag spazieren u. sahen
ein ganzes Rudel Rehe auf dem Wuhrbichl. Lass es Dir so gut es
eben geht gehen. Ich denke immer u. immer an Dich u. küsse Dich
innig u. von Herzen, Deine Ruth."*

15.3.51 Karl an Ruth: *„Wie gern hätte ich Dir gleich auf Deinen
guten Brief vom 28.2. geantwortet… Liebes Du, aber ich brachte
einfach das bisschen Kraft dafür nicht auf… Du hast mir so wohl
getan mit Deinen Schilderungen, gleichgültig, ob sie Dein Ergehen,
Deine Pläne, das Janelein oder den Frühling betreffen. So freue ich
mich herzlich heute Abend endlich den Dreh zum Schreiben finden*

zu können. Das hängt wohl mit dem Hören der Matthäus-Passion zusammen, für die ich mich gestern nicht nur von der noch unbeendigten Arbeit losriss, sondern auch zwei Einladungen absagte. Ich war daraufhin heute Morgen wie verwandelt: fröhlich und aktiv wie je, während ich mich vorgestern noch so elend und verzweifelt fühlte, dass ich das pure Weiterleben schon als fast unerträgliche Qual empfand. Ich bin dankbar, dass Otti mir in solchen schwarzen Momenten hilfreich zur Seite steht, auch wenn sie mir vieles nicht geben kann, wonach ich mich oft von Herzen sehne...

An Deinen Plänen nehme ich innigen Anteil. Steht es nun fest, dass Du nach Göttingen gehen wirst (zur Probe)? Willst Du uns nicht bei dieser Gelegenheit hier besuchen? Viel lieber möchte ich vorher zu Dir kommen. Vielleicht Pfingsten? Bis dahin wird sich Deneke so weit eingearbeitet haben, dass ich endlich einmal acht Tage lang ausspannen kann. Wirst auch Du Dich dann ein bisschen freimachen können? Du kannst mir glauben, Liebes, - ich sehne mich nicht weniger als Du danach mit Dir zusammen sein zu dürfen, Dein Wesen und Deine Wärme zu spüren und mich mit Dir am Janelein zu freuen. Überdies muss ich Bonn verlassen, wenn ich innerlich zur Ruhe kommen will. Hier verlässt mich der Gedanke an die Arbeit nur, wenn mich mal ein großes Erlebnis wie die Matthäus Passion in eine andere Welt versetzt. Meist sind ja meine „Freiräume" ausgefüllt mit gesellschaftlichen Verpflichtungen, mit gleichgültigen Menschen und viel Geschwätz. Leider gehört das zum Metier. Ich bin schon so fest davon überzeugt, Dich bald zu sehen, dass ich keine Lust mehr zum Schreiben habe. Ich muss dieses Handwerk sowieso den ganzen Tag üben. Drum nur noch so viel, dass Otti und ich uns – die eine recht, der andere schlecht – durch die Last des Alltags schlagen... Am Sonntag wollen die Kinder für drei Wochen kom-

men, am gleichen Tag fahren Otti und ich aber auch nach Dietz zur Konfirmation des Ältesten meines Bruders Gerd. Wir wollen dabei in Koblenz Station machen, um meine Mutter zu besuchen... Sei umarmt und küss das Janelein. Dein Karl"

6 Urlaubspläne

22.3.51 Ruth an Karl: „*Liebstes Herz! Lass Dir heute ein schönes Osterfest wünschen... Natürlich kannst Du Pfingsten kommen. Wir haben am Sonnabend vor Pfingsten ganz frei u. ich könnte noch einen Tag nehmen. Dann haben wir 3 Tage ganz für uns... Ich mag Mum nicht allein lassen mit den Kindern, denn sie ist sehr ab, u. ausserdem habe ich jetzt kein Geld für eine Reise. Ach, Karl, ob Du's wahr machst?*
Gestern hörte ich zusammen mit Birgit die Matthäuspassion u. mir ging es ähnlich wie Dir. Das seit November mühsam ersparte Radio hat sich gelohnt, nun komme ich an meinen einsamen Abenden doch zu guter Musik. Diese vermaledeite Berufsarbeit... ich kämpfe um Konzentration, aber es gelingt mir nicht. Das Leben erscheint mir nur noch qualvoll. Aber macht nix, ich will Dir jetzt nichts vorjammern.
Ob Du wohl mit Babs u. Otti über unsere Sommerferien sprichst? Ich hatte Barbara meinen Plan unterbreitet, aber sie hat bisher nichts von sich hören lassen. B. u. G. bekommen am 18.7. Ferien, u. Hans holt sie dann sofort nach Gelsenkirchen. Nach Göttingen werde ich wohl im Sept. gehen. Es gäbe viel zu erzählen, aber das spare ich mir bis Pfingsten auf. Du, mein Herz, schweige nicht bis dahin, Du weisst wie sehr ich mich oft um Dich sorge. Sage bitte Otti herzliche

Ostergrüße. Sie hat so rührend für Christiane gesorgt u. das Lätzchen ist goldig u. wurde von Chr. mit einem „Ei" begrüsst. Ich denke an Dich u. küsse Dich – wie immer – Deine Ruth."

23.3.1951 Karl an Ruth aus Bonn: „Mein liebes, liebes Herz,…Du warst mir so nah heute Abend als ich wieder die Matthäus-Passion hörte, diesmal im Radio, und meine Sehnsucht nach Dir regte sich mächtig. Ich meine so oft, zu Dir flüchten zu müssen, hinaus aus Bonn, wo mir zur Zeit alles zu viel wird. Die Arbeit hat mich so ausgenommen, dass ich völlig von Kräften bin. Selbst mit den Kindern bin ich zu meinem Kummer noch nicht richtig warm geworden, obwohl sie schon seit einer Woche hier sind. Gesehen und gesprochen habe ich sie erst ein paar Stunden. Michael und Christoph sind fast so groß wie ich. Sie erscheinen mir bei jedem Wiedersehen verändert. Zur Freude habe ich keine Kraft mehr. Das Leben erscheint mir dauernd als Mühsal und Last... Ich möchte zu Dir und wenn's Dir recht ist, komme ich zu Pfingsten.
Wie magst Du die Ostertage verbringen? Hoffentlich so, dass Du nicht ganz von den Kindern gefressen wirst, sondern noch Zeit findest zur eigenen Erholung. Armes Ruthele – wie wünsche ich, dass Du endlich eine Stellung findest, die Dich weit mehr befriedigt, als Deine jetzige. Ich glaube, Du tätest gut daran, das Göttinger Angebot anzunehmen...
Otti ist ganz munter und die Kinder sind's auch. Ich denke oft, wie schade es doch ist, dass Du nicht hier wohnen und meine Sekretärin sein kannst. Ich weiß, dass das ein Hirngespinst ist und ich Dir das nicht zumuten kann. Vielleicht will ich Dir damit nur zu verstehen geben, dass auch ich an den Konsequenzen trage. Wenn ich Pfings-

ten kommen dürfte, würde ich in 7 Wochen bei Dir sein, bei Dir und dem Janelein. Lass Dich umarmen von Deinem Karl"

Ende März 51 hat es ein Mediationsgespräch mit Frau Malchen Lottig zwischen Karl und Otti gegeben. Otti versucht in einem 2-seitigen Schreibmaschinentext nicht den Ablauf, *„sondern den ‚Geist' eines solchen Gesprächs"* festzuhalten: *„Auf Karls eigenen Bericht über das Mass seiner Abgespanntheit, seiner Lebensunlust und seines depressiven Minderwertigkeitsgefühls, antwortete Malchen, dass ihres Erachtens noch nie ein Mensch aus Überarbeitung zusammengebrochen sei, sondern nur an sich selbst. Es wurde dann im Gespräch zu dritt herausgearbeitet, dass in Karls besonderer Situation er zweifellos an dem „Ungelösten" litte... Das eigentlich Ungelöste liegt darin, dass gerade bei Karl die Tendenz besteht, die äussere, wieder aufgenommene Lebensform als die eigentliche Wirklichkeit zu sehen. Hier wurde klar, wie schwierig es für uns alle ist, <u>nicht</u> in den Formvorstellungen des nur Hergebrachten zu denken. So berechtigt die Konventionen auch sein können, ist bei Karls Veranlagung die Gefahr vorhanden, dass die nach aussen bestehende Form nicht nur in den Grenzen ihrer Berechtigung erkannt wird, sondern als das Eigentliche gesehen wird. Gefahrvoll, weil er innerlich daran verkümmern kann...*
Malchen sagte, dass wir uns hüten müssen, <u>darin</u> eine Lösung zu suchen, dass wir ‚Bäumchen wechsle dich' machen, dass wir versuchen zu entscheiden, ‚wer geheiratet werden muss'. Auf dieser Ebene, wo zwei... Familien mit allen komplexen Forderungen ‚gegeneinander' stehen – gibt es keine Lösung. Der einen gerecht werden, heisst die andere zu kurz kommen lassen. In einer ‚tragischen' (weil unlösbaren) Lebenssituation wie dieser gibt es nur eine ‚übergeord-

nete' Lösung. Also eine, die <u>trotz</u> der entstandenen… Formen, eine
der lebendigen Wirklichkeit entsprechende Form findet. Was dann
noch immer keine komplette Lösung sein kann, vor allem nicht,
wenn man unter einer Lösung auch die Erfüllung aller konventio-
nellen Formen versteht. Malchen benutzte hier die Vorstellung: dass
Karl mit keiner von beiden verheiratet wäre, wodurch er ‚souveräner'
zu der <u>echten</u> Beziehung zu beiden durchstieße. Uns war gestern
Abend klar, dass bei aller schmerzlichen Einsicht in die Tatsache,
dass Ruth das dicke Ende in der heutigen Situation zu tragen hat, es
nur naiv wäre, an den äusseren Formen etwas ändern zu wollen.
Um diese kann es im Moment nicht gehen. <u>Umsomehr</u> muss es um
die innere Einstellung gehen. In erster Linie bei Karl…
Über Ruth hat Malchen gesagt, dass sie trotz Verrat, trotz ihrer Not,
ihrem Schmerz und ihrer Einsamkeit, es fertigbrachte, ihre Liebe zu
bewahren, und dass sie daran reif geworden ist und daran in eine
Kraft hineingewachsen ist, die die eigentliche Kraft der Frau ist…
dass heute überall die Frauen die Tragenden sind. – Zum Thema ‚das
Kind und sein Vater':… Ruth kämpft darum, dass das Kind im inne-
ren Sinne einen Vater hat. Zu der Frage (von Hans wieder aufge-
worfen), welcher Vater auf dem Papier stehen soll. Wir waren uns
einig, dass, wenn schon ein Vater nur dem Papier steht, der, dessen
Name Kämper ist, das Kind am meisten schützt. Dem Wort Vater
müsste aber von Karl ein Inhalt gegeben werden.
Malchen hatte Verständnis für mich, die ich von jeher behauptet
habe: in Christoph würde durch eine Scheidung seiner Eltern etwas
zerstört werden. – Als ich berichtete, Ruth habe gesagt, sie könne es
nicht ertragen, periodisch Karls Geliebte zu sein, sagte Malchen, das
hiesse ja, die Beziehung zu der eines ‚Verhältnisses' zu machen. Um
so etwas ginge es hier ja nicht. – Als ich einmal sagte, jede ‚Hilfe'

meinerseits an Ruth, wäre mir immer so grauenvoll, weil ich fürchtete, es muss aussehen wie Almosen, wies Malchen mich darauf hin, dass ich solche Gefühle nur haben könne, wenn ich unbewusst in den konventionellen Vorstellungen lebte, dass es eine Bedeutung hat, dass ich zufällig die ‚Ehefrau‘, die ‚Reichere‘ bin.

Dies letzte war für mich die grösste Erleuchtung des Abends. Allerdings bleibt nach wie vor für mich das Problem, <u>wie</u> Ruth helfen. Nur wenn Ruth und ich zusammen völlig aus diesen Vorstellungen heraustreten, können wir hoffen, einer Lösung nahe zu kommen.

10.4.51 Ruth an Karl **(4 Seiten):** „*Sieh Dir mal das Datum an, Du böses Besteck! Und dass Du mich auch wieder zwingst, Dich wieder zu bitten!… ich bin sehr auf Deine 100.- angewiesen u. meist muss ich zum Ende des Monats Vorschuss nehmen. Also schicke doch das Geld immer gleich am Anfang des Monats, - ach, das ist alles wirklich deprimierend.*

Sag mir bitte, was die große Schweigsamkeit um Barbara zu bedeuten hat. Vor Wochen schrieb ich an sie, wegen der Pläne im Sommer. Sie hat nicht geantwortet... Ob Du nun wirklich kommen wirst an Pfingsten? Wir hätten 4 ganze Tage ganz für uns.

Auch ich habe Ostern so oft an Dich denken müssen, mein liebes Herz! Musik hat uns schon immer so verbunden…

Das Janelein macht nun lauter dumme Streiche. Neulich musste der Riedinger sie mit einer Leiter aus der verschlossenen Küche herausholen. Den Riegel können wir nun zumachen, aber noch nicht wieder auf! Ich hab sie jetzt in den Kindergarten gesteckt, wohin sie mit grösster Seligkeit geht. Eine spürbare Erleichterung für die geplagte Mum.

Jeden Sonnabend gehe ich zu Frau Schmidt. Wir sind uns in unserem Lebensstil und in unseren Sorgen und Interessen so nahe, dass wir uns beide auf diese schwer erkämpften freien Stunden immer sehr freuen.Wie mag es Dir gehen? Ist Deneke da? Ach, schreib mal wieder, liebes Herz und sei für heute gegrüßt von Deiner Ruth."

12.4.51 Ruth an Karl: *„Liebes,... Ich bin bei Frau Schmidt und schreibe schnell mit der Maschine. Hab Dank für die 100.-, man muss nur schimpfen, gleich geht's leichter!!*
Otti schrieb mir heute, dass Dir die Sache mit Deneke schiefgegangen ist. Ich bin ziemlich unglücklich über Deine Schweigsamkeit. Aber sicher hast Du nun viel zu viel zu tun und hast die Depression über etwas Danebengegangenes dazu am Hals...
Und Pfingsten? Sicher wird nun auch Dein schöner Plan ins Wasser fallen... So, jetzt werde ich mich wieder auf mein Stahlross schwingen, um den Kindern noch gute Nacht zu sagen... B'hüt Di Gott, mein Liebes, Deine Ruth."

15.4. 51 Karl an Ruth aus Bonn (4 Seiten): *„Mein liebes, liebes Herz, jetzt kann ich mich gleich für zwei Briefe bedanken. Zunächst das Geld. Du kannst versichert sein, dass ich es stets so rasch wie möglich schicke. Manchmal lassen mich jedoch meine Verlage im Stich. Meinen Spesenersatz habe ich erst vor drei Tagen bekommen und das Gehalt von Hamburg steht heute noch aus. Glaub mir also, das alles bedrückt mich selbst. Ich würde Dir gerne das Zehnfache geben. Dass die Möglichkeit, Dir mehr zukommen zu lassen mit Denekes Übersiedlung hierher nun ganz hinfällig geworden ist, hat mich in den letzten Märztagen zusätzlich deprimiert...*

Die Entscheidung Deneke herzuholen ist richtig gewesen. Ich fühle mich durch die Teilung der Verantwortung und der Arbeit so entlastet, dass meinen Godesberger Verwandten, die Otti und ich heute Nachmittag wieder einmal besuchten, mein besseres Aussehen sofort auffiel. Die furchtbare Anspannung der letzten Monate hat ganz erheblich nachgelassen und selbst eine politisch bedingte berufliche Bedrohung vermag mich heute praktisch nicht zu schrecken. Deneke, gerade 31 Jahre alt, ist klug und schriftstellerisch vielseitig begabt,... ich bin ganz sicher, auch im Falle einer ungünstigen Entwicklung der hiesigen Verhältnisse, würden wir uns zusammen durchschlagen. Er hat viel Humor und Witz... und Vorwerks beurteilten ihn auch charakterlich sehr günstig. Dass Otti Dich durch eine missverständliche Bemerkung über D. beunruhigt hat, tut mir arg leid. Ich glaube, Du kannst ganz unbesorgt sein und wirst sicher auch das berechtigte Bedauern über die wieder enger gezogenen materiellen Grenzen leicht durch den Gedanken daran überwinden, dass die jetzige finanzielle Regelung mir einen Zusammenbruch erspart.

Die Kinder sind vor acht Tagen wieder abgereist. Wir trennten uns schweren Herzens, waren wir doch erst in der letzten Woche richtig warm miteinander geworden. Leider passierte ein dummes Malheur, mit dem gelassen fertig zu werden mich einige Anstrengung kostete: sie vergaßen beim Aussteigen meinen Koffer, den sie sich ausgeliehen hatten, weil sie sich um die Koffer der mit ihnen reisenden Mädchen kümmerten. Er war gefüllt mit neuen Sachen für die Jungen. Ich bin gewillt, alle durch spürbare Taschengeldkürzung bis Ende Semesters die Konsequenzen ihrer Schlamperei spüren zu lassen. Auch Otti war natürlich sehr unglücklich, da der gerade erreichte Status einer leidlich kompletten Ausstattung der Kinder nun schon wieder verloren gegangen ist...

Dass Barbara Dich im August bei Janelein vertreten will, hat Dir Otti wohl schon geschrieben... Jedenfalls freue ich mich schon unendlich auf Pfingsten... Zur Zeit hängt bloss eine Wolke am Himmel meiner diesbezüglichen Erwartungen, nämlich die Sorge, dass eine Einladung zu einer sechswöchigen Besichtigungsreise nach USA ausgerechnet zu Pfingsten angetreten werden muss. Na ja, wahrscheinlich wird sich der Umstand, dass ich Pg von 1933 war, doch noch als unüberwindliches Hindernis bemerkbar machen, - womit ich dann auch die obige Sorge los wäre. Du siehst, es hat alles seine zwei Seiten.

Spürst Du eigentlich, wie oft ich an Dich denke?...Ach, ich muss so bald wie möglich zu Dir fahren und Dir dann von Malchens Besuch berichten, der sehr wertvoll war. Nein, - ich schicke Dir doch die kurze Niederschrift, die Otti über das Gespräch angefertigt hat; weshalb eigentlich nicht? Ich denke an Dich und das Janelein und grüsse Mum und die Kinder. Lass Dich umarmen von Deinem Karl"

21.4.51 Ruth an Karl (4 Seiten): *„Mein Herzlieb... Nach Pfingsten muss ich ein paar Tage in stationäre Behandlung zu einem kleinen Eingriff in den „unteren Gefilden"! Denk Dir, durch die ewige Entzündung ist es zu einer Fixierung des Darms mit der Gebärmutter gekommen, was aber nur operativ behoben werden kann... Dass Du durch die nun doch zustande gekommene Mitarbeit von Deneke arbeitsmässig entlastet bist, beruhigt mich sehr. Dass Du mir so dezent beibringst, dass ich ab 1.5. weniger Geld von Dir bekomme, weiss ich zu schätzen... Malchens Bericht erhältst Du zurück. Was Dich betrifft, so bin ich sehr froh, dass es zu dieser Aussprache kam. Mündlich müssen wir darüber sprechen, ich bin in manchem anderer Meinung.*

164

Wehe, Du reisst mir nach USA aus! So sehr ich Dir das gönne, so sehr sehne ich mich nach Dir und zähle die Tage bis Pfingsten... Ja, mein Herze, auch ich träume vom „Glück" und so. Darf ich Dir was ins Ohr sagen? Bitte sorge Du dafür, dass dieses „Glück" ohne Unannehmlichkeiten bleibt – ich habe für solche Dinge kein Geld, verstanden, altes Besteck?

Neulich war ich wieder in München, eingeladen von Dr. Leimbach. Was der gute alte Leimbach von mir will, ist mir noch nicht klar. Ich bin nach wie vor skeptisch, obgleich er sich völlig korrekt benimmt. Aber wo gibt's denn so was: Lädt mich nur für einen Abend nach München ein, bezahlt auch Fahrtkosten, schüttet seine geschäftlichen Sorgen vor mir aus, will meinen Rat u. erzählt mir immer wieder, wie gern er mich als Mitarbeiterin in der Phywe hätte.

Du brauchst keine Sorgen zu haben, auch ich schmiede keine Pläne zum Sommer. Zum Reisen werde ich sowieso kein Geld haben. Die Kinder sind munter. Janelein lag wieder mit Bronchitis, ist aber wieder über den Berg u. macht eine Dummheit nach der anderen... So, - Liebes, ach, wie ich oft an Dich denke! Ich leg nun meinen Kopf an Deine Schulter, hoffentlich darf ich's bald wirklich. Deine Ruth."

7.5.51 Karl an Ruth aus Bonn: *„Mein liebes. liebes Herz, je näher der Reisetermin heranrückt, umso ungeduldiger zähle ich die Tage. Ich hoffe, es wird am Freitag klappen…*

Übrigens ist Otti auf die nicht schlechte Idee gekommen, der Resi [85] *zu schreiben, dass auch sie kommen wolle, im letzten Moment aber dienstlich verhindert gewesen wäre. Wenn Du es für richtig hältst, kannst Du diese Mär ja noch am Donnerstag verbreiten, bis ich al-*

---

[85] Die Hausbesitzerin und Vermieterin in der Alten Dorfstraße 17.

leine auftauche. Das alles nur von wegen „der Leut'" und um Dei-
nes „guten Rufes" willen[86]...
Ich freue mich so sehr auf das Wiedersehen, dass ich es gar nicht mit
Worten ausdrücken kann. Lass Dich umarmen, mein Herz, und Gott
gebe: bald auch in Wirklichkeit! Dein altes Besteck"

Kapitel 6

1 Wiedersehen

19.5.51 Karl an Ruth aus Bonn: *„Mein Herzlieb,... Ich bin ja so*
dankbar für die köstliche, nur leider viel zu kurze Zeit unseres Wie-
dersehens, für diese von innerem Sonnenschein erfüllten Tage und
Nächte im alten M'stein. Möchten ihnen noch unzählige ihresglei-
chen folgen, in der neu gestifteten Gemeinsamkeit zwischen Dir und
mir, bis ans Ende unseres Lebens...
Auf der Rückreise hatte ich in München eine sehr zufriedenstellende
Besprechung mit dem stellv. Chefredakteur der Wochenzeitung
„Münchener Allgemeine", für die wir zunächst einmal probeweise
arbeiten werden. In Mannheim erwartete mich Deneke mit Fritz-
chen.[87] ... Kontakt mit Otti ist gleich Null. Wir können augenblick-
lich kaum miteinander sprechen. Da ist es gut, dass die Anwesenheit
Dritter für Neutralisierung sorgt. Ich muss mich sehr auf das besin-
nen, was uns gemeinsam ist (und bleiben wird). Aber es geht nicht
anders: Die Beziehungen zwischen Otti und mir können nur im

---

[86] Zu dieser Zeit etwa fragte mich die Mutter meiner Freundin Anni Mörtl: „Wie heißt
deine Schwester eigentlich? Christiane Kämper oder Christiane Lohmann?" Und ich
dachte, man, dass die das nicht weiß! ‚Kämper' natürlich....
[87] einem silbergrauen DKW

Guten gestaltet werden. Liebes, Du, hoffentlich höre ich bald von Dir. Bitte schreib an meine Privatadresse. Grüße Mum und die beiden Großen. Dir und Janelein einen innigen Kuss"

20.5.51 Ruth an Karl (4 Seiten): *„Liebes Herze!...Mein Karl, es gibt nicht die richtigen Worte für das, was ich empfinde, wenn ich an unsere gemeinsamen Tage zurückdenke.... Mich hat noch nicht eine Minute Traurigkeit erfasst über Deine Abreise, nur ab u. zu packt mich Zorn. Donnerwetter, wir gehören zusammen. Und nicht nur zusammen in glücklichen Stunden, sondern in das alltägliche Leben mit all seinem Kampf... In seltenen Stunden, in denen ich mich über alle Skepsis hinwegsetze u. an ein Leben mit Dir denke, bin ich mir jetzt klar über das Ausmass der noch zu überwindenden Schwierigkeiten, ich kann einfach nicht mehr, wie früher, nur glücklich sein bei solchen Gedanken. Aber ich bin zuversichtlich, weil das Leben mich nun gelehrt hat, auch mit schwierigen Situationen fertig zu werden.*
Ein ganz klein wenig schmerzlich berührt es mich, dass ich so wenig von Dir selbst hörte... Gut, dass ich durch Otti etwas informiert war. Ich habe bewusst alles Fragen zurückgestellt, Du solltest wie ein Rekonvaleszent einfach nur verschnaufen, losgelöst von aller Problematik im Beruf u. vor allem von der in Deiner eigenen Brust...
Auf mich ist der Alltag wieder mit Wucht gestürzt, aber wieviel ausgeglichener bin ich. Auch unsere Mum ist wieder ruhiger. Sie war nur beim Abschied tieftraurig, dass Du wieder von dem Kind u. mir fortgehen musstest. Du warst für uns alle ein Segen, mein Herz. Wenn wir abends schlafen gehen legt Janelein nicht nur alle Tiere

schlafen, sondern vor allem ,Onkelo'[88]*. Sei für heute innig umarmt und geküsst von Deiner Ruth."*

2 Traum vom bürgerlichen Glück

24.5.51 Karl an Ruth: *„Mein Ruthele, ...heute war ich erst um 11 Uhr im Büro und trotz Denekes Abwesenheit schon um 20 Uhr mit der Arbeit fertig. Dabei habe ich eine ganze Reihe brauchbarer Meldungen auf die Beine gestellt. Ein neun-Stunden-Tag bildet wahrlich eine Ausnahme. Vorgestern war ich 16 Stunden im Büro. Und auch gestern musste ich nach zehn Stunden Büro nochmals los zu einem englischen Vortrag in der Parlamentarischen Gesellschaft. Du darfst Dir also keine allzu großen Hoffnungen auf ein „Beisammensein" machen, wenn wir – was Gott geben möge – in absehbarer Zeit einmal zusammenleben sollten. Und doch, wie wundervoll wäre es, könnte ich, spät und müde von der Arbeit heimkehrend, meinen Kopf an deine Schulter legen und in deiner Liebe und Wärme zur Ruhe kommen. Immer stärker vermisse ich das „Heim", das von der Hausfrau betreute. Otti kann diese Aufgabe nicht wahrnehmen und so bleibt hier alles stehen und liegen, wird nicht getan, rasch (und teuer) gekocht, wenn überhaupt und ich muss meine Schuhe und Anzüge selber säubern und tausend Kleinigkeiten tun, die mir einfach zu viel werden. Ich glaube fast, wenn Du unseren Hausstand wahrnähmest, würdest Du durch die dadurch gegenüber dem jetzigen Zustand erzielten Ersparnisse Deinen eigenen Lebensunterhalt mit Leichtigkeit verdienen können. Du weisst wie ich, dass es richtiger*

---

[88] Das Kind sagt zu seinem Vater also „Onkel Lohmann".

ist, gerade bei der Verwirklichung von etwas Idealem nie die Realität aus den Augen zu verlieren. Das habe ich vor zwei Jahren getan und bin daran gescheitert. Wahrscheinlich sind wir beide von dieser Versuchung geheilt, und daraus ergab sich die von mir tief empfundene Selbstverständlichkeit unserer Begegnung in M'stein, deren Unproblematik wohl die Voraussetzung für das unermessliche Glück jener Tage war…

Spürst Du, wie oft ich an Dich und das Janelein denke?… Lass von Dir hören, mein Herz, Dein Karl und Onkelo"

26.5.51 Ruth schreibt aus dem Krankenhaus in Staudach: „Mein liebes Herz! Nun ist schon alles überstanden… Evipan ist ja die schönste Narkose…Wie schön ist es, in einem hellen Raum mit sauberen Wänden zu liegen. Der Kinder wegen legt es sich wieder wie ein Alpdruck auf meine Seele. Wann wird es mir gelingen, sie aus diesem Loch von Wohnung herauszubekommen?…

Auf dem Sektor, auf dem Du mit Otti Kontakt haben kannst, bekommst Du ihn auch wieder; Du musst Dich nur offen halten. Du hast ganz recht, es kann nur im Guten gehen. Es ist aber gut, wenn Du Dir ganz sachlich u. ohne Affekte, jenseits von Formen u. Sentimentalitäten darüber klar wirst: wo und wie wir in Dein Leben gehören. Lass Dich küssen für heute von Deiner Ruth."

28.5.51 Ruth an Karl: „Mein Karl… der Arzt hatte volles Verständnis für meinen Wunsch keine Kinder mehr haben zu wollen, jedoch den „Freuden dieser Welt" nicht völlig entsagen zu müssen und er will mir helfen. D.h. 100% ig sicher ist nichts, meinte er. Mir war in den letzten Tagen schlecht, aber er meinte, nach solchem Eingriff sei das ausgeschlossen, na, ich will froh sein, wenn ich meine

*Tage habe. Ihr Männer habt es da doch leichter. Diese psychische
Belastung jedesmal ist grauenhaft...*
*Wir wollen nicht viele Worte machen über Zukünftiges... Ich habe
immer das Gefühl, wir müssen beide feste arbeiten, dann wird's
schon klappen. Ich weiß, was mir „bevorsteht", Du wirst ein rarer
Artikel sein – aber da sein – trotzdem. Ich möchte nur von Zeit zu
Zeit hören, dass Du Dich nicht übernimmst, damit noch was übrig-
bleibt für Deine, Deine Ruth."*

30.5.51 Karl an Ruth aus Bonn:*„Du böse Frau! Eigentlich müsste
ich meine Jungfernarbeit für die „Tat"*[89] *machen – einen kommentie-
renden Bericht über die Saardebatte im Bundestag – aber Deine lieben Briefe haben mich so beglückt, dass ich nicht anders kann, ich
muss Dir schreiben! Morgen ist also Dein letzter „Ruhetag" nach
der Operation...*
*Ach Ruth, es ist ganz verrückt. Je mehr ich mich nach Dir sehne,
umso weniger Lust habe ich zum Schreiben. Was soll ich Dir denn
auch schreiben? Wie mir Adenauers oder Carlo Schmidts Reden
gefallen haben? Dass ich am Freitag beim Kanzler zum Tee eingeladen bin? Wie belanglos ist das alles doch neben unserer Liebe. Die
aber ist das einzige, was es neben meiner Berufsarbeit im aktuellen
Leben gibt. Die Kinder sind nicht mehr anwesend. Ich weiß, dass ich
sie liebe, doch versteht sich das von selbst. Mit Otti schlage und ver-
trage ich mich; im allgemeinen kommen wir ordentlich miteinander*

---

[89] Die Tat war eine sozial-liberale Schweizer Zeitung, die von 1935 bis 1978 von der
Migros herausgegeben wurde, zuerst als Wochenzeitung, dann als abends erscheinende Tageszeitung und schliesslich als morgens erscheinende Boulevardzeitung. Die
Tat wollte «sachlich referieren unter Vermeidung von Polemik» und auch «die Gegner
kurz zum Wort kommen lassen». Als Motiv für die Gründung der Zeitung wurde
auch die Abwehr des Nationalsozialismus in der Schweiz genannt. (wikipeda
24.2.2019)

aus. Damit wäre mein Lebenskreis abgeschritten; denn zu allem an-
deren fehlen mir Zeit und Kraft. Nur Du bist da noch und das Ja-
nelein und unsere Liebe, und der Gedanke an euch gibt mir mehr
Kraft zu Pflichterfüllung, er gibt mir wieder die Freude am Leben,
die ich schon so lange nicht mehr gekannt habe. Immer wieder taucht
das holde Bild vor mir auf: Du als Herrin meines Hauses, als Frau
und Lebensgefährtin, in deren Armen der vom Beruf Ausgelaugte
Wärme, Liebe und Kraft finden – und selber spenden kann. Du
siehst, das Erlebnis unserer Wiederbegegnung oder soll ich sagen:
unseres Wiederfindens? – hat mich tief verändert, bereichert, be-
glückt.

Du kannst Dir wohl denken, wie ich mich auf Dein Kommen im
August freue. Mit Otti habe ich heute zum ersten Mal darüber ge-
sprochen. Sie wird versuchen, ihre 10 Tage Urlaub, die sie außerhalb
Bonns verbringen will, in die Zeit Deines Hierseins zu legen. Unsere
Kinder können natürlich nicht hier sein, wenn Du zu Besuch bist.
(Babs wird dann ja in M'stein sein). Otti schreibt Dir über diese
Dinge noch genauer. Heute Abend fehlst Du mir noch mehr als
sonst. Aber es ist gut, dass 600 km zwischen uns liegen. Das kommt
dem Saarbericht zugute. Dein Karl"

3 Sturmfreie Bude

4.6.51 Otti schreibt Ruth aus Bonn: *„Liebe Ruth,… Ich habe mich*
nämlich deshalb so sehr über Deinen Brief gefreut, weil Du darin mit
so großer Selbstverständlichkeit deine Bereitschaft, mal nach Bonn
zu kommen erklärst. Wie ich Karl kenne, wird er Dir kaum ausei-
nandergesetzt haben, wie sehr ich mich mit dieser Frage herumge-

schlagen habe: dass ich Dich so gerne mal einladen wollte, jedoch es
nicht wagte, da ich nicht wusste, wie weit es Dir zumutbar war...
Deine Erholung wird zu machen sein bei der wenigen Arbeit in dem
komfortablen Haus ... Da es nicht Dein Haus ist, ist auch nicht die
Belastung der Tretmühle drin... Eine Putzfrau steht Dir für das
Gröbere zur Verfügung...
Karl und ich haben ausgeknobelt, dass ich in der Zeit Deines Hiers-
eins verreise– auch ohne vor Dir die Flucht ergreifen zu wollen!! Ich
habe lange darüber nachgedacht, wie das vor der Öffentlichkeit aus-
sieht: dass „eine Freundin von mir Karl den Haushalt führt" wäh-
rend ich weg bin, ginge zur Not ja noch (auch wenn Du hübsch und
jung bist!!), aber wenn Karl ausgerechnet dann auch noch Urlaub
nimmt... Aber Karl hat wahrscheinlich recht, wenn er sagt, dass wir
einfach energisch erklären, dass wir die zwei Wochen völlig in Ruhe
gelassen werden wollen, dass man Deine Gegenwart einfach nicht
verheimlicht und dass man nicht bekanntgibt, dass ich weg bin. Es
kommt als „Öffentlichkeit" hauptsächlich Denekes in Betracht und
wenn die etwas merken sollten, ist es auch kein Unglück, da sie ja
auf Dauer wohl allmählich im Bilde sein werden. Sie sind ja keine
kleinen Spiesser. – Im übrigen ist auch Ilse als Anstandswauwau im
Haus[90]. Sie lebt aber völlig für sich, sodass Du davor keine Angst zu
haben brauchst.
Ich wäre dir dankbar, wenn Du mir bald die genauen Daten Deiner
Reise angeben könntest. Ich muss für mich ein Zimmer bestellen
und Barbara müsste ein paar Tage vor Deiner Abreise in M'stein
ankommen. Den Kindern[91] schreibe ich, sie sollen Anfang der Ferien

---

[90] Ilse wohnte, als sie Assistenzärztin war, bei Otti in Bonn
[91] Michael und Christoph

hier sein und dass wir in den ersten zwei Augustwochen unsere Ruhe wollen.

Es wäre gut, wenn Du Dir überlegtest, wie weit es notwendig ist, Christine, die ab morgen bei uns ist, für die Zeit, wo Du da bist, auch zu eliminieren[92]. Wir <u>müssen</u> sie ja, wenn die Kinder hier sind, zur Großmutter schicken[93], weil wir sonst einfach nicht genug Platz haben. Eventuell ergibt es sich, dass sie weiter dort bleibt. Aber womöglich wäre es auch wünschenswert, sie wieder bei Ilse zu haben. Du müsstest natürlich nicht für sie sorgen,[94] denn es müssen ja sowieso Wege gefunden werden, dass sie untergebracht ist, wenn Ilse und ich beide berufstätig sind. Aber man ignoriert ja das Kind auch nicht, und ich möchte dir eine kinderfreie Zeit hier wünschen. Was Dich und Karl betrifft, glaube ich nicht, dass das Kind im Wege ist, insofern als man etwa vor ihr den Schein wahren müsste, denn sie soll sich weitgehend auf Ilses Zimmer beschränken, und Du bekommst ja meins. Das könntest Du mit Ilse besprechen. Dazu möchte ich Dir noch einflüstern, dass Ilse ziemlich darunter leidet, nun auch noch mit Christine „so zur Last zu fallen". Ich rede ihr das immer mit Müh und Not aus. Andrerseits weisst Du ja, wie sachlich sie ist und nicht leicht gekränkt.

Wie weit unsere Kinder über Dein Hiersein Bescheid wissen werden, haben wir noch nicht entschieden, also erwähne auch Barbara gegenüber noch nichts. Euch allen herzliche Grüße, Otti"

---

[92] Ottis Muttersprache ist Englisch.
[93] Bei Elsbeth Kämper wurde Christine mehrfach „geparkt" als Ilse krank war. *„Für mich waren es die schlimmsten Zeiten in meinem Leben Dieser Großmutter war alles zu viel. Es war für mich so schlimm, dass ich nicht zu ihrer Beerdigung kommen konnte."* (Jan 2019)
[94] Das tat Gerlinde – sie nahm in den Sommerferien nicht nur B. und G. auf, sondern auch Christine.

6.6.51 Ruth teilt Otti die Termine mit. Sie kommt am 11.8. nach Bonn und fährt am 28.8. mit den Kindern zurück. Hans muss die Kinder dann nur nach Bonn bringen. Barbara sollte am 8.8. in Marquartstein sein, um Nani zu hüten.

„Hier möchte ich nun gleich auf das „Problem" Christine eingehen. Ich möchte lieber mit Dir als mit Ilse darüber verhandeln. Nach meinen Erfahrungen ist es unmöglich, ein Kind in dem Alter nur an ein Zimmer zu fesseln und, ob ich will oder nicht, ich w ü r d e mich dann um sie kümmern, was aber meiner Erholung dann einfach nicht zu Gute kommt. Wenn also Christine nicht bei Mutter Kämper ist während meiner Anwesenheit, so versuche bitte mit Ilse eine Regelung zu treffen, bei der Christine tagsüber untergebracht ist. Es sind doch Ferien, kann sie nicht in einen Kindergarten? Was mir am meisten dabei am Herzen liegt, ist die Bitte, schon jetzt von Dir aus mit Ilse über den Punkt zu verhandeln. Du wirst verstehen, dass ich nicht aufkreuzen möchte und dann noch gleich mit irgendwelchen Wünschen kommen. Schließlich hat Ilse das Kind jahrelang nicht bei sich gehabt. Auch hat es zwischen Ilse und mir ja einige Differenzen gegeben, die jetzt auf dem besten Wege sind, völlig behoben zu werden.

Hans möchte die Kinder gerne die ganzen Ferien über holen, was auch ganz in meinem Interesse liegt. Er wollte sie hier abholen und dann wieder herbringen. Eine große Kraft-, Zeit- und Geldersparnis wäre es für Hans, wenn ich B. und G. wieder mitnehme. Also müsste ich am 28.8. wieder abreisen... Grüße Ilse und sei sehr herzlich gegrüßt von Deiner Ruth."

Am **6.6.51** schreibt Ruth 4 Seiten an Karl über ihre Gesundheit, über das Janelein, über die Vorfreude auf die Ferien. Karl antwortet am

8.6. mit einem langen Brief, in dem er von der Begegnung mit Birgit, die beide aus M'stein kennen, berichtet. Ruth antwortet am **11.6.** Erwähnenswert darin: *„Eigentlich wollte ich Dir gleich gestern schreiben, aber es war ein verhexter Sonntag nur mit waschen, bügeln, einmotten, 1000x töpfen und 100.000x „Mutti???".Ich habe seit Freitag eine Darmgeschichte u. Mum ist sehr abgespannt. Wie sehr ich mich nach dem Urlaub sehne! Ausruhen und bei Dir sein, weiter kann ich oft gar nichts mehr denken. Aber es ist so schön, dass ich das denken kann. Dass Du Birgit getroffen hast, war für mich eine große Überraschung. Ich habe ihr gleich geschrieben.*
Ach, Liebes, dies ist ein Brief mit wenig Inhalt... Ich freue mich so unsäglich auf Dich... Für heute Schluss, ich muss ins Bett. Lass Dich umarmen von Deiner Ruth."

12.6.51 Karl an Ruth aus Bonn: *„Du mein Liebes, ich habe heute Nacht so intensiv von Dir und Christiane geträumt, Du schrittest mit Janelein auf dem Arm lachend auf mich zu, das Kind riss sich von Dir los und stürzte mir mit weit ausgebreiteten Armen jauchzend entgegen. Es war sehr, sehr schön.*
Aber sonst bin ich unlustig, nervös und schlechter Laune... Und ausserdem belastet mich das trostlose Zusammenleben mit Otti doch immer stärker. Es ist nicht so, dass wir ständig in Spannung zueinander stünden, oder nicht auch gute Tage miteinander hätten, aber das Ganze unserer hiesigen Existenz bietet doch ein mehr als trauriges Bild. Otti lässt sich mir gegenüber zweifellos stärker gehen und ist launenhafter und unbeherrschter als es der auch bei ihr gegebene Zustand der Überanstrengung rechtfertigen könnte. So finde ich nirgends Wärme und Geborgenheit. Hedel, die ich am Sonntag mal wieder besuchte, erzählte mir, sie sei vor drei Wochen, als sie bei uns

in Bonn war, ganz deprimiert nach Hause gefahren, so deutlich hätte sie den völligen Mangel an Harmonie und der Unzulänglichkeit unserer hiesigen Existenz gespürt. Du kannst Dir denken, wie ich mich nach Dir sehne. Mein Gott, noch zwei Monate! Könntest Du dann doch gleich ganz hierbleiben!

Ich möchte mich für 14 Tage mit Dir in eine schöne Gegend zurückziehen um bloss noch dazusein, um endlich wieder die Kraft zur vita activa zu finden. Beides fehlt mir, die vita activa und die vita contemplativa.

Ich fahre täglich ein wenig in unserem „Fritzchen", weil ich mich um die Erteilung eines Führerscheins beworben habe und in 8 Tagen die Fahrprüfung machen muss. Hoffentlich klappt es, sodass ich Dich im August in die schöne Eifellandschaft hinausfahren kann. Du, dann werden wir in den Eifelmaaren baden, und Sonne und Wasser sollen uns gesund machen! Lass Dir einen Gute-Nacht-Kuss geben, liebste Frau, von Deinem nichtsnutzigen Alten Besteck"

4 Gelegenheitskauf

15.6.51 Karl an Ruth aus Bonn: „*Mein Liebes, meine Stimmung ist viel besser, take it easy. Dazu hat auch der Umstand, dass ich gestern Abend sehr beschwingt (und mit guten Informationen ausgestattet) von einer amerikanischen Cocktailparty (ohne Damen) zurückkehrte und 8 Stunden fest und traumlos schlief. Am glücklichsten aber hat mich Dein Brief gemacht, von dem Du meinst, er sei so inhaltslos. Du bist darin und das genügt, um mich froh zu stimmen...*

Ich habe von einem *Gelegenheitskauf* [95] Gebrauch gemacht und einige *Küchenmöbel* erstanden. Da die modernen Hängeschränke mit Schiebetüren und der Spülentischuntersatz sehr preiswert zu bekommen waren, habe ich sie genommen, auch auf die Gefahr hin, dass sie vorerst auf unserem Boden aufgestellt werden müssen [96]. Du wirst sie hoffentlich im August besichtigen können und Gefallen daran finden.

Morgen fahren Otti und ich per Auto nach Dortmund, um dort einen Freund von mir zu besuchen, auch bei Schleiermachers [97] werden wir Guten Tag sagen. Meine Fahrprüfung wird wohl in der nächsten Woche stattfinden. Ich wünsche Dir einen geruhsamen Sonntag, mein Herz, und küsse Dich und unser Kind. Dein Karl"

17.6.51 Ruth an Karl: *„Nun bin ich Dir die Beantwortung zweier Briefe schuldig, geliebtes Herz, Oh, ich weiss, wie solche Tage sind, an denen man alles doppelt schwer nimmt. Ach Karl, hab auch Geduld mit Otti. Sie spürt genau wie Du das Fehlen der wirklichen Harmonie und leidet. Bei ihrem Temperament und der anstrengenden Arbeit ist es dann unausbleiblich, dass sie mal überläuft. Sehr beglückt hat mich das Urlaubsbild, das Du mir vor die Augen gezaubert hast.... Über die Anschaffung von Küchenmöbeln mit dem Hinweis auf mich und die Zukunft war ich zunächst ganz platt! Aber ich freu mich sehr…*

Ab Montag werde ich endlich ganz offizieller Vorzimmerdrachen von Rettberg u. bekomme endlich den ersehnten Schreibtisch… Meine

---

[95] Der Gelegenheitskauf durchzieht von nun an – in anderer Schrift gekennzeichnet – die Korrespondenz. Er kommt mir wie ein letztlich misslungenes Angeld auf eine gemeinsame Zukunft vor.

[96] Die Möbel sollen also nach Bonn geliefert werden.

[97] Karls und Ottis ehemalige Nachbarn und Freunde aus Berlin.

Schulfreundin Rotraut Ponfick aus Sao Paulo hatte sich gemeldet.
Am Freitag war sie zu Besuch. Wir haben bis in die späte Nacht
hinein geklönt... Wir assen in Grassau zu Mittag und gingen dann
über Staudach, am Fusse des Schnappens einen herrlichen Waldweg
zurück nach M'stein. Du kannst Dir vorstellen, wie viel Kindheits-
u. Jugenderinnerungen wach wurden...
Habt ihr Nachricht von euren Kindern über deren Ferientermin?
Hans ist sehr froh darüber, B. u. G. mit mir zurückfahren zu lassen.
Aber ich habe ihm das noch nicht fest zugesagt.
Am 26.6. kommen Gerd u. Lieselotte, dann wird's wieder turbulent
bei uns. Liebes Herz – , lass es Dir gut gehen – spürst Du's, wie
glücklich ich oft bin, dass wir uns so ganz wiederhaben? Das ist
unbeschreiblich schön. Küsse von Janelein u. Deiner Ruth."

18.6.51 Otti an Ruth aus Bonn, (2 Seiten Schreibmaschine):
„Liebe Ruth, Deinen Brief habe ich Karl zu lesen gegeben und nun
ist er nicht wiederzukriegen, da er ihn weggeschlossen hat und nie
Zeit hat, ihn hervorzusuchen. Das Wichtigste in Deinem Brief war,
die Frage Christine. Sie geht hier vormittags in die Schule und
nachmittags in den Hort. Ich muss Ilse mal fragen, ob Christine auch
in den Ferien im Horts ein kann, ohne dass Ilse merkt, wie viel die
Sache diskutiert wird. Denn auch von Michael aus hat die Sache
angefangen diskutiert zu werden. Er wünscht sich „weniger Leut"
im Haus, da in Stuttgart auch schon immer so ein Betrieb ist. Ich
muss nach wie vor von meinen Kindern fordern, dass sie Opfer brin-
gen angesichts dem Schicksal von Ilse[98]. Für Ilse ist es kein reines

---

[98] Gerlinde und Christine erzählen von Ilses schwerem Schicksal: sie musste zusehen, wie ihr noch nicht 20-jähriger Jugendfreund tödlich verunglückte – sie wollte eigentlich Ärztin werden, musste aber, vom Elternhaus her, ihre Wünsche zurückstellen – sie heiratete den Komponisten Alfred von Beckerath, der sich als Künstler um nichts

Vergnügen, das Kind hier zu haben, aber Christine ist furchtbar mutterhungrig und ich bringe es einfach nicht fertig, ein Kind von der Mutter zu trennen. Ich wollte Dir keineswegs zumuten, das Kind zu versorgen... War noch was? Wir waren übers Wochenende in Dortmund und Mühlheim, und ich bin schandbar müde... Bei Unklarheiten, bitte Rückfrage. Herzlichst, Otti."

22.6.51 Karl an Ruth: *„Heute ist Johannistag, mein Lieb', ich weiss nicht, woran es liegt, ob an der gleichmäßigen Fron der Arbeit, ob an diesem klimatisch so verrückten Jahr: jedenfalls lebe ich in einer Ferne von allem, dass ich manchmal direkt erschrecke. Vielleicht hängt die innere Starre und Teilnahmslosigkeit aber auch mit dem Fehlen einer lebendigen, unmittelbaren Beziehung zu einem Menschen meines Privatmilieus zusammen. In Denekes Gegenwart fühle ich mich meist ganz munter, aber D. ist doch in erster Linie mein Berufspartner, mich privat ihm zu erschliessen, habe ich eine ausgesprochene Scheu... So komme ich Abend für Abend in ein leeres Haus, obwohl die beiden oberen Zimmer doppelt besetzt sind; denn z.Z. weilt außer Ilse und Christine auch noch Mutter Kämper aus Siegen bei uns...(Ilse empfindet, wie wir, sehr deutlich die Schicksalsironie, dass Deine einstige Schwiegermutter die Gastfreundschaft eines*

Alltägliches kümmerte – sie ließ sich scheiden und nahm ihr Studium auf – sie hat ihre Tochter Christine häufig weggeben müssen. Ilse litt an einer unerkannten TB, als die endlich behandelt wurde, wohnte Christine 6 Monate lang bei Gerlinde – zuvor insgesamt 4 Jahre in Überlingen bei Familie Rothe und wurde oft bei Großmutter Kämper geparkt. Ilse sprach zu Lebzeiten davon, dass sie eines Tages ihrem Leben selber ein Ende setzen werde. Bevor Christine anfing, sich zu fragen, wann das sein könnte, war es 1979 passiert. Ilse hatte eine Schiffsreise gebucht, am Ende der Reise erst – als ihr Pass übrigblieb – stellte man fest, dass sie fehlte. Sie wird mit all ihren Sachen über Bord gegangen sein. Ilse hatte eine Freundin eingeweiht, die Christine dann einen vorbereiteten Abschiedsbrief gab. Christine ist bis heute nicht darüber hinweggekommen.

Menschen in Anspruch nehmen muss, dessen Verhalten sie moralisch völlig verurteilt!)

Nein, das Traurige ist, dass Ottis Gegenwart stets wie ein Alb auf
mir lastet und mich seelisch verdunkelt. Ist sie nicht dabei, geht es
gleich besser... Selbst aussergewöhnliche Situationen büssen durch
Ottis Anwesenheit ihren Wert für mich ein... Ich stellte letztes Wochenende bei Wasmuths und Schleiermachers und auch mit Deneke
fest... Ottis Art, anderen Menschen ihre Meinung (auch über mich)
zu sagen stört mich so stark, dass es mir an der Möglichkeit mangelt,
mich im Gespräch oder im Benehmen frei zu entfalten. Höchstens
wenn ich etwas Wein getrunken habe, dann gewinne ich meine innere Unabhängigkeit und Unbefangenheit wieder. Dass ich mich nicht
zur Wehr setze ist freilich schlimm, umso schlimmer, als es ein Zeichen meiner mangelnden Anteilnahme (Liebe?) ist. Wenn Du in
Deinem letzten Brief darauf aufmerksam machst, dass auch Otti es
nicht leicht habe, so hast du völlig recht. Oberdrein ist mir stets bewusst, dass sie schon eine Frau von Format ist. Aber was hilft das
alles, wenn ganz einfach der Kontakt und die Wärme fehlen und wir
beide uns mit mehr oder weniger Anstand eben nur ertragen? Das
ist doch kein „Leben", weder für sie noch für mich...

Puh, was für ein Brief, immer das alte Klagelied, aber die positive
Kehrseite der Medaille ist die unaufhörliche Sehnsucht nach Dir und
darüber bin ich ja doch unendlich glücklich. Ich zähle die Wochen
und Tage bis zu unserem Wiedersehen. Schade nur, dass das Janelein
nicht dabei sein wird... Mein Herz, grüss alle und lass Dich küssen.
Dein Karl"

25.6.51 Ruth an Karl (4 Seiten): „Liebster Mann! Ich stehe etwas
bedrückt vor Deinen Zeilen vom 22.6. Deine innere Einsamkeit tut

mir weh. Aber es tut mir auch gut, dass Du Dich so offen ausschüt-
test. – Was mir bei Deinen Schilderungen immer deutlicher wird ist
die Erkenntnis, wie unruhevoll und immer nach außen greifen müs-
send Otti ist. An den Tatsachen, so wie sie geworden sind, ist nichts
mehr zu ändern. Sie müssen „mit Anstand" durchgehalten werden.
Das klingt hart u. ich weiss wie schwer das ist, wenn ausserdem viel
Arbeit und entsprechende Abgespanntheit dazukommen. Aber es
kommen dann auch wieder leichtere Tage, Karl, u. dass ich immer
für Dich da bin, das weisst Du. Ein schwacher Trost, ach ich weiss.
Meiner Meinung nach ist es ein Irrtum, wenn Du meinst, alles
könnte besser sein durch die Anwesenheit eurer Kinder. Euer jetziges
Arrangement ist ja auch deshalb getroffen worden, um die ständigen
Reibereien, die bei der Erziehung der Kinder zwischen Otti u. Dir
entstehen, zu bannen… Ich habe eine grenzenlose Scheu vor dem
Hineinmischen bekommen. All das soll Dir nur zeigen, wie sehr ich
mit Dir fühle. – Auch ich möchte nur noch meinen Kopf an Deine
Schulter legen u. nicht mehr schreiben müssen heute Abend.
Bärbel sieht schlecht aus und macht mir Sorge. Ich schätze, es sind
die fehlenden Vitamine. (Ich könnte Dir jetzt etwas über Hans vor-
klagen. Deine Argumente treffen nicht zu. Interesse für die Kinder
ist vorhanden, aber am falschen Platze, immer nach aussen auf Wir-
kung hinzielend, aber lassen wir das) Das Janelein müsste viel mehr
draußen sein, im Haushalt stimmt's hinten u. vorne nicht, die Aus-
rüstung der Kinder für die Reise macht mir viel Kopfzerbrechen u.
meinen nervlichen und physischen Kräften sind dauernd Grenzen
gesetzt.
Am Donnerstag wollte ich dem allen mal entfliehen u. ging im
„Körting-Kreis" auf eine kleine Tanzerei. Doch ab 11h schaute ich
missmutig immer wieder auf die Uhr u. fand das alles sehr fade u.

langweilig. Dazu überfiel mich eine grenzenlose Sehnsucht nach Dir. Was kann man in einem Haufen von Menschen einsam u. allein sein! Die Nachhausefahrt mit dem Rad durch die stille Sommernacht mit dem strahlenden Vollmond u. den zirpenden Grillen hat mich dann etwas entschädigt.

Jetzt sage ich mit Dir: Was für ein Brief! Donnerwetter nochmal. Wir haben uns lieb, wir haben ein Kind (und was für eins!), wir sind sonst gesund und in 6 Wochen werden wir beisammen sein... Du, wenn Du nicht dafür sorgst, dass wir zu einem richtigen Leben kommen und nicht jeder allein sich vor sich hin quälen muss, dann lass Dich, Du weisst schon... Lass Dich küssen von Deiner schrecklich gestöhnt habenden Ruth."

27.6.51 Karl an Ruth: *„Du liebes, liebes Herz Du, Deinen Brief habe ich eben zum dritten Mal gelesen, - ich kann gar nicht genug bekommen, denke dauernd an Dich, sehne mich grenzenlos nach Dir. Bei so alten Leuten wie wir, die schon so lange in innigster Gemeinschaft sich angehören und so viel Schweres durchgemacht (und sich angetan) haben, - gerade in dem Versuch, sich voneinander zu lösen! Ach, Ruth, - ich hab's längst aufgegeben, noch weiter nachzuforschen, für mich bist Du die Frau, meine Frau (und ich bin Dein Mann) und wenn wir nicht beieinander sind, bin ich unvollständig und krank, weil mit etwas fehlt – das Beste, – Du! Das ist ja auch der Grund, weshalb ich es hier manchmal nicht mehr aushalten zu können meine und die Unzulänglichkeit meines Daseins so viel schmerzlicher spüre als in der Zeit meiner „Ungebundenheit", als ich noch in Godesberg wohnte. Da sitze ich nun in dieser netten Wohnung, die nur leidlich eingerichtet ist, und denke, wie nett wäre sie erst unter Deiner sorgenden Hand. Der Rahmen ist wieder ge-*

schaffen, aber das Bild, das es nach meiner Hoffnung umschließen sollte, ein wenigstens im Kern vorhandenes Familienleben, fehlt nach wie vor. Otti und ich werden uns in der warmen, menschlichen, - mein Gott ja - in der erotischen Liebe nie mehr begegnen, mag unser Verhältnis auch letztlich unzerstörbar und von einer anderen Liebe getragen sein, so wenig diese im Alltag zu spüren ist. Aber ich bin noch zu jung, als dass ich auf jene Liebe, diese Sonne des Alltags. verzichten könnte…

Am Montag war ich mit Deneke per „Fritzchen" in Aachen, wo ich eine besonders gelungene Vorlesung hielt. Der Rückweg führte uns über… Altenahr, wo wir das eben einkassierte Vorlesungshonorar trotz sonstiger Pleite in Forelle und Ahrwein umsetzten...

Morgen bin ich wieder bei Adenauer zum Tee und Samstag nehme ich an der Einweihung der wiedererbauten Universität teil… Samstag in 6 Wochen kommst Du, alles andere ist unwichtig. Lass Dich und unser Janelein küssen, Dein Altes Besteck"

30.6.51 Ruth an Karl: „Liebes, geliebtes Herze! Schnell in einer kurzen halben Stunde habe ich mich in mein Zimmer eingeschlossen, um Dir für Deinen lieben Brief zu danken. Eben sind wir aus Grassau zurückgekommen, wo ich den Kindern Sandalen kaufte, gleich geht die Baderei an, bei der mir meine Schwägerin Lieselotte helfen wird.

Ich kann Dir gar nicht sagen, wie ich mich über Deine liebevollen Gedanken gefreut habe. Ach, mir geht es genau so, dass ich mich immer unvollständig fühle ohne Dich. Gewiss ist das im Hinblick auf mich allein besser geworden als früher. Ich will u. kann schon allein, aber mit wieviel Sehnsucht nach einem warmen Herzen, an das man sich mal lehnen kann. Und nur in Deinem Herzen fühle ich mich ganz zuhause u. geborgen.

Sag mal, hast Du Deine Fahrprüfung schon gemacht? Trink nur nicht zu viel, schrecklich, jetzt muss ich mich schon wieder sorgen um Dich.

Sag mal, wie soll ich vor Babs verheimlichen, dass ich am 11.8. nach Bonn fahre? Sie direkt belügen? Und wenn Post an Mum von mir aus Bonn kommt? Ich finde das – nimm's mir nicht übel – übertrieben. Seit Dienstag sind Lieselotte und Gerd da. Sie ist ein goldiger Kerl und steht Mum zur Seite, wo sie nur kann. Ich finde meine Blusen abends gebügelt, oder Strümpfe gestopft vor. Liebes, ach wären die 6 Wochen um! Im Büro bin ich täglich 12 Stunden – es langt.- Lass Dich fest umarmen und küssen v. D. Ruth."

5 Ordnungsbedürfnis

1.7.51 Karl an Ruth aus Pfaffendorf: *„Meine liebste Ruth-Frau… Gestern um 11 Uhr fand anlässlich der Einweihung des wiederaufgebauten Universitätsflügels eine schöne akademische Feier statt, an der ich als Ehrengast unter lauter fremden Magnifizenzen, Exzellenzen, Bundespräsidenten, Ministern usw. teilnahm. Dann holte mich ein Wagen ab, mit dem ich nach Maria Laach gefahren wurde, um mich an einem Betriebsausflug der Bonner Filiale meines Hamburger Verlags zu beteiligen… An der Mosel assen wir in Kobern Aal und Hecht in vollendeter Zubereitung und liessen ihn in gutem Mosel schwimmen. Dass ich auf der Rückfahrt über Koblenz die Gelegenheit zur Einlegung eines Erholungstages bei Mutter und Schwester benutzte, wirst Du sicher begreifen… Ich bin glücklich und dankbar,* *in Hedel eine verständnisvolle Seele zu haben, die an meinem Leben innigsten Anteil nimmt... Mein Herz ist, je näher wir dem August rücken, voller Ungeduld; nicht nur in Erwartung des Wiedersehens, sondern in der Sehnsucht nach dem <u>Leben</u> mit dir. Ich bin übrigens auch entschlossen, wenn es mir geboten erscheint, meinen Jungs reinen Wein einzuschenken. Um die Atmosphäre dafür zu schaffen, will ich sie in meinem Zimmer schlafen lassen, damit wir abends zwanglos miteinander reden können...*

Schluss für heute, mein Herz! Hedel lässt grüßen und ich nehm Dich in den Arm, dass Du schreist! Dein A.B.(-arbar)"

4.7.51 Karl an Ruth aus Bonn „*Mein liebes. liebes Herz, zwar feierst Du erst am Samstag Deinen Geburtstag, doch ich schreibe Dir heute schon, weil ich nicht weiß, ob ich morgen dazu Zeit finden werde... Du weisst, dass Dir nicht nur zum Geburtstag meine innigsten Wünsche gelten, und dass ich Dich liebe, wie keine andere Frau. Du bist eben <u>die</u> Frau für mich, <u>meine</u> Frau... Vorgestern Abend kam es wieder zu einem Konflikt mit Otti, als sich die Meinungsverschiedenheiten, wie üblich, an den Finanzüberlegungen für den neuen Monat entzündeten. Und bei dieser Gelegenheit sagte ich ihr, dass ich die Art unseres Ehe- und Familienlebens auf Dauer nicht ertragen könne. Ich habe nicht die Kraft, und es widerspricht meinem Ordnungsbedürfnis, als verheirateter Junggeselle zu leben, eine Kulisse hinzusetzen, hinter der sich eine ganz andere Wirklichkeit verbirgt, und in Gegenwart meiner „Frau" mit der Frau meines Herzens zu leben, oder zuzusehen, dass Otti den Mann empfängt, der sie liebt und den sie liebt. Das kann ich nicht; ich muss aus diesen unklaren Verhältnissen hinaus, an denen ich auf die Dauer ersticken würde. – Unser Experiment ist also gründlich gescheitert. Dass*

185

*ich es überhaupt begonnen habe, war nur geschehen, um wirklich
alles zur Wiederherstellung der vorhandenen Familie zu tun... Nach
der Erklärung empfand ich zwar eine tiefe Traurigkeit, doch zu
gleich auch die Möglichkeit eines neuen, herzlichen Verhältnisses zu
Otti. Aber heute war sie so starr, so hart, dass ich mich wie ein
Fremder zu ihr sprechen hörte, mit scharfer Stimme und kaltem
Herzen, obwohl im tiefsten Innern Schmerz und Trauer wohnen.
Das alles ist schrecklich und vor der Begegnung mit den Kindern
graut mir. Möge es doch bald eine gute, für alle tragbare und för-
dernde Lösung geben. Wir werden über sehr ernste Fragen zu sprechen haben, Ruth, wenn Du kommst, deren Beantwortung in hohem
Maße von dir abhängt[99]...
Meinen Führerschein habe ich noch nicht, obwohl ich ihn schon vor
vier Wochen beantragt habe. Ich muss ihn in diesen Tagen unbedingt reklamieren, denn so lange er mir fehlt, riskiere ich nur kurze
Gelegenheitsfahrten. Deneke muss dauernd meinen Fahrer spielen...
Wie magst Du Deinen Geburtstag feiern, meine Liebe? Werden Dir
die Kinder wohl ein wenig Ruhe und Erholung gönnen? Ach Gott,–
hoffentlich können wir bald <u>zusammen</u> immer wieder Kraft und
Trost finden, – nicht nur im Urlaub! Aber <u>auch dann</u>, und darauf
freue ich mich aus tiefstem Herzen. Grüss alle, Dir und Janelein
einen innigen Kuss. Dein Karl"*

5.7.51 Otti an Ruth aus Bonn: *„Liebe Ruth, Zu deinem Geburtstag
wünsche ich Dir von Herzen alles Gute Das ist so eine übliche Phrase, aber ich hoffe Du weisst, dass ich es nicht nur als Phrase meine...
Ich bin mir ständig bewusst, wie zentral es für uns beide ist, dass*

---

[99] Auf diese Ankündigung bezieht sich Ruths datumsloser Text, den sie in den Sommerferien im August 51 schrieb.

wir ein gutes Verhältnis zueinander bewahren. Alles Komplizierte und Schmerzliche, alle lösbaren und unlösbaren Probleme, die uns verbinden und die uns noch bevorstehen mögen, sind überhaupt nur tragbar, wenn Du und ich „im Guten" miteinander bleiben…

Ich bin geldlich sehr arm nachdem ich mir gestern endlich zwei Kleider und eine Bluse kaufte von den 100 Mr., die ich zu Karls Entsetzen monatlich von meinem Gehalt zurückbehalte, nachdem ich monatelang versuchte, auch _meine_ Kleidung aufs gemeinsame Budget zu setzen, was aber nie möglich war, und ich nun endlich aus Rücksicht auf meine Mitmenschen meine kurzbevorstehende Blösse bedecken musste… Was den August betrifft, sehe ich's noch kommen, dass auch meine Erholung kein Platz auf dem Budget findet. Ich versuche, dass ich noch bei Deinem Kommen hier bin und ein oder zwei Tage Dich sehe und Dir ein wenig im Haus Bescheid sagen kann. Ich freu mich sehr, Dich wiederzusehen. Sei von Herzen gegrüßt von Deiner Otti"

5.7.51 Ruth an Karl aus M'stein: *„Mein Herzlieb! Deine Zeilen aus Pfaffendorf haben mich mal wieder sehr beglückt… Es gibt einen durchgehenden Zug von Übersee nach Bonn. Das würde bedeuten, dass ich – wenn ich es schaffe – schon am 11.8. bei Dir sein kann.*

Ich bin so urlaubsreif wie fast noch nie u. muss dann erst mal schlafen, schlafen u. nochmal schlafen können. Deine Idee, die Jungs bei Dir schlafen zu lassen, finde ich gut. Karl, es wird trotz allem nicht leicht für Dich sein. Ich glaube daran, dass sich für _alle_ letztes Endes Vorteile ergeben werden, wenn du die Kraft aufbringst, das jetzt durchzustehen. Hast Du denn schon mal mit Otti gesprochen?

Die Fahrt am letzten Sonntag zum Schliersee, über Tegernsee nach Bad Wissee war wunderschön… Nächsten Sonntag ist mit den Kört-

ing-Leuten grosses Sommerfest in Grassau. Aber ich habe es satt, so ohne Dich auf solche Feste zu gehen. Das ist dann meist fad u. ich komme mir völlig fehl am Platz vor. Mit Dir mal wieder ausgelassen sein u. nach Herzenslust tanzen, das möchte ich schrecklich gern... Heute habe ich noch Singabend mit Anny gehabt. Wir singen alle 2-3 Wochen einiges aus der „Gesellige Zeit". Ich bin so ausgehungert nach Dir. – Dass Du von „den Kindern" schreibst, nämlich meinen, hat mich besonders gefreut, – ach ja, auch da gibt es noch manches, was wir besprechen müssen...

Könntest Du doch hier sein! Es ist seit 4 Jahren das erste Mal, dass ich ohne Dich feiern muss... Und nun sei innig geküsst u. umarmt von Deiner müden Ruth-Frau "

7.7.51 Karl an Ruth aus Bonn: „*Meine Ruth, - heute ist Dein Geburtstag, an dem meine Gedanken immer wieder zu Dir und unserem geliebten Marquartstein wandern. Ja, Du hast recht: Seit vielen Jahren ist es das erste Mal, dass Du diesen Tag ohne mich feierst,– und füge hinzu: und, so Gott will, auch das letzte Mal! Eine ganz kleine Ausnahme bildet ja das das Jahr 1949; da kamst du nämlich zwei Tage <u>nach</u> Deinem Geburtstag in Aachen an. Und 1950 war tags zuvor die Scheidungsverhandlung in Essen, auf die die so seltsam unklaren Tage in Godesberg und Bonn folgten. Aber meine Wünsche gehen noch weiter, dass Du im nächstens Jahr Deinen Geburtstag als meine Frau in Bonn begehen kannst!*
Inzwischen weisst Du, dass ich mit Otti gesprochen habe. Die erste schlimme Stimmung ist einer freundlichen Atmosphäre gewichen. Es schmerzt mich, dass ausgerechnet mein Geburtstagsbrief aus innerer Not heraus geschrieben werden musste. Gottlob ist das nun vorbei. Wir haben heute Abend bei herrlichem Sommerwetter einen

zweistündigen Spaziergang über den Venusberg gemacht und dabei
sehr sachlich und wohlwollend über alle Probleme gesprochen, die es
bei so großen Veränderungen zu lösen gibt...
Für die Jungs habe ich schon gute Unterkünfte ausgemacht: bei ei-
nem Vetter von mir in Hameln und bei einer Bekannten, die auf Juist
ein Kinderheim leitet. Ach, Ruth, hoffentlich klappt alles so und wird
so schön, wie wir es uns wünschen. Wir werden bestimmt auch mit
bescheidenen Mitteln unendlich glücklich sein können, wenn wir
uns haben!... Lass Dich umarmen von Deinem Karl"

8.7.51 Ruth an Karl aus M'stein (4 Seiten): *„Liebster Mann...*
Dein Brief vom 4.7. hat mich tief bewegt... Hoffentlich hast Du in-
zwischen Gelegenheit gefunden, mit Otti ruhigen Herzens reden zu
können... Ihr beide lauft ja in die Gefahr hinein, euch das Letzte
eurer Beziehung zu zerschlagen und das wäre eurer Kinder wegen
ganz entsetzlich... es muss in Ruhe und Frieden eine klare Lösung
gefunden werden, die mit dazu beiträgt, wieder ein herzliches Ver-
hältnis zwischen Euch herzustellen.
Mein Karl, vergiss bei alledem nicht, dass Du es vor 2 Jahren warst,
der sich an Otti klammerte und keinen anderen Weg gehen konnte.
Sie brachte damals das größere Opfer als Du und ging mit den Wor-
ten hier fort: „Mir ist, als wenn ich in die Verbannung gehen muss!"
Eure Situation ist einfach nur tragisch u. jeder leidet u. hat das Beste
gewollt, es gehört kein böses Wort hinein.
Liebes, Du nimmst es mir nicht übel, dass ich so offen bin. Ein Neues
kann in unserem Fall nur aufgebaut werden, wenn Otti u. Du euch
im Innersten das bewahrt, was Dank einer langen Ehe u. der Kinder
nicht zu trennen ist. Nur in dem Bewusstsein, dass dieses bleibt,
könnte ich einmal ruhigen Herzens Deine Frau werden... Ja, wir

wollen alle 3 darüber sprechen im August. In Bezug auf uns beide
möchte ich Dir heute schon ans Herz legen, dass ich nicht gewillt
bin, Zwischen- u. Kompromisslösungen einzugehen. Wenn es sich
ergibt, so sag dies bitte auch Otti. Ich fühle mich Dir mit allem was
ich bin u. habe zugeordnet u. angehörig, jegliche Kulisse würde sich
nur nachteilig auf unser aller Verhältnis auswirken. Du weisst, dass
ich mir nichts sehnlicher wünsche, als dass Du innerlich geborgen,
froh u. ruhig leben kannst. Du musst jetzt die Kraft haben, dies nicht
nur Dir, sondern uns allen zu schaffen. Otti hat immer die starke
Verantwortung gefühlt, Dich mitzutragen, Dich nicht allein lassen
zu dürfen. Sie muss spüren können, dass Du wirklich für Dich allein
stehen kannst…

Die Möbel: Natürlich: Nur her damit. Zuerst war ich etwas ent-
täuscht, dass sie noch her sollen. Aber ich begreife schon. – Herzele,
nun muss Schluss sein. Ich bin müde! Ganz neu, gelt? Ich hab Dich
sehr lieb und sag Dir für heute gute Nacht! Deine, Deine Ruth.
9.7. morgens: Otti hat mir sehr lieb zum Geb. geschrieben, das hat
mich beruhigt. Sag, kann ich nicht bei Dir schlafen im August?
Mich geniert die Ilse ein bissl, wenn ich so irgendwann nachts die
Treppe rauf muss. Und in den ersten Tagen Otti, ganz abgesehen
davon, dass es in diesen Tagen gerade ernste Gespräche geben wird,
die zwischen uns beiden in einer ruhigen Atmosphäre stattfinden
können, wenn ich weiss, ich muss nicht noch rauf. Doch kein Kopf-
zerbrechen, es geht auch anders."

13.7.51 Karl an Ruth aus Bonn: *„Lass Dir ganz herzlich danken*
für Deinen Brief vom 8.7. Im Moment geht es zwischen Otti und
mir besonders gut. Man könnte meinen, die geschaffene Klarheit
hätte alle Spannungen gelöst, die unser Leben einfach unerträglich

machten. Ich bin froh darüber und bemühe mich um Behutsamkeit,
damit diese Ausgeglichenheit nicht gestört werde. Dennoch lasse ich
mich nicht darüber hinwegtäuschen, dass es noch viele Schwierigkei-
ten zu überwinden gibt... Du brauchst Dir übrigens keine Gedanken
um die „Technik" Deines Hierseins zu machen. Auch ich habe den
Wunsch, dass Du in meinem Zimmer schläfst, wir werden das schon
arrangieren. Eine Erleichterung bedeutet auch, dass Hans Christine
[100] gleichfalls nach Gelsenkirchen nehmen will, was ich wirklich rüh-
rend finde. (Übrigens wird er morgen wohl hier aufkreuzen!)
Liebes Herz, halt Dich wacker, auf dass Du nicht als völlige Leiche
hier ankommst. Ich bin wahrlich schon tot genug. Die Woche war
ausserordentlich strapaziös mit endlosen Bundestagssitzungen, poli-
tischer Hochspannung, Pressekonferenzen und – meine Fahrprü-
fung. Wenigstens habe ich jetzt den Führerschein... Ich kann genug,
um mit Dir in die Eifel zu fahren. Nächste Woche wollen wir per
Wagen meinen Bruder[101] in Bergneustadt besuchen. Die Möbel bitte
ich Otti gegenüber nicht zu erwähnen. Aber schreib mir bitte, wenn
sie angekommen sind, ob Du sie haben möchtest und welche Ausla-
gen Du für Transport und Reparatur hast. Grüsse Mum und die

---

[100] Gerlinde kennt Christine seither gut. Sie erzählt am 19.5.17 folgendes Kuriosum: „Ich wurde in Kronstadt in Rumänien geboren. Unsere Nachbarin war Elisabeth, älter als ich, mit meiner Mutter befreundet. Als Christine von einem Familientag der von Beckeraths zurückkam, erzählte sie, nun habe sie die 3. Ehefrau ihres Vaters Alfred von Beckerath kennengelernt. Es war jene Elisabeth aus Kronstadt, die sich an die kleine Gerlinde Hauck erinnerte. Mit dieser Elisabeth von Beckerath verband Christine eine enge Beziehung. Christine nahm die alte Dame im Alter zu sich, aber sie verstarb bald. Nun kaufte Christine in Kempten ein Haus, in dem oben Freunde von Tochter Alma wohnen. Christine hütet deren Kinder, unten wohnt sie. All das ging nur, weil sie die Hälfte des Falkenseehauses erbte, das über Heinrich Kämper und seine Frau Elsbeth – unsere Großmutter – zu uns gekommen war."
[101] Pfarrer Klaus Lohmann, damals noch Eckenhagen, später Düsseldorf, dann Bad Godesberg.

Kinder sehr herzlich und lass Dich umarmen, liebe Frau, von Deinem Karl-Mann"

15.7.51 Ruth an Karl: *„Liebes, nun habe ich schon zwei Briefe zu beantworten!... Heute bin ich „Freifrau u. zu". B. und G. zogen in die Erdbeeren mit Silvia. Es war wieder Auszug der Kinder Israels! Mum und ich hatten alle Mühe, um die richtige „Toilette", genügend zu essen und zu trinken, das nötige Geld usw. für die beiden heranzuschaffen. Aber dann zogen sie beide frisch und süss aussehend selig von dannen und haben für heute Abend kalte Vanillesuppe bestellt, in die dann die „Berge von Erdbeeren" hinein sollen! Unsere Süsse sieht heute mit einem neuen Dirndl bekleidet, (Stoff aus alten Sachen von euch, genäht von Maria) besonders goldig aus. Sie hopste wie ein Floh in der Wohnung herum u. strahlte...*
Ich habe das Gefühl, dass mein Urlaub schon nächste Woche beginnt, wenn die beiden Grossen abgereist sind. Dann werde ich nach dem Dienst nach Staudach baden fahren...
Du kannst ganz beruhigt sein, die Möbel werden verschwiegen, Babs wird gesagt, ich hätte sie von Frau Kröhnke geschenkt bekommen...
Ich muss Dir gestehen, dass ich finanziell völlig am Ende bin, da ich für die Ausrüstung der Kinder meine letzten Pfennige ausgeben musste. Kannst Du wohl den Transport der Möbel ganz frei machen? Reparaturkosten haben dann ja Zeit... Ob sie mir gefallen, die Möbel? Ich denke schon und glaube heute schon sagen zu können, dass ich sie bestimmt behalten möchte, denn ich freue mich von Herzen über jedes eigene Stück... Ich werde im August als arme Kirchenmaus zu Dir kommen, denn einiges muss ich mir noch für die Reise zulegen, um für Bonn und Dich passabel auszusehen. Es wird dann mit Hilfe eines Vorschusses gerade noch die Reise rausprin-

gen, die ich dank meiner beantragten und genehmigten Flücht-lingsermäßigung sogar bis auf 50% ermäßigt bekomme. Auch die Kinder können jetzt gottlob so verbilligt reisen… Ich bin sehr froh, dass bei euch wieder Friede eingekehrt ist. Sag Otti bitte herzliche Grüße und Dank für ihren Geburtstagsbrief…

Im Vertrauen: Dass Christine nicht da sein wird, beruhigt mich doch sehr. Hans kommt morgen Abend. Ich lege mich jetzt – stinkfaul – in den Liegestuhl auf den Balkon. Um 15 Uhr nehme ich Christiane hoch u. gehe mit ihr spazieren. Du wirst jetzt in den Arm genommen und geküsst von Deiner Ruth"

19.7.51 Karl an Ruth aus Bonn: „Meine Ruth, heute wird Dein „Sonntagsbrief" schon am Donnerstag geschrieben, weil ich dienstli-chen Besuch erwarte. Am Mittwoch konnte ich meine Tante in Godesberg besuchen. Ein erholsamer Spaziergang – solo – am voll-mond-beschienenen Rhein entlang bildete den Höhepunkt der nächt-lichen Exkursion. Es war doll romantisch. Das Wasser strömte ruhig und erhaben dahin, die Lichter von Königswinter spiegelten sich darin und das nahe Siebengebirge bildete eine majestätische Kulisse im Hintergrund. Die Woche war überhaupt sehr abwechslungsreich, obwohl doch der Bundestag und der Kanzler bereits in die Ferien gegangen sind. Am Montag war ich in Aachen, das mich diesmal mit seinem „Heiligtum"-Rummel ziemlich degoutierte. Bis Ende des Monats werden dort täglich tausenden von Pilgern das Kleid der Maria, das Lendentuch Christi usw. gezeigt. Dazu hat man den ho-hen Klerus fast der ganzen Welt bemüht, und selbst die sonst so bankrotte Bundesbahn hat den zerstörten Hauptbahnhof pikfein wie-der hergerichtet! Dafür war es am Dienstag umso netter, als ich beim hiesigen Hamburger Bevollmächtigten eingeladen war, wo es *bei angenehmen Gesprächen die herrlichsten Dinge zu essen und zu trinken gab. Um die Wirkung des schweren Weins zu paralysieren, hatte ich leider zu viel Mokka getrunken – ich musste ja Auto fahren – sodass ich nachts um 3 noch schlaflos durch den „Garten" wanderte. Deneke ist in Hamburg, so bleibt alles auf mir hängen. Deshalb kann ich in der nächsten Woche auch nicht nach Berlin fliegen, wohin mich das Kaiser-Ministerium für 4 Tage eingeladen hat. So bleibt Lichtpunkt vorerst eine Autofahrt zu meinem jüngsten Bruder ins Bergische, die ich mit meinen Geschwistern[102] am Sonntag unternehmen will.*

Wie mag Dir jetzt das Haus vorkommen, nachdem Bärbel und Gisel es für ein paar Wochen verlassen haben! Hans war ja ein paar Stunden hier am Samstag um Christine abzuholen, doch gelang es niemandem, auch Ilse nicht, Kontakt zu ihm zu gewinnen. Wir waren ganz bestürzt und versuchten vergeblich den Grund zu erforschen. War er bei Dir denn auch so zurückhaltend? Überhaupt bin ich gespannt von der Begegnung zwischen euch beiden zu hören. – Sind die Möbel angekommen? Eventuelle Frachtkosten bitte ich Dich vorzulegen – Du bekommst sie sofort erstattet -; ich kann sie nicht selbst bezahlen, da die Möbel von Bielefeld aus geschickt werden… Ich wünsche Dir, Mum und dem Janelein einen recht geruhsamen Sonntag. Lass Dich küssen, mein Herz von Deinem Alten Besteck"

6   Dämon des Geldes?

22.7.51 Ruth an Karl: *„Mein liebes Herz!… Diese ganze Woche ist mir lang geworden ohne eine Zeile von Dir. Es ist mir zum Schluss*

---

[102] Hedel aus Koblenz, der Förster Gerd Lohmann aus Dietz, der Pfarrer Klaus Lohmann. Der Kaufmann Hanns Lohmann war sicher nicht dabei; er lebte in Brasilien.

doch masslos schwergefallen, die Kinder wegzugeben. Nun bin ich traurig u. empfinde die leere Wohnung bedrückend. Aber das ist es nicht alleine. Nach Hans' Erzählungen von seiner großen, hellen Wohnung sitzt mir einfach die würgende Angst im Herzen, wie sich B. und G. bei ihrer Wiederkehr in unseren dunklen, hässlich möblierten Zimmern zurechtfinden werden. Hans selbst äusserte sich – vorsichtig – über die Hässlichkeit der Möbel im Kinderzimmer. Was sollte ich dazu sagen?

Der Dämon des Geldes kam mir in diesen Tagen so recht zum Bewusstsein. Ich habe alles getan um den Kindern alles so schön wie möglich zu machen, aber seit der Abreise von ihnen, lässt mich das Gefühl nicht los, dass all meine Plage umsonst gewesen ist, dass die Macht des üppigen äußeren Lebens stärker ist als diese mütterliche Mühe. Ob das alles Unsinn ist? Ich weiss es heute Morgen nicht, es heult während des Schreibens einfach aus mir heraus, u. ich fühle mich sehr einsam.

Nach der ersten Begrüßung am Montag, die sehr kühl und fremd ausfiel, hat dann aber eine nette freundschaftliche Atmosphäre eingesetzt zwischen Hans und mir. Er war rührend bemüht, Mum u. mir Gutes anzutun. Wir hatten einige ganz gute Gespräche, die sich auf die Kinder bezogen, deren musikalische Ausbildung, evtl. Turnunterricht, also Geldfragen und viel über die Entwicklung der Beiden. Vor allem glaube ich, dass ich in Zukunft für die Ausbildung der Kinder etwas Geld von Hans zur Verfügung gestellt bekomme. An seinem guten Willen fehlt es nicht: Es war auch gut, dass er Anschauungsunterricht erhielt über das äußere Milieu seiner Kinder... Hans und ich sind sehr herzlich auseinandergegangen und ich hoffe, dass die Kluft, die nach der Scheidung entstand – auch durch seine zweite Heirat – nun etwas überbrückt ist.

Zwischendurch kam noch ein trauriger Brief von Gerd. Er hatte versucht, bei meinem Vater zu erreichen, dass Mum mehr Geld bekommt, da sie mit der Kleidung total abgerissen ist. (Sie besitzt noch 1 Paar schlechte Schuhe usw.) Die Bemühungen sind restlos gescheitert und mehr: Mein Vater stellt uns jetzt vor die Entscheidung, entweder Mum kommt zurück zu ihm, oder sie bleibt, um mir zu helfen, aber dann muss ich mich von Dir trennen. Nur bei Erfüllung einer dieser Forderungen ist er bereit, meine Mutter standesgemäß zu versorgen. Mum ist ganz grau im Gesicht und völlig niedergeschlagen, denn das bedeutet Zwang für sie und vor dem Zusammenleben mit meinem Vater graust ihr... Dass vorläufig nichts an all dem zu ändern ist, weiss ich gut... Nur im Moment ist es ein bisschen viel u. ich fühle mich sau elend. Aber das vergeht wieder. Mein ganzer Trost ist, dass ich in 3 Wochen bei Dir sein darf. Lass Dich umarmen von Deiner Ruth."

23.7.51 Ruth an Karl aus M'stein: *„Karl, Du bist schon ein dummes Stück. Ich kann die Fracht nicht vorlegen, da wir bis zum 31.7. noch 15.- im Hause haben. Wenn die Möbel morgen kommen sollten, kann ich sie nicht annehmen. Oh, Ihr Männer... Mir geht's wieder besser... Dein Brief ist übrigens auch so'n bisschen fremd. Es ist höchste Zeit, dass ich Dir mal wieder die Haare zurechtwurschtele. Kuss, Deine Ruth. "*

24.7.51 Ruth an Hans aus M'stein: *„Lieber Hans! Die Briefe von den Kindern haben mir viel Freude bereitet, vor allem ist die Sorge, wie Ihr übergekommen seid, behoben... Und nun noch etwas: Ich möchte auf keinen Fall haben, dass die Kinder schon jetzt etwas über Christiane erfahren. Bitte sage das auch vor allem Mutter ganz kate-*

gorisch. Das erfahren die Kinder von mir. Ich habe leider vergessen, mit Dir darüber nochmal zu sprechen.

Es ist doch nicht so leicht ohne die Bande, obgleich mir die Ruhe wirklich gut tut, und das merke ich schon jetzt. Hab nochmal Dank für alles Gute und sei herzlich gegrüsst von Deiner Ruth.‟

24.7.51 Karl an Ruth aus Bonn: „*Wie leid tut es mir, meine Ruth-Frau, dass ausgerechnet am vergangenen Sonntag, als Du besonders trostbedürftig warst, mein Brief Dich noch nicht erreicht hatte!... Nun gleichviel, – mindestens diese Zeilen sollen Dich entschädigen, mein Herz, indem sie Dir gleich sagen, dass ich mich in Sehnsucht nach dir verzehre und voller Ungeduld die Tage bis zu deinem Kommen zähle. Das Leben ohne dich empfinde ich nur noch als leeres Provisorium. Mein Herz kann nicht anders, obwohl der Kopf ihm sagt: Es gibt im Leben weder Provisorien noch restlose Erfüllung. Aber das Herz darf wohl zuweilen töricht sein, wenn es so voller Freude und Erwartung ist, wie meines jetzt. (Ich muss es gewaltsam im Zaune halten, schon weil der Kopf warnt, dass allzu hochgespannte Erwartungen leicht Enttäuschungen nach sich ziehen.) Wenn alles so geht, wie wir es planen, dann werden ja auch Deine Kinder in nicht zu langer Zeit in schönen, hellen Räumen leben können, in denen* Du *nur noch Frau und Mutter zu sein brauchst. (Auch wenn ich Dir ab und zu einmal etwas diktiere!?) Das kannst Du ihnen wirklich andenken, wenn sie nach ihrer Rückkehr aus G'kirchen wirklich „mosern‟ sollten. Freue Dich also von Herzen, dass sie jetzt gut untergebracht sind und geniesse bewusst die Ruhe. Was Deinen Vater angeht, so bitte ich Dich und Mum dringend, die Antwort auf sein Ultimatum so lange hinauszuziehen, bis Du hier bist und wir dieses Problem mit einem guten Anwalt besprochen* haben. Ich bin mir sicher, dass die Forderung deines Vaters nach Rückkehr Deiner Mutter unbillig und deshalb ungerechtfertigt ist – (von seiner Forderung nach unserer Trennung ganz zu schweigen)...

Ich habe den ganzen letzten Sonntag „geschwänzt", als ich meine Geschwister Hedel und Gerd in unserem „Fritzchen" zu den Pfarrersleuten ins schöne Bergische Land fuhr. Die Fahrt war sehr schön mit nie mehr als 50 km Geschwindigkeit auf hervorragenden Strassen und nur wenig Verkehr. Sodass selbst ich die Augen mehr in die Gegend schweifen als auf die Fahrbahn starren liess.

Am Samstag erwarten wir die Kinder hier, – wie mag das Wiedersehen sein? Diese jungen Vögel regen schon kräftig die Schwingen und kehren nur noch besuchsweise ins Nest zurück... Grüss Mum und das Janelein und behalte den Kopf hoch; denn bald umarmt Dich leibhaftig Dein Karl " am Rand: „Die Möbel sind bisher noch nicht abgegangen[103], doch soll das jetzt geschehen. Ich bin platt über diese Bummelei"

27.7.51 Karl an Ruth: „Mein liebes Herz, heute musst Du Dich mit diesen wenigen Zeilen begnügen, da ich mutterseelenallein im Büro sitze: Deneke und Frl. Oldag sind im Urlaub... Anbei 20 DM für die Möbelfracht...Otti schuftet wild, um das Häuschen für die morgige Ankunft der Kinder vorzubereiten. Bitte bestätige mir den Empfang des Geldes und behalte mich – trotz der Kargheit dieser Zeilen – lieb. Dein schrecklich alter Mann"

27.7.51 Ruth an Karl aus M'stein – (4 Seiten): „Du liebster Mann, Ich bin Dir von Herzen dankbar für Deine trostreichen Worte

---

[103] Die Möbel sollen aus Bielefeld geliefert werden.

198

vom Dienstag. Auch ich sage mir immer wieder, dass wir im alltäglichen Zusammenleben nicht um Spannungen herumkommen, doch wenn uns das Wissen umeinander, Geborgenheit und Aufgeschlossenheit füreinander bleibt, kann es immer wieder ganz erfüllte Zeiten u. Stunden geben. Ich glaube daran, weil wir uns nicht mehr die Illusionen machen wie vor Jahren. Gott gebe, dass wir in Glück u. Leid noch viele Jahre zusammen leben dürfen!...

Von den Beiden habe ich zwei goldige Briefe. Gisel schrieb den ersten Brief ihres Lebens, den ich aufheben werde...

Ganz froh bin ich über die noch nicht abgeschickten ~~Möbel~~. Nun wird es keine Katastrophe geben. Ich möchte Dich bitten, mir das Augustgeld ganz pünktlich zu schicken... Das Janelein ist goldig ausgeglichen und schläft viel mehr, weil das Giselchen nicht schon in aller Frühe herumflüstert. (Die braucht immer am wenigsten Schlaf von meinen 3en!) Abends singen wir jetzt fleissig u. wenn ich geendet habe sagt sie „Luss, Amen"...

Thema „mein Vater" wollen wir in aller Ruhe besprechen. Wir unternehmen vorerst gar nichts. Doch mein ganzes Sinnen und Trachten geht dahin, der guten Mum einen ruhigen Lebensabend zu verschaffen, das bin ich ihr einfach schuldig... Dass diese Zeilen Dir meine ganze Liebe bringen mögen, das wünscht sich Deine Ruth."

31.7. 51 Ruth an Karl: „Mein Liebes! Hab Dank für Deinen Sonntagsgruß nebst 20.- ... Nun ist Euer Haus voller Leben durch die Kinder. Konntest Du den Plan verwirklichen, die Jungs in Deinem Zimmer schlafen zu lassen?... So mein Liebes, noch 11 Tage, ich kann es manchmal kaum glauben, dass dann der ersehnte Tag da ist ... Ich fahre mit dem Zug tagsüber u. bin gegen ¾ 8 in Bonn. Lass

Dich küssen von Deiner Ruth-Frau. Ich habe protestiert, dass Maria
Dir ein Nachthemd richtet. Du trägst – bitte! – Schlafanzüge."

1.8.51 Karl an Ruth aus Bonn: *„Ich schreibe heute schon, mein*
liebes Herz, weil ich mich sehr plötzlich entschlossen habe, nach
Hamburg zu fahren. Die Reise ist notwendig geworden, weil das
Verhältnis zur „Rheinpfalz" immer wieder Schwierigkeiten macht,
die zu beheben ich auch in der nächsten Woche noch nach L'hafen
fahren muss. Es ist sehr bitter, immer wieder feststellen zu müssen,
dass es meist nicht darauf ankommt, wer recht hat, sondern wer
mehr Geld besitzt und am längeren Hebel sitzt... Na ja, allmählich
gewöhnt man sich daran, im Joch zu gehen und sich einspannen zu
lassen. Weshalb ärgere ich Dich mit solchen Betrachtungen? Bisher
bin ich ja immer wieder auf die Füße gefallen... Das Geld werde ich
Dir frühestens am Samstag überweisen können, vorausgesetzt, dass
dann die Gehalts- und Spesenzahlungen eingetroffen sind... Hab
Dank für Deinen lieben Brief vom 27.7. Wenn Du mir schreiben
willst, schreibe bitte an das Bundeshaus, Postfach 94. Unter dieser
Anschrift erreichen mich Deine Briefe schneller. Ich glaube, mir wäre
wohler, wenn ich mich jetzt in Deinen Arm legen könnte. In 1 ½
Wochen werde ich das nachholen können. Ach Ruth, behalte lieb
Deinen momentan nicht gerade besonders frohen Karl.
Die Kinder sind am 28.7. glücklich hier angekommen, wie ich meine,
in guter innerer und äußerer Verfassung. Christoph überragt mich
bereits u. auch Michael sieht prächtig aus."

4.8.51 Ruth an Karl aus Übersee (auf sehr kleinen Zettelchen):
„Liebes Herz, den Zug haben wir verpasst u. sitzen nun bei einem
Glase Bier. So musst Du Dir auf diesen kleinen Zetteln einen Brief

gefallen lassen. Ich wünsche Dir, dass die Unstimmigkeiten in Deinem Arbeitsbereich sich beheben lassen u. Du bald wieder obenauf bist – stimmungsmässig.

In 7 Tagen nehme ich Dich ganz fest in die Arme u. dann kannst Du allen Kummer ausschnaufen. Wie ich mich freue! Hoffentlich klappt alles mit dem Geld... Ich schreibe Dir gerne ins Bundeshaus. Du hattest mich aber Pfingsten gebeten, in die Luisenstrasse zu adressieren. Wenn die Möbel noch nicht abgegangen sind, so sollte man sie bis Sept. in Bielefeld stehen lassen, da dann Barbara weg ist. Dem Janelein geht's gut. Vielleicht gehen wir morgen wieder an den Chiemsee, sie ist ja so wassernärrisch. Nächste Woche wird's im Büro ruhig werden, da alle Herren in München auf der Elektromesse sind, auch Rettberg. Da geht's dann pünktlich nach Hause.

Mit Deinen Ausführungen hast Du mich an Rettberg erinnert, der – wenn wir verschiedener Meinung sind, sagt: „Seien Sie ruhig, ich habe immer recht, denn ich verdiene mehr als Sie." Dabei grinst er in seinen Augenwinkeln... Alles Liebe u. einen Kuss von Deiner Ruth." Auf einem Briefbogen ergänzt sie: *„Nun will ich doch noch einige Zeilen hinzufügen. Rettberg unterbreitete mir den Vorschlag, schon am Freitag nach München auf die Messe zu kommen, um dann abends noch in kleinem Kreise etwas auszugehen. Ich weiss noch nicht, ob ich das mache, auf jeden Fall aber fahre ich Sonnabend um 10:08 ab München... Für die 100.- herzlichen Dank. Hat ja fein funktioniert. – Ich geniesse es, wenn ich spät nachts von Maria heimkehre u. aus den Wiesen ein tolles Grillenkonzert erschallt. Dann kann es schon unbeschreiblich schön sein bei uns u. so viele liebe Erinnerungen tauchen dann auf. Schluss der Schwärmerei. Auf ein gutes u. frohes Wiedersehn, Liebes, Deine Ruth."*

8.8.51 Karl an Ruth aus Bonn: *„Liebste, ich schreibe Dir noch ein paar Zeilen, um Dir noch vor Deiner Ankunft zu sagen, wie sehr ich mich über Deine Zeilen vom 4.und 6.8 gefreut habe... Die Jungs wollen morgen starten. Die Kerls sind einfach prächtig und freuen sich mächtig auf ihre Fahrt. Otti beabsichtigt, nun doch schon am Samstag zu fahren. Ich kann also meiner Sehnsucht nach Dir ungehemmt freien Lauf lassen und Dich mit offenen Armen am Samstag Abend in Empfang nehmen als Dein dummer, alter, Dich aber trotzdem liebender Mann"*

Vom **11.8.51** an ist Ruth bei Karl in Bonn. Bärbel, Gisel und Christine sind in Gelsenkirchen-Wattenscheid.

Das Foto vom August 51 zeigt die ausquartierten Kinder, die eine unbeschwerte Zeit bei Gerlinde und Hans verbringen.

Vom **13., 15. und 21.8.51** gibt es 3 Briefe von Mum an Ruth. Jeder beginnt mit: *„Mein liebes Ruthchen!"* Hier ein paar Ausschnitte: *„Dein kleiner Liebling ist wohlauf. Heute Morgen ist Barbara schon um ½ 9 mit ihr losgezogen... Gestern Mittag Sonnenbad im Planschbecken auf dem Wohnzimmerbalkon. Nani strahlte. Soeben kommen die beiden zurück. Sie sind über das Kapellchen an* der Hochplatte nach Niedernfels und zurück gelaufen. Unsere Süße quietschfidel u. frisch, garnicht angestrengt. Hoffentlich bleibt das Wetter weiter günstig. Barbara möchte mit ihr an den Chiemsee…"

„Unser Janelein ist wohlauf. Die ersten Tage nach Deiner Abreise war sie recht unruhig. Ich glaube, sie hat Dich vermisst. Jetzt hat sie sich sehr an Barbara angeschlossen. Als ich gestern an Nani's Bett kam, hatte sie ihre nasse Hose in der Hand, roch daran u. sagte: ‚Tinkt. Pfui Teifi'. Gestern sind nun auch die Möbel gekommen. Gottlob brauchte ich nur 3.- Mark Anfuhrgeld zu bezahlen. Die Fracht war vom Absender bezahlt worden. Resi war ganz aufgeregt, sie konnte garnicht erwarten, bis ich die Sachen aus dem Lattenverschlag genommen hatte. Vorläufig steht alles auf der Tenne. Es wird noch allerhand daran zu richten geben… Mutter Kämper ist eine komische Nuß. Die Affenliebe zu ihrem Jungen, anders kann man das doch nicht nennen, läßt sie alles in falschem Licht sehen. Na laß ihr das Vergnügen. Hoffentlich bleibt ihr von ihrem Besuch verschont. Die Tage werden schnell genug herumgehen u. dann zieht wieder Leben in die Bude ein, wenn Du mit den beiden Großen nach Hause kommst. Wir werden Not haben, sie wieder an unsere bescheidenen Verhältnisse zu gewöhnen. Laß es Dir gut gehen, mein Ruthchen!"

„Nach dem Mittagessen nahm Janelein wieder ein Sonnenplanschbad auf dem Balkon u. begoß sich mit ihrer Gießkanne… Frau Schmidt taucht öfter mal auf u. schaut nach uns. Heute werdet Ihr auf der Eifelfahrt sein. Ich denke sehr viel an Dich! Kannst Du wohl schon etwas Geld mitbringen, sonst ist es in den letzten Tagen alle, alle. Grüße Dich, mein Ruthchen u. einen dicken, lieben Kuß vom Janelein u. Deiner Mum."

Kapitel 7

1 Ungelöste Fragen

Aus den Sommerferien im August 51 gibt es keine Briefe von Ruth und Karl, nur diesen mehrseitigen, mit Bleistift geschriebenen Text von Ruth, der Einblick in ihre Schwierigkeiten während der langersehnten gemeinsamen Zeit in Bonn gibt:

„Das, was mich gestern Abend beunruhigte war nur ein Symptom für tiefere u. gefährliche Dinge in der menschlichen Beziehung zwischen uns, da wo es um den wirklichen Kontakt geht, da wo es die wirkliche Klärung von Situationen betrifft. Die Frage nach Deinem Gespräch mit Birgit interessierte mich. Was Birgit äusserte ist mir sehr egal. Warum erzählst Du nicht einfach mal drauflos, über das, was Du gesagt hast in dieser neuen Situation. Das ist doch keine blosse Klatscherei…

Ich stelle mit Schrecken fest, wie sehr Du Dich zurückziehst, schweigst, nicht bis zum Grunde klärst. Das hinterlässt bei mir eine grenzenlose Unbefriedigtheit und Leere.

Sieh Dir mal das Gespräch von gestern Nachmittag an: Ich habe eine Frage an Dich gestellt, nämlich: soll nun geheiratet werden oder nicht. Du gingst – zunächst sehr richtig – davon aus: was gibt es für Schwierigkeiten, wie kann man sie meistern. Doch damit hatte es sein Bewenden, es blieb alles in der Luft hängen. Du fängst an zu schmusen, was ich wirklich von Herzen gern habe, doch was in solchen Momenten in mir die Ahnung aufkommen lässt, Du wollest Dich über eine letzte Stellungnahme hinwegschmusen. Du hast Angst vor der Entscheidung. Es fehlt mir der frische Mut, mit dem an diese Dinge herangegangen werden muss, es fehlt mir der Ab-

schluss einer immerhin nicht negativen Unterhaltung u. der hätte heißen können: Wir heiraten und nun hätte folgerichtig einiges aus Deinem Gespräch mit Otti über Zeitpunkt, äußere Gestaltung usw. folgen können, oder: für mein Gefühl sind wir noch nicht durchgestoßen, es gibt noch einiges zu bedenken, lass mich das nochmal beschlafen. Es gäbe auch ein Nein, aber dann könnte ich Dir den bitteren Vorwurf nicht ersparen: Warum hast Du die Dinge wieder so weit getrieben, um jetzt wieder zurückzuziehen. Die Schwierigkeiten liegen doch auf der Hand, sie sind tausendfach durchexerziert worden und wenn Du hinaus aus Alleinsein und Wärmeleere willst, um Dich und Deiner Leistungsfähigkeit wegen, die auch Deinen Kindern zugutekommt, so musst Du 1) auch zu Opfern bereit sein 2) selbst dem neuen Partner die menschliche Geborgenheit geben und 3) den Mut zum Neuen haben. Deine Wünsche auf ein geborgenes Heim gehen nur in Erfüllung, wenn Du selbst dazu beiträgst. Man sagt ja, es wird uns nichts geschenkt im Leben... Du beklagst ungenügende Wärmezufuhr. Diese Wärmezufuhr fällt Dir nicht nur in den Schoss. Du weißt, wie sehr ich als Frau die Möglichkeit habe, Dir ein Heim nach Deinen Vorstellungen zu schaffen. Aber ich werde leer und ausgepumpt, auch meine Reserven erschöpfen sich, wenn Du mir nicht tiefes, menschliches Vertrauen entgegenbringst. In der Erotik verstehen wir uns erprobterweise, aber das genügt mir nicht. Du darfst bei mir nicht das Gefühl aufkommen lassen, dass Du mich nur da brauchst, um verschnaufen zu können, denn dann wehrt sich der Mensch, Dein Kamerad, in mir.

Ich weiss, dass Du das bewusst auch nicht möchtest, aber ich mache Dich hier mit aller Deutlichkeit darauf aufmerksam, dass der Eindruck entsteht... Du neigst von Natur aus dazu, alle Menschen nur bis an die Schwelle Deines Inneren treten zu lassen, Du ziehst Dich *nur zu gern in Dich selbst zurück, weil es Dir schwer fällt, klare Entscheidungen zu treffen. Aus Angst vor ihnen lässt Du Deine nächste Umgebung in der Luft hängen. Und das ist ein Grund dafür, dass Otti in ihrer Vitalität und mit ihrem Temperament oft überaggressiv wird. Die Gefahr liegt bei mir kaum vor, ... aber Unklarheiten, so wie sie jetzt wieder auftreten, lasse auch ich mir nicht mehr zumuten von Dir. Du kannst mir ja ruhig auch Deine inneren Befürchtungen darlegen, es ergibt sich doch dann im Gespräch ein Für und Wider und oft eine Klärung. Es ist doch unmöglich, dass Du, wie es gestern Abend bei dem Möbelgespräch wieder geschah, alle Überlegungen abschüttelst, nur mit der Bemerkung, das hängt davon ab, wann Otti eine Wohnung findet, ob sie vielleicht möbl. ist. Ja zum Donnerwetter, erzähl doch mal von Deinem Gespräch mit Otti, das ist doch keine Indiskretion. Frag mich doch mal die Dinge, die Du in Deinen Briefen angedeutet hast: „Es gibt viele ernste Fragen, deren Beantwortung in hohem Maße von Dir abhängt". Welches sind denn nun die Pläne, die Du selbst hin und her bedacht hast – mein Gott rede doch mal, ich habe Dir doch die Brücken gebaut, ich kann doch nicht sagen: Ich heirate Dich!*

Die Panne mit den Jungens und unser anschließendes Gespräch über Christoph gaben... den doppelt starken Stempel von Unsicherheit – ja und dann kamst Du zu mir, um Deine eigene wunde, unsichere Seele in meinen Armen zu ersäufen. Leg doch statt dessen mal Deinen Kopf in meinen Schoss u. spuck Dich aus. Gewiss in Deinem Ringen um die Jungens bist Du allein und letzte Entscheidungen kannst nur Du treffen..."

Am Ende der Ferien bringt Gerlinde B. u. G. nach Bonn, übergibt sie Ruth und bleibt mit Karl auf dem Bahnsteig zurück.

Nach dem Abwinken fragt Karl Gerlinde, ob er sie zum Essen einladen dürfe. *„Ich bin ja noch von der alten Sorte – da hab ich ‚nein' gesagt"*, erzählte sie.

2 Heimweh

28/29.8.51 Ruth ist zurück aus Bonn und schreibt an Hans: *„nie abgeschickt. nachts 4 Uhr"* steht auf den 13 bleistiftgeschriebenen, fliegenden Zetteln.

„Nachdem die Bärbel aufgelöst und unglücklich endlich in meinen Armen eingeschlafen ist, liege ich wach. Mir will scheinen, als ob die Nächte der vergangenen schweren Jahre nicht so grauenhaft waren wie diese eine. Ich habe Deine Nüchternheit oft verdammt. Verzeih mir, wenn ich sie heute als starke Wand benutze, gegen die ich anrede… ich versuche mir auszumalen, dass es Dir nach dem Abschied von den Kindern auch nicht gerade leicht ums Herz ist. Doch ausgelöst wurden diese furchtbaren Stunden durch unser Kind – ich muss jetzt an <u>Dich</u> schreiben.

Unsere Ankunft löste einen ziemlichen Trubel aus, da Mum uns noch nicht erwartet hatte. Die Atmosphäre war dadurch nicht schön, ich abgehetzt vom Koffertragen und der langen Fahrt, die Kinder todmüde. Als Bärbel endlich lag, fing sie an, nach Gerlinde zu weinen. Mit wenigen Worten schilderte sie mir das Bild eurer abendlichen Gemeinsamkeit u. Familie, in der sie sich geborgen gefühlt hatte – und das sank wie ein Schwert in mein Herz. Als ich ihr sagte, dass wir doch auch flöten, singen u. lesen könnten u. das auch immer getan haben, sagte sie nur „Du bist ja doch nie da!" Ich hatte nur noch ein armseliges Herz im Arm u. wusste zunächst gar nicht was tun.

Ich will hier sagen, was ich denke. Haben wir recht gehandelt? Und <u>*wenn*</u> *du damals auf meine in letzter Stunde angebotene Hand ein-gegangen wärst, was hätte sich anders gestalten können?... Den Kindern eine Ehe vormachen, ihretwegen? Wie oft haben wir das besprochen und nein gesagt. Aber wer weiss, welche Schmerzen tie-fer sind, die gestrigen von Bärbel, die mit ausgelöst sind – wie ich aus mancherlei Bemerkungen entnehmen konnte – durch unsere hässliche Wohnung, die verwahrlosten Möbel usw. oder die, die sie einst durch die Einsicht in ein Schauspiel, das wohl obendrein auch noch oft missglückt wäre, hätte erleben müssen?*

Und dann ist da gleich das andere Bild: Bonn! Ein allmählich immer unglücklicherer Karl, der langsam seine innere Fröhlichkeit einbüsst, der diese Kulisse nicht mehr erträgt, dieses Leben, das den Kindern eine Illusion vorgaukelt, doch im Moment dieselben sehr „Nach-Hause-begierig" macht. Die Kinder wissen nicht, was sich in diesem „zu Hause" abspielt. Die Mutter empfängt oben den Mann, den sie liebt, der Vater tut ein gleiches, nicht weil er liebt, sondern weil er allein, einsam, sich selbst überlassen ist, ein ehelicher Junggeselle u. weil die Frau, die er liebt, weit fort ist u. nur Briefe einen Mann eben auch mal zu kurz kommen lassen. Alle paar Wochen gibt es Explosi-onen. Von seinen Kindern hat er sich jahrelang verdrängt gefühlt, durch die Mutter, die das nicht bewusst tat. Heute verlangen die beiden Jungen nach ihm als Kameraden. Er möchte geben u. helfen u. wärmen, er wollte sie sogar ganz zu sich nehmen, aber da wurde von der Mutter erklärt: „Wenn Du das tust, steige <u>*ich*</u> *aus!" Dabei blieb es.*

Aus dieser Situation fand Karl seit Ostern wieder zu mir, nachdem ich mir nach 1 ½ Jahren schweren Ringens endlich halbwegs meine Ruhe wieder erkämpft hatte und begonnen hatte e n d l i c h nicht mehr auf ihn zu warten. Ich war sehr skeptisch, wies alles von mir in Gedanken an die Pein der vergangenen Jahre. Aber die Briefe trafen mich als Frau wieder ins Mark. „Ich hoffe, dass Du im nächsten Jahr Deinen Geburtstag als meine Frau hier in Bonn verlebst", hiess es am 7.7. und so fort. Und heute schied Karl nach krisenreichen Tagen (wegen der Jungs, was ich völlig begreife) von mir mit dem Wort: „Ruth, zwischen uns ist nun alles klar, wir können ruhig auseinandergehen, da Du ja bald für immer kommst". Wird Karl durchhalten? Auch Barbara fängt jetzt von „Familie" u. „zu Hause" an... Aber vor allem: ist es richtig, was wir tun wollen, von der Sicht unserer Bärbel her? Was richte ich an bei den Lohmannkindern? Aber was wird aus Karl, — Christiane? Diesmal habe ich ihm angeboten abzureisen u. ich fühlte, dass er mich brauchte. Zum ersten Mal empfand ich Aufgabe, <u>nicht</u> nur Liebe, denn was es auch zwischen uns an Problemen zu lösen gibt, das weiss ich inzwischen. Ich habe sogar angefangen, all das nüchtern abzuwägen, meine Freiheit u. Selbständigkeit… auf der anderen Seite Anpassung in einer Ehe mit Karl.

Mich hat dabei natürlich auch der Gedanke an unsere Kinder gepackt. Ach, wenn auch sie etwas davon haben könnten, wenn ich immer zu Hause bin. Das ist ja mein stärkster Wunsch. Aber: kann ich das den anderen Kindern zumuten, muss ich nicht zurückstehen? Heute dachte ich zum ersten Mal, wenn doch finanziell alles so wäre, dass ich wenigstens nur halbtags zu arbeiten brauchte, aber wie das alles bewerkstelligen?

Ich weiss, dass ich jetzt büssen muss für meine Schuld, kein Scheidungsurteil spricht: schuldig, sondern eine andere Macht.

Karl liess ich einigermassen gelassen zurück; manchmal würgt mich die Angst, dass er nicht mehr herausfindet aus dem Dilemma, dass

er selbst mal Hand an sich legt. Und die so sachlich erscheinende
Otti macht es oft noch schlimmer mit ihren Tönen, die alles andere
als sachlich sind. Es ist ein Hexenkessel für Karl, gibt es überhaupt
noch ein Entrinnen...

30.8.51 Ruth an Karl aus M'stein: „*Liebes Herze,... schnell die*
Meldung, dass wir gut übergekommen sind. Ich schreibe morgen
ausführlicher. Es ist sehr viel auf mich eingestürmt, was ich aber zu
meistern gedenke. Ich bin sehr müde – 2 Nächte kaum Schlaf. Behalt'
den Kopf oben in den Auseinandersetzungen mit Otti u. den Kin-
dern, Deinetwegen mehr als meinetwegen. Pfüat Di, mein Karl, dei-
ne Ruth."

31.8.51 Karl an Ruth aus Bonn: „*Liebe Frau – wie mag es Dir*
ergangen sein, nach dem doch sehr plötzlichen Milieuwechsel. Gut,
dass Bärbel u. Gisel Dich gleich mit Beschlag belegten, obwohl die
Reise mit den beiden Quecksilbern Dich sicher auch fürchterlich
strapaziert hat. Ich bin gespannt, Einzelheiten von Dir zu hören.
Ich spürte zuerst sehr stark die Einsamkeit. Um ½6 kam Otti an.
Wir begegnen uns freundlich-distanziert, der Kontakt zwischen uns
ist gleich Null. Die Jungens trafen gestern Nachmittag ein und Bar-
bara erwarten wir am Montag. Ich wurde gleich nach Deiner Ab-
fahrt stark in Anspruch genommen, da Deneke ja lange allein war.
Dazu kam ein Hexenschuss. Seither krauche ich ziemlich jämmerlich
herum... Aber das alles hat mich nicht daran gehindert, schon wie-
der eine ziemliche journalistische Tätigkeit zu entfalten.
Gott, wie schön waren doch alles in allem die Tage unserer Stille und
Gemeinsamkeit! Wieviel durften wir doch gemeinsam erleben, woran
ich jetzt dankerfüllten Herzens zurückdenke. Das ist gut, denn die
kommenden Monate werden viele Belastungsproben bringen, private

und berufliche. *Manchmal wünsche ich, ein halbes Jahr weiter zu sein, in der Hoffnung, dann in etwas konsolidierteren Verhältnissen leben zu können. Aber der Mensch denkt und Gott lenkt. Und wie er es schickt, werden wir es doch nehmen müssen. „Denn uns ist gegeben an keiner Stätte zu ruh'n", heisst es bei Hölderlin.*

Morgen will ich mit den Jungs per Auto nach Koblenz fahren… Halt Dich wacker, liebes Herz, und schreib mir bald, wie es Dir geht und wie Du das Janelein angetroffen hast. Lass Dich küssen von Deinem Alten Besteck "

2.9.51 Ruth an Karl: *„Liebes, ich bin so froh über Deinen Brief, nach dem ich mich schon reichlich gesehnt hatte. Dass Du es wieder im Rücken hast, will mir gar nicht gefallen. Nach meiner Meinung sind das „rein psychische" Auswirkungen. Mein Gott, wenn Du nur schon alles hinter Dir hättest.*

Die Fahrt verlief angenehm… zu Hause gab es dann einige Pannen, die mir 2 schlaflose Nächte einbrachten. Ausgelöst wurde Bärbels Heimweh auch durch einen ziemlich ungemütlichen Empfang – Mum hatte sich im Datum geirrt – und den starken Milieuwechsel. Ich habe bald erfasst, woher der Schmerz wirklich kam und dass er echt war – übrigens nicht um Hans, sondern um Gerlinde – und wo er Formen annahm, die mir Rückschlüsse auf die 5 Wochen Wattenscheid gaben. Hans u. Gerlinde haben alles nur gut gemeint. Ich werde mich mit Hans darüber auseinandersetzen, wie man versuchen kann, die Dinge in Zukunft so zu schaukeln, dass der Übergang für die Kinder u. mich leichter wird, wobei wir uns darüber klar bleiben müssen, dass es echte Schmerzen immer zu überwinden geben wird…

Du, ich habe einen Gedanken, über den Du entscheiden musst. Ist es nicht Deinen Kindern, aber auch Otti gegenüber richtig, wenn sie im Häusel bleiben? Sieh mal, dort haben die Kinder nun doch schon Fuss gefasst innerlich, sie müssen sich doch verdrängt vorkommen, wenn wir dort bleiben. Und Otti bleibt auch vieles erspart. Außerdem ist das Häusel vielleicht doch billiger, als eine möblierte Wohnung für 4 Personen? Ich weiß, dass es Dir schwer fällt da rauszugehen. Aber ist es nicht auch gut, wenn wir auch darin einen neuen Anfang machen?...

Zu finanziellen Fragen. Du weisst, welche Einstellung ich habe: zunächst Sicherstellung der Ausbildung Deiner Kinder, ich bin im Hinblick darauf mit einem weiterhin bescheidenen Leben einverstanden. Aber im übrigen musst Du die Entscheidungsfreiheit über Dein Einkommen haben... Lass Dir danken für alles in unseren schönen, vergangenen Tagen u. sei innig geküsst von Deiner Ruth. "

5.9.51 Otti an Ruth: *„Liebe Ruth,... kurz und schlicht, ich möchte Dir sagen, dass ich weiß wie Dir zumute ist über Bärbels eigentümliche Reaktion. Auch hier sollte man nicht nach „Schuld" suchen. Ich bin überzeugt, dass Gerlinde von ihrem Standpunkt aus gar nichts falsch gemacht hat, aber die Umstände sind halt so, dass es für Dich bitter und schmerzlich ist. Dort eine normale, bürgerliche Atmosphäre, in der Kinder sich geborgen fühlen, und bei Dir Anormales auf Schritt und Tritt. Wie gut weiss ich, wie es einer Mutter zumute ist, wenn ihr alles über den Kopf wächst und sie nicht mehr imstande ist, ihren Kindern das zu bieten, was andere Leute ihnen bieten können. Dabei ist es dann kaum mehr wichtig, ob ein Stück des Versagens im eigenen Wesen liegt; im Gegenteil, eine Mutter, die* nicht hundertprozentig begabt ist als Mutter – braucht manchmal den Raum u. die Zeit u. die Musse, sich den Aufgaben zu widmen.

Verliere nicht den Mut, sei froh, dass Du in absehbarer Zeit das alles ändern kannst.

Gestern sprach ich mit Barbara wegen der Scheidung und sie nahm es gut auf und will nun von sich aus Karl sagen, dass sie es weiss und dass sie es gar nicht tragisch nimmt und dass sie gewiss ist, die Jungs werden nach dem ersten Schock es auch nicht tragisch nehmen.

Wenn ich die Andeutungen in Deinem Brief richtig verstehe, dann hat Karl wohl <u>wieder</u> Rückfälle gehabt, als die Jungens dachten herzukommen. Darum glaube ich, dass <u>das</u> doch der erste wichtige Schritt ist. Wenn die Jungs sozusagen ihr Einverständnis erklärt haben, dann erst wird Karl frei sein, die Sache aktiv zu betreiben... Dies ist ein ganz neuer Gedanke bei mir, sodass ich noch nicht weiß, ob wir es noch vor dem 10.9. zur Sprache bringen

Immerhin kann Dir auch ein Trost sein: dass die Ereignisse mit Bärbel vom Standpunkt der Gewinnung meiner Kinder für die Idee der Scheidung ein wahrer Segen sind. Denn an <u>so</u> etwas kann man ihnen klarmachen, wie anders die Frage „Familie" für so grosse Kinder aussieht als für kleine.

Auch danke ich Dir für Deinen Brief, und auch dafür, dass Du bei Gelegenheit mir geholfen hast, - wie Ilse erzählt. (z.B. Wirkung der Waldorfschule auf Michael). Auch darf ich Dir das Kompliment machen, dass Du Karl wieder wesentlich entkrampft hast. – In diesen ersten Tagen habe ich ihn zum ersten Mal wieder wirklich „menschlich" gefunden seit jener schweren Zeit in M'stein, von der ich ja immer behaupte, es ist die „menschlichste" Zeit seines Lebens gewesen.

Nun. Ich will, wenn auch nicht krampfhaft nun alles vorantreiben,
denn es ist noch ein weiter Weg im rein sachlichen. Und wenn wir
auf Karl warten, vergehen darüber 5 Jahre. Und vielleicht appelliere
ich dann doch mal an Dich, wenn ich denke, dieses oder jenes kannst
Du ihm besser deutlich machen, wenn wir es als Frauen ähnlich
sehen. Herzl. Grüsse, Deine Otti."

6.9.51 Barbara an Ruth aus Bonn: *„Meine liebe Ruth!... Mutter,*
die drei Jungens und ich machten eine herrliche Autofahrt an die
Ruhrtalsperre. Vater war so ein bißchen unglücklich die ganzen Ta-
ge, bis ich erfuhr, warum: die Scheidung lag ihm auf dem Herzen,
denn er hatte so Angst, es uns zu sagen. Nun – die Jungs wissen es
noch nicht, aber ich und ich sprach mit ihm, und versuchte ihm zu
erklären, dass es nicht mehr <u>so</u> schlimm für uns sein wird. Nun ist er
wieder fröhlicher, und davon haben die Jungs ja viel mehr jetzt.
Du brauchst auch keine Angst zu haben Ruth, dass dadurch etwas
zwischen uns beide käme, denn ich sehe es als Notwendigkeit, für die
du ja nicht kannst. Letzten Endes ist es überhaupt Schicksal und wir
kommen damit zurande, weil wir jung sind. Bald mehr – heute woll-
te ich Dir nur sagen, daß ich im Bilde bin. Viele liebe Grüße an
Großi, die Kinder und Nanie. Dir einen herzlichen Kuss von Deiner
Barbara"

7.9.51 Karl an Ruth aus Bonn: *„Mein Liebes, die Woche war wirk-*
lich sehr anstrengend, die Regel war ein Zwölfstundentag und
abends belegten mich die Kinder mit Beschlag...
Malchen Lottig war hier, die uns am Sonntag zur Fortsetzung des
Gesprächs ein zweites Mal besuchen wird. Und schliesslich ein

hochinteressanter Pressetee bei Adenauer. Ich verstehe mich gut mit Otti. Gottseidank! Ich umarme Dich innig als Dein oller Mann"

9.9.51. Ruth an Karl: „Karl, eben habe ich Deinen Brief gelesen. Du machst mich jetzt recht unglücklich mit diesen kargen Nachrichten. Ich bange <u>wirklich</u> darum, was sich bei Euch unsere Situation betreffend nun tut. Ach, ich weiss, Du hast schrecklich viel zu tun. Aber kannst Du mich auch verstehen? Mir ist immer, als wenn <u>nichts</u> fest ist, solange du nicht mit den Jungs gesprochen hast, warum geschieht denn das nicht? Es ist notwendig, dass Du mir aufschlussreiche Berichte gibst. Du weißt doch selbst, wie sehr man unter Unklarheiten leidet... Du verstehst hoffentlich u. besserst Dich! Ne, heute kriegst Du keinen Kuss! Deine Ruth. "

10.9.51 Ruth an Karl (4 Seiten): „Mein lieber alter Mann! Du fehlst mir heute Abend sehr. Da muss ich einfach mit Dir plaudern. Mein Gott! wieviel haben wir uns schon geschrieben! Und wie viele Briefe wird es noch geben. Heute empfand ich stark, wie bitter schwer mir das Leben ohne Dich erscheint. Aber was hilfts?
Da sind zunächst die 𝕶üchenmöbel. Es sind keine Prachtstücke u. man sollte solche Käufe nicht abschliessen, ohne die Sachen gesehen zu haben. Platz gibt es viel in den Schränken, aber schön sind sie nicht. Der Absender hat die Frachtkosten von 23.- bezahlt. Im Hinblick auf meine völlige Pleite, aus der ich mich erst in einigen Monaten wieder herauswinden kann – Winterholz, Kohle, Schulsachen für die Kinder – bitte ich Dich, mir die vorgeschossenen 20.- zu belassen, von denen ich dann die 𝕸öbel richten lasse...
Liebes, sei nicht böse über meine Zeilen von gestern. Es hätten ja auch Stichworte drinstehen können mit dem Hinweis auf baldige

Ausführlichkeit. Du hast es verdammt raus, einen auf die Folter zu spannen.

Von Otti bekam ich einen warmherzigen, verständnisvollen Brief, hauptsächlich wegen Bärbel und Gisel. Und über die liebevollen Zeilen, die Barbara mir zukommen liess, habe ich mich von Herzen gefreut.

Was macht Dein Artikel über die Gleichberechtigung, den Du schreiben wolltest? Sicher gehst Du nach wie vor schwanger damit bei der vielen Arbeit! Vergiss bei alledem nicht, dass es im Spätherbst sehr schön ist in M a r q u a r t s t e i n! Ich werde ab Okt. einen Stenokurs in Grassau abhalten für die Volkshochschule Traunstein. Wenn ich daran denke, wird mir ganz flau, aber ich brauche jeden Pfennig so nötig, dass ich mich dazu durchgerungen habe. –

Ich glaube, ich weiß jetzt, warum ich in der letzten Zeit so miserabel geschlafen habe. Ich kann den Neskaffee nicht vertragen. Seit wir nur noch Tee trinken, geht es besser – direkt zum Nachahmen!! Liebes Herz, jetzt muss ich mich von Dir trennen. Lass Dich küssen, liebster Mann, von Deiner Ruth."

3 Problempalette

14.9.51 Karl an Ruth (3 sehr eng beschriebene Seiten): *„Mein Herzlieb, – wenn es nach der Stärke meiner Sehnsucht nach Dir ginge, würdest Du jeden Abend einen Brief bekommen. Aber ich bin so fürchterlich eingedeckt mit Arbeit und Verpflichtungen, dass ich abends vorm Einschlafen gerade noch an Dich denken kann. Der Zustand unterscheidet sich gegen früher jedoch ganz wesentlich durch die völlige Freiheit von aller Beunruhigung um unser Problem, das ja eigentlich kein sachliches, sondern nur noch ein methodi-*

216

sches Problem ist. Nicht: <u>Was</u> soll ich tun? lautet die Frage, sondern „<u>wie</u>"? Über das was sind wir uns im Guten einig: Otti, Barbara und ich und auch Malchen Lottig (von Ilse und meinen Geschwistern ganz zu schweigen) hat ihren Segen zu unserer Absicht gegeben. Bloß die Jungens wissen noch nichts. Babs warnte vor einer forcierten Aussprache und empfahl auf eine günstige Gelegenheit zu warten. Die ergab sich nicht und so sind sie uneingeweiht nach Stuttgart gefahren...

Als M. Lottig uns zum zweiten Mal besuchte, brachte sie eine Skizze zu einem Vorschlag für die finanzielle Lösung des gordischen Knotens mit. Der Grundsatz lautet: Eine Situation wie die unsere, an der mindestens 4 Erwachsene und 6 Kinder beteiligt sind, kann prinzipiell nur dadurch gelöst werden, dass jede Massnahme in ihren Rückwirkungen auf die anderen gewertet wird und dass jeder Beteiligte Opfer bringt. Nun bist Du natürlich neugierig auf die Lösung dieses Universalrezepts. Aber ich muss Dich um Geduld bitten, bis Otti und ich Malchens Vorschlag in aller Ruhe durchgesprochen haben. Sobald wir selber die Überzeugung gewonnen haben, dass es so geht, schreibe ich Dir alles ganz genau. Wir müssen uns <u>alle</u> ja über die <u>Grundsätze</u> der Regelung einig sein, bevor diese – durch die Scheidung – getroffen werden kann.

Was die **Schränke** betrifft, so war ich mir natürlich des Risikos bewusst, eine Katze im Sack zu kaufen. Ich habe 75 DM und 23 DM für den Transport bezahlt. Bitte teile mir ganz offen mit, ob Du das zu teuer findest. (Es kommen ja noch die Reparaturkosten dazu.)

Du willst einen Stenokurs erteilen? Du hast wohl nicht genug zu tun! Liebes Herz, lass das um Gottes Willen; ich habe vor, Dir spätestens im Oktober 100 DM extra zu schicken. Ich hoffe nämlich von der „Tat" auch noch für Sept. honoriert zu werden. Auf jeden Fall

hat Zürich um weitere Beiträge gebeten. Auch der Artikel über die
Souveränität ist heute auf der ersten Seite erschienen! Wenn ich
doch nur die Vertretung für die „Tat" auf Dauer bekommen könnte!
Dann würde ich sofort die Arbeit für die deutschen Zeitungen auf-
geben. Das Verhältnis zur „Rheinpfalz" ist immer noch ungeklärt,
dort wird gegen mich intrigiert. Hinzukommt, dass auch die Bezie-
hungen zur Hamburger Redaktion nicht ungetrübt sind. Der dortige
Chefredakteur verlangt Unmögliches von uns: vollständige *Bericht-*
erstattung neben Glossen, Kommentaren und Artikeln, ohne zu be-
denken, dass uns ja nicht das Material auf den Tisch fliegt, sondern
von uns persönlich beigebracht werden muss. Deneke und ich sind
mächtig auf der Palme und warten auf die Gelegenheit, den Herren
sehr gründlich die Meinung zu sagen.

Ach Ruth, was ist das für ein Leben. Ich schreibe ja wirklich gerne an
Dich, aber lieber würde ich mir diese Arbeit sparen und die dafür
aufgewandte Zeit in Deinen Armen verbringen. Dass M'stein im
Okt. sehr schön sein kann, habe ich total vergessen und muss mich
deshalb wohl persönlich davon überzeugen. Wart nur! Also halt
Dich wacker und glaub mir, dass Dich herbeisehnt Dein alter Mann
My love to the whole family, particularly to the real part of it – called
Nanilein"

18.9.51 Ruth an Karl, aus dem Büro, (3 Seiten Schreibmaschine): *„Hoffentlich hast Du inzwischen mit Otti sprechen können…*
die Unterhaltung mit Frau Lottig mag sehr wertvoll gewesen sein.
Ich hoffe, bald wieder von Dir zu hören besonders interessiert mich
dabei, wie Ihr über eine Aussprache mit Hans denkt, der ja auch mit
daran beteiligt ist. Ich bin mir nicht darüber klar, ob ich allein mit

ihm sprechen soll wegen der zukünftigen Geldzuwendungen für Bärbel und Gisel.

Ich habe Hans geschrieben, und habe hervorgehoben, wie sehr ich selbst aus dem Geschehenen zu lernen bereit bin, wie klar mir geworden ist, dass ich mich von der kindlichen Welt meiner beiden Großen doch sehr entfernt habe in den letzten Jahren und dass ich auch meine Kräfte noch mehr für sie einsetzen könnte. Dann habe ich ihn gebeten, mit darüber nachzudenken, wie man in Zukunft die Heimkehr für mich und die Kinder erleichtern könnte... Der Brief war auch für Gerlinde, denn da wo sich Menschen in Sorge und Liebe um meine Kinder mühten, könne ich nur dankbar sein. Ich habe bis heute keine Antwort bekommen... Ich bekomme zunehmend das Gefühl, als herrsche bei ihm die Vorstellung, dass ein guter, freundschaftlicher Kontakt zwischen ihm und mir Gerlinde etwas nehmen würde. So ein Unsinn! Aber das ist es wohl überhaupt, was uns so grundlegend trennt... Hans muss sich auf mehr Geldzuwendungen für die Kinder einstellen...

Was sagst du zu dem Vorschlag mit dem Häuschen? Wenn Babs meint, dass man noch warten soll mit einer Aufklärung der Jungens, so wird das wohl richtig sein. Sag, Karl, hast Du denn nun auch mit deinen Brüdern gesprochen und das Nanilein gebeichtet?

Ich habe hier weiterhin einigen Kummer mit den Kindern. Bärbel mault schrecklich viel und ist unzufrieden mit dem Essen... Gisela hat die ganze Situation viel leichter überstanden, sie ist eben die ausgeglichenere von beiden. Nur wird sie von meiner Mutter so ungerecht und lieblos behandelt, dass ich mir nun manchmal ernstlich Sorgen mache. Es ist nun so, dass mich auch der Gedanke an die Zukunft nicht mehr beruhigt, da es im Moment oft so arg ist, dass ich mich gezwungen sehe, einzugreifen. Das aber führt wieder zu

Auseinandersetzungen mit Mum. Manchmal habe ich das Gefühl,
Mum hasst die Gisela, nur weil ihr verschiedene Regungen an die-
sem Kind nicht liegen (genauso ist es ja mit Birgit). Ich bitte, diese
Dinge Hans bzw. Ilse nicht zu erzählen (steht handschriftlich am
Rand) *Christiane dagegen wird mir einfach verzogen. Die gehorcht*
eigentlich nur noch mir. Es gibt durch solche Probleme manche wa-
che Nachtstunde, weil ich versuchen will, nach allen Seiten mög-
lichst nur ausgleichend zu wirken. Ich verwende jetzt mehr Zeit auf
die Kinder. Am Sonntag war ich mit ihnen auf der Wiese oberhalb
vom Nazipeter – wir haben ausgelassen getollt und sind fröhlich
nach Hause gekommen. Es ist eine Art von Bequemlichkeit gewesen,
dass ich mich zu wenig um die Kinder gekümmert habe, das muss
anders werden...

Nun zu den **Schränken***. 75 Mark finde ich – und mit mir alle, die sie*
bisher sahen – zu viel. Sie bestehen vor allem aus Presspappe und
sind defekt. Eigentlich sind die Sachen nicht mehr als 50 Mark wert.
Nun noch eine Bitte: Gerd heiratet am 20.10. Ich bitte Dich, am
20.10. einen Blumenladen zu beauftragen für ca. 5.- einen recht
schönen Blumenstrauß zu schicken. So etwas gibt es doch wohl jetzt
wieder? Zieh Dir bitte die 5.- gleich bei der Übersendung meines
Oktobergeldes ab.

In den vergangenen Tagen bin ich einige Male nachts spät nach
Hause gekommen. Es waren unvergleichlich schöne Nächte. Am
Sonnabend kam ich von Birgit heim, die mir vorgespielt hatte. Als
ich den Klang ihres Cembalos hörte, ist mir unsere Zeit in der
Schlechingerstraße durch den Kopf gegangen, wie oft haben wir zu-
sammen Birgit zugehört. Es ist ein schöner Gedanke, vielleicht im
Okt. mit Dir zusammen, mal wieder Birgits Spiel lauschen zu kön-
nen. Deine manchmal „ungnädige" Ruth-Frau"

4 Warten

18.9.51 Ruth an Karl: „*Geliebter narrischer Mann! Wie hab ich mich über Deinen Brief gefreut. Mir sind fast die Tränen gekommen, als mir deine Liebe u. Wärme aus deinen Zeilen entgegenkam…*
(dieser Brief von Karl fehlt)
Ja das war ja eine richtige Invasion bei Euch am Sonntag! Doch ich muss Dich zausen. Ich habe mit angehaltenem Atem Zeile für Zeile gelesen, weil ich doch auch sehr interessiert bin an dem Inhalt eurer Gespräche. Anny u. Du! Hans u. Otti! Hast Du Anny von unseren Plänen berichtet?? Und Otti? Hat sie Hans eingeweiht, hat sie über finanzielle Dinge mit ihm gesprochen? Du bist und bleibst doch ein Scheusal – wenn auch geliebtes – so was interessiert mich doch brennend. Und was ergab Dein Gespräch mit Otti?…
Mein Vater hatte unseretwegen noch einen Riesenkrach mit Gerd, der aber geschlichtet wurde. Er zieht am 1.10.51 in den Westerwald und versteift sich wegen der Zuwendungen an Mum nicht mehr so wie bisher. Ja, er hat fast klein beigeben müssen u. ist zufrieden mit der Tatsache, dass Mum im Laufe des nächsten Jahres zu ihm ziehen wird. Mum selbst stellt sich das dann doch noch ganz nett vor mit 2 Zimmern… Alles ordnet sich langsam hoffentlich bei uns auch bald. Manchmal packt mich die Ungeduld. Du musst darüber nicht böse sein, ich weiss schon, dass alles in Ruhe seinen Weg laufen muss. Und ich habe auch noch so viele Pläne. Manchmal wünsche ich mir doppelte Kräfte u. fluche über meine Müdigkeit am Abend. Aber innerlich ist's nun ruhig u. das steigert die Schaffenskraft doch sehr. Ja, Du muss *kommen im Oktober, Herzele, die Zeit wird auch mir sonst arg lang. Nani geht's gut. Sie war zwar krank mit Fieber und Husten. Sie ist mächtig gewachsen u. plappert nun den ganzen Tag.*

Wenn Mum abends nicht gleich zum Gute-Nacht-Kuss erscheint, ruft sie „Gibt sie Nani Bussi auch!" Ich möchte mal wieder in Deinen Armen einschlafen können, liebster Mann, hoffentlich in nicht allzu langer Zeit, das wünscht sich Deine Ruth."

21.9.51 Karl an Ruth: „Herzliebste Frau, der liebe und lange Brief von Dir, der gestern hier eintraf, hätte eine auch in der Quantität gleichwertige Antwort verdient, doch fürchte ich, Dich in dieser Beziehung – und hoffentlich nur in ihr – enttäuschen zu müssen. Grund: eine wieder enorm arbeitsreiche Woche... unerledigte Post... am Montag muss ich nach Aachen zur Vorlesung. Ruthele, sei bitte nicht ungeduldig, weil die Vorschläge zur Durchführung unserer Pläne auf sich warten lassen. Auch jetzt noch. Diese sehr heiklen und die vielfältigsten Rücksichten erfordernden Dinge können nur dann besprochen, beraten und geklärt werden, wenn die Gelegenheit wirklich günstig ist. Auch hängt alles in der Luft, wenn sich in meinem Verhältnis zu den von mir hier vertretenen Zeitungen etwas ändern sollte. Ich muss abwarten, was sich zum 1. Okt. ereignet. Dass vor acht Tagen die Besuche von Hans und Frau Lottig hier zusammentrafen war zweifellos eine gute Gelegenheit. Bei Hans gelang es uns einen guten Kontakt herzustellen, jedenfalls zwischen ihm und Otti. Mit Otti hatte ich erst heute Abend wieder Zeit zu einem Gespräch, das uns zu der Erkenntnis führte, es werde wohl das richtigste sein, wenn Malchen L. selber Dich über den von ihr ausgehenden Vorschlag unterrichten wird. Ich glaube ferner, es ist besser, auch Deine Sorgen um die Kindererziehung der mündlichen Erörterung vorzubehalten...

Hoffentlich ist's im Oktober wärmer als jetzt, wir haben hier schon schauerlich gefroren, sogar gestern beim „Kanzlertee", im Palais Schaumburg, und der einzige „erwärmende" Moment für mich war, dass Adenauer, nach einer lebhaften Diskussion erklärte: „Ja, meine Herren, auch ich lerne viel aus diesen Gesprächen, besonders aus dem, was Herr Dr. Lohmann gesagt hat". Was sagst du nun!... Dass die *Möbel* offenbar zu teuer bezahlt worden sind, ärgert mich natürlich... Jetzt habe ich eiskalte Füsse bekommen, die keine Ruth mir wärmt... Lass Dich trotzdem küssen, wenn auch leider nur par distance! Dein A.B. "

23.9.51 Ruth an Karl: „*Liebster Mann! Dein Brief hat mich nicht befriedigt u. Du tust Unrecht, von Woche zu Woche ein Damokles-schwert über mir zu schwingen. Sei's drum. Du weisst, dass ich Dich von Herzen lieb habe, Dir vertraue u. hoffe, dass in <u>absehbarer</u> Zeit aus Eurer Diskutiererei etwas Positives herausspringt u. dann auch wirklich mal etwas geschieht. Dazu brauchen wir beide keine Mittelsleute, Du darfst die mit Malchen ins Auge gefasste Aktion ruhig abblasen, ich bitte Dich sogar dringend darum. Hab Du nur den Mut u. das Vertrauen zu mir u. Deiner eigenen Kraft, selbst zu mir zu sprechen, selbst wenn es sich um Dinge handelt, die unange-nehm sind, oder von denen Otti u. Du annehmen müsst, dass sie mir nicht zusagen werden. Es <u>muss</u> zwischen Dir u. mir ohne Dritte gehen. Ich unterhalte mich über diese Dinge erst wieder, wenn mir <u>von</u> Dir klare u. deutliche Vorschläge unterbreitet werden können. Von hier ist nicht viel zu berichten. Meine Mutter altert zusehends, sie ist dem allen nicht mehr gewachsen, was für mich bedeutet, dass ich neben dem anstrengenden Dienst den ganzen Haushalt am Bändsel habe, abgesehen von der vielen Näherei zum beginnenden Winter. Daneben stehe ich Tag für Tag Gewehr bei Fuss gegen den wachsenden Pessimismus u. gegen die große innere Unbefriedigtheit meiner Mutter, Eigenarten, die sie besitzt, die aber jetzt verstärkt*

werden durch ihre Überanstrengung... Diesmal wird es erst in 3
Wochen wieder einen freien Samstag geben, jeder 2. Samstag ist frei
und der 29.9. liegt noch dazwischen. Ob ich Dich dann, in 3 Wo-
chen, wohl erwarten kann? Und ob es diesmal wirklich zu einer
Aussprache zwischen uns kommen wird, reinigender u. tiefer in
Bezug auf das, was nun zu geschehen hat, als in Bonn?? Lass Dir
nur das Haar recht lang wachsen, denn für jede Unruhe Deines für
mich so verhängnisvollen Schweigens, werde ich sie Dir einzeln aus-
reissen. Puh, leicht hat man's nicht mit Dir! Aber küssen darfst Du
Dich lassen von Deiner Ruth."

27.9.51 Ruth an Karl: *„Liebes Herz! Als ich heute Nacht wach lag*
und über Ottis Brief nachdachte, über das Wie eines nun fälligen
Briefes an Hans, merkte ich, dass ich mich plötzlich in eine schöne
Depression hineinmanövriert hatte. Das lag nicht an Ottis warm-
herzigem Brief, es lag an dem nicht mehr Weiterkommen der eigenen
Gedanken, im Wühlen um meine eigenen Fehler. Das sind so Zu-
stände, wenn alle Kraftreserven aufgebraucht sind und man dann
das blödsinnige Gefühl bekommt, nichts mehr richtig zu machen. Ich
empfinde Hans' Schweigen als das erneute Heraufziehen von Span-
nungen. Man möchte dann so gerne die Situation klären, sich aus-
sprechen, auch ruhig mal schimpfen, aber nicht nur mit Schweigen
umfangen werden. Plötzlich kam mir auch mein letzter Brief an Dich
in den Sinn und ich versuchte, mir vorzustellen, was ich damit viel-
leicht auch wieder verbockt haben könnte. Er war durch die Angst
diktiert, dass das vergangene Hin- und Her wieder einsetzen könnte.
Du weisst, wieviel ich von Malchen halte, aber es heisst im Moment
auch meine Kräfte überschätzen, wenn ich mich wieder nach den
verschiedensten Seiten hin stellen muss. Ich bin deswegen in einen

Abgrund geraten, durch zu viele Menschen, Meinungen, Vorschläge und ich kann nicht einsehen, warum Du nicht mit mir selber das alles besprechen willst, wenn es notwendig ist... Bitte schreib bald an Deine etwas verkümmerte Ruth."

29.9.51 Karl an Ruth 1h nachts: *„Zum Sonntag nur ein paar Zeilen, mein Liebes, die ich morgen ausführlich ergänzen werde. Otti ist heute Abend nach Stuttgart gefahren, weil Christoph den Blinddarm herausgenommen bekommen muss... Heute nur noch einmal die Bitte, Dich nicht anfechten zu lassen durch die mancherlei Erwägungen, die z.Z. um die Verwirklichung unserer Pläne angestellt werden. Mein nächster Brief wird darüber Genaueres enthalten. Du darfst nicht vergessen, dass ja nicht nur zwischen Dir und mir, sondern zwischen einer ganzen Menge von Menschen ein tragfähiges Arrangement getroffen werden soll... Geduld ist also die Tugend, deren jeder von uns sich befleissigen muss... Wärst Du hier, würde es wohl leichter sein... Aber ich hoffe wenigstens, Dich bald zu sehen. Dein müder Alter"*

30.9.51 Ruth an Karl: *„Liebes Herz! Auch Du bekommst zum Schluss des Tages nur einen kurzen Gruss heute u. einen Dank für Deinen Sonntagsgruss, den Du armes Müdes Dir um 1h nachts noch abgerungen hast... Maria u. ich schmieden hier Pläne, wie wir ihre Reise nach Bonn[104] zu Wege bringen können. Otti wäre für einige Zeit mal etwas entlastet, für Maria wäre es ein Ausspannen, Pipic ist untergebracht, aber das Reisegeld. Du wolltest doch evtl. mit einem Abgeordneten per Auto kommen, ob der nicht auf der Rückfahrt Maris mitnehmen kann?*

---

[104] anlässlich der Hochzeit von Ruths Bruder Gerd in Wesseling

Ja, Karl, der 16-Stunden-Tag ist ja auch für mich an der Tagesordnung u. manchmal schafft man ihn nur mit äusserster Anstrengung. Heute bin ich mit Nani zum Nähen zu Mämä gegangen, während Pipic mit dem Spatzen draussen spielte. Später kamen die beiden Grossen dran, allerdings wurde es nur ein Gang zum Wuhrbichl. Die drei hängen wie die Kletten an mir zum Wochenende, ich muss ihnen immer wieder klarmachen, dass ich mich leider nicht in 3 Stücke zerteilen könnte. Nani verweigert jeden Handgriff von jemand anders, was sehr schmeichelhaft ist für mich, aber anstrengend. So, mein Herz, nun warte ich auf die Nachricht, wann Du kommst, denn darauf allein freue ich mich. Sei umarmt von Deiner Ruth."

5 Tragbare Lösung?

30.9.51 Karl an Ruth (4 Seiten): *„Mein liebes, liebes Herz, das war ein eigenartiger, aber sehr schöner Tag heute. Eine dicke Nebelschicht hing in der Luft, und über ihr brummten zuweilen alliierte Flugzeuggeschwader, die an den großen Rheinmanövern teilnahmen... Um 16 Uhr startete ich zu einem der üblichen Venusberg-Spaziergänge, der mit einem Besuch bei Ilse im Krankenhaus endete. Ich bereitete mir ein gelungenes Abendessen, besuchte anschließend noch eine Tante in Godesberg und nun sitzt Dein A.B. friedlich und ohne Seelenfalten am Schreibtisch, bei herrlicher alter Musik aus dem Radio, um – endlich! – aus größerer Ruhe als gestern Abend an seine Ruth zu schreiben. Wie schön wäre es doch, wenn Du jetzt hier sein könntest... Morgen Vormittag muss ich am sog. „Deutschen Kongress" teilnehmen, einem Haufen netter Leute, die Deutschland zwischen Ost und West selbständig und neutral halten möchten.*

Morgen Nachmittag will sich mein närrischer Aachener Chefredakteur meiner annehmen.

Ich habe mich heute lange mit Ilse über „unser Problem" unterhalten und im Gespräch die Klarheit gewonnen, die ich brauche, um Dir endlich Einzelheiten der angestellten Erwägungen mitteilen zu können. Du erinnerst Dich des von Malchen L. aufgestellten Grundsatzes, den auch ich für richtig halte: Jeder muss Opfer bringen, damit eine für alle befriedigende und auf die Dauer tragbare Lösung gefunden werden kann. Malchen hatte auf dieser Basis folgenden Vorschlag entwickelt: Otti übernimmt die Sorge für sich selbst; unsere drei Kinder haben ihr Heim bei Otti. Ich übernehme die Kosten für Lebenshaltung, Ausbildung usw. der Kinder, ferner einen Unkostenzuschuss an Otti für die wegen der Kinder größere Wohnung usw. Du, Ruth, sollst auch als meine Frau berufstätig sein, um Deinen eigenen Lebensunterhalt zu verdienen. Zu diesem Zweck werden Bärbel und Gisel nach Gelsenkirchen gegeben,[105] bis ihre Rückkehr zu Dir wieder möglich ist. – Diesen Plan halte ich für akzeptabel, nur einen Punkt nicht: dass Du ganztägig und womöglich noch ausserhalb des Hauses berufstätig sein sollst. Die Erfahrungen mit Otti haben ja gezeigt, dass eine Frau überfordert wird, wenn sie neben ihrer Berufsarbeit auch noch einen Haushalt und sogar mit Mann und Kind besorgen muss. Ich bin dafür, dass der Schwerpunkt Deines Lebens im Hause liegt, wobei sich die Möglichkeit ergeben kann, dass Du für mich schreibst.

Nun wirst Du wahrscheinlich sagen: „Dann können B. und G. ja auch mit nach Bonn kommen", sofern Hans die Kosten für die beiden übernimmt. Hier aber setzen meine Schwierigkeiten ein, die, wie sich

---

[105] Ruth soll B. u. G. weggeben, den Haushalt für Ehemann Karl und Tochter Nani führen und weiterhin Geld verdienen. Was für ein Plan! Die Mediatorin machte ihn.

227

jetzt während meiner anstrengenden Arbeit gezeigt hat, doch größer sind, als ich gedacht hatte. Der Gedanke an die beiden so lebhaften, lauten und vitalen Kinder als Hausgenossen, ja Familienglieder in einer doch sehr kleinen und geräuschempfindlichen Wohnung weckt in mir die Befürchtung, dass ich den damit verbundenen Anforderungen nicht gewachsen sein werde.

So möchte ich Dich um das Opfer bitten, in der ersten Zeit auf B. und G. zu verzichten. Ich habe lange darüber nachgedacht, ob ich Dir dieses Opfer überhaupt zumuten darf, glaube jetzt aber es tun zu dürfen, nachdem auch Frau L., Otti und Ilse es bejaht haben. Bitte bedenke, dass es sich nur um eine vorläufige Regelung handeln soll, dass die Mädels selbstverständlich in den Ferien zu uns kommen können, dass die Kinder bei Hans und Gerlinde gut aufgehoben sein werden. Hans ist wohl bereit, die Mädels so lange zu sich zu nehmen, wie Du es wünschst. Diese Bereitschaft ist das Ergebnis der langen Unterredung, die Otti neulich mit Hans führte. Ob Gerlinde auch bereit ist, weiss ich nicht. Die Sache müsste wohl durch einen Brief von Dir an Hans ins Rollen gebracht werden. Bevor Du aber diesen schreibst, einigen wir uns zweckmässig über den Zeitpunkt, vielleicht sogar auch über den Wortlaut. Aber vorher musst Du mir überhaupt sagen, was Du von dem ganzen Projekt hältst... dass Du Dich einige Zeit von B. und G. trennen sollst... Ich warte sehnsüchtig auf Deinen nächsten Brief, der dann hoffentlich auch wieder etwas über das Janelein enthält. Gib ihr einen Kuss von mir und sei umarmt von Deinem Mann"

1.10.51 Ruth an Hans: *„Lieber Hans! Nach einer intensiven Aussprache mit Birgit über das Thema Musikerziehung der Kinder, bin ich davon überzeugt worden, dass man von der Geige Abstand neh-*

men soll… Lieber Altflöte. Diese bekomme ich für 15.- u. frage an,
wann Du mir das Geld schicken kannst. Also: Geige abblasen, wäre
vielleicht auch zu teuer gewesen. Herzl. Grüsse Ruth."

6.10.51 Ruth an Karl: „*Liebes, seit vorgestern Abend liege ich mit*
Bronchitis. Folgen eines verfrorenen Abends in einem Gasthof in
Grassau. Trotz Deines „Verbotes" habe ich dort meine Vorstellungs-
rede vor Publikum für den Stenokurs gehalten. Es sind kurz vor
Weihnachten 50.- die ich bekomme und dringend gebrauchen kann.
Also schimpf nicht.

Dein Brief hat mir zunächst einen ziemlichen Schock versetzt, ich
war auch etwas aufgebracht darüber, dass Ihr wochenlang über Din-
ge verhandelt, die mich doch wohl am meisten angehen u. auch mit
Hans darüber gesprochen wurde, ehe ich überhaupt etwas von alle-
dem wusste. Ich möchte über das alles nur mündlich reden u. Dich
bitten möglichst bald zu kommen. So wie Du die Dinge siehst, sind
sie durchaus diskutabel. Ich habe mich sofort mit Hans in Verbin-
dung gesetzt, denn er u. ich müssen ja nun in erster Linie beraten.
Ich hoffe, heute oder morgen Antwort zu erhalten.

Das Nanilein keucht natürlich seit heute früh auch, trotz eifriger
Abwehr ihrer Liebesbezeugungen, konnte sie nicht genügend fern
gehalten werden von mir. Ausserdem ist es ekelhaft kalt in unserer
Wohnung u. heizen kann ich einfach noch nicht.

Deine Tochter stellt sich – auf der Strasse gefragt, wie sie heisst –
jetzt selber vor: „Nani bin ich." Ich habe mit ihr Christiane geübt, es
bleibt aber bei Nani. (Ist das nicht süss?) Und wenn sie ihr Entset-
zen ausdrücken will, so wird in den Satz „Um Gotte Wille" einge-
flochten... Für heute lass Dich umärmeln v. D. Ruth-Frau."

7.10.51 Karl an Ruth: „*Mein Liebes, Gott sei Dank, dass ich heute Deinen Brief in der Büropost fand. Otti hatte mich stark beunruhigt durch ihre Befürchtung, Marias Ausbleiben und Dein Schweigen seien das Zeichen für eine schlimme Wirkung meines letzten Briefes, von dem ich natürlich wusste, dass er Dir zu schaffen machen würde. Umso mehr danke ich Dir für Deine verständnisvollen Zeilen. Das, was ich Dir vor einer Woche schrieb, war nicht das Ergebnis von „wochenlangen Verhandlungen", es war das Ergebnis weniger intensiver Stunden. Den letzten Anstoss zu meinem Brief gab schliesslich ein Gespräch mit Ilse, die mich ermutigte, Dir so zu schreiben, wie ich es tat. Dass Hans über Malchens Erwägungen unterrichtet worden ist, glaubte Otti verantworten zu können, weil die Gelegenheit ausserordentlich günstig war, denn Hans und Otti hatten endlich guten Kontakt miteinander.*

Damit, dass ich Dir das offen schrieb, ist Otti nicht einverstanden.[106] *Aber ich hielt es für richtig, ganz offen zu Dir zu sein. Ich habe mich ja auch nicht geniert, Dir meine Schwäche einzugestehen, denn dass ich Dich gebeten habe, vorerst B. und G. nicht mit hierher zu bringen, ist natürlich kein Zeichen von Stärke, nur eins von Ehrlichkeit und Realismus.*

Wie sehr hoffe ich, dass Du wieder wohlauf bist, Du und das Nanilein, von dem Du mir so anschaulich erzählt hast... Otti liegt seit ihrer Rückkehr aus Stuttgart (Christoph wurde nicht operiert) mit einem Abszess im Hals. Sie hat unerträgliche Schmerzen und kann z.Z. nichts essen oder trinken. Dr. zur Linden kommt täglich. Wir

---

[106] Karl und Otti verhandeln mit einer Mediatorin über den Verbleib von Ruths Kindern. Hans wird von Otti zu dem Ergebnis befragt, seine Schwester Ilse findet die Pläne richtig – und dann erst teilt Karl Ruth mit, was bereits mit Hans besprochen wurde: er wird B. u. G. zu sich nehmen, wenn Gerlinde einverstanden ist.

sind dringend auf Hilfe angewiesen und begreifen nicht, warum Maria nichts von sich hören lässt. Bisher habe ich die ganze Pflege und den Haushalt besorgt, Kochen, Putzen, Heizen, Einkaufen – und das neben meiner Arbeit... Als Otti noch verreist war, sind Deneke und ich kurzentschlossen nach Bernkastel gefahren, wo wir Wein tranken und einkauften... Am 12. kommen die Kinder für 10 Tage in Ferien. Richte Dich mal auf dieses Datum ein. Ich wollt ich wär schon bei Dir. Grüsse an die Familie, dem Nanilein ein Kuss und Dir – was Du willst. Dein Mann"

7.10. 51 Ruth an Karl: „Mein liebes Herz! Dein Telegramm hat mich heute aus dem Bett gehauen. Ich weiss, wie hilfsbedürftig man bei einer Angina ist. Wäre es nicht besser gewesen, ihr hättet Otti ins Krankenhaus gesteckt? Maria kann nicht alles stehen u. liegen lassen, sie hat noch Näherei annehmen müssen, um das nötige Geld für Pipic zu hinterlegen, in ihrem Garten würden die Früchte verfaulen, auf die sie im Winter dringend angewiesen ist. Die Holzfrage ist nicht geklärt, sie würde sich um das warme Zimmer im Winter bringen. Pipic muss mit warmen Sachen versorgt werden, da es plötzlich sehr kalt geworden ist. Ich bin der Meinung, dass man auch in einer schwierigen Situation an den anderen denken muss. Maria hat ihr Kommen für Mitte nächster Woche in Aussicht gestellt. Sie plagt sich wirklich ab, hat nachts mit Herzgeschichten zu tun und fühlt sich durch die Turbulenz, die Ihr anstellt, zutiefst bedrängt. Ich fühle mich verpflichtet, Dir das zu sagen, weil Du das nicht mitmachen dürftest. Otti würde höchstwahrscheinlich alles hingeschmissen haben – „nach mir die Sintflut"... Ich brauche nicht viel Fantasie, um mir auszumalen, was Ihr augenblicklich am Hals habt... Aber

*ich sehe, wie ein Mensch vergewaltigt werden soll, und das muss ich
Dir vor Augen führen.*

*Als ich in den letzten 2 Tagen zum Nachdenken über das Geflecht
unsrer Probleme kam, schoss mir ein immer wieder gebrauchter
Ausspruch meines Chefs durch den Sinn: „Kinder, nehmt Euch doch
bitte selbst nicht so ernst." In erster Linie bin ich gewillt, diesen
Ausspruch auf mich selbst anzuwenden. Was macht man sich und
anderen das Leben schwer durch Ausserachtlassung dieses Gedan-
kens! ... Schriftlich führt das alles zu weit und die letzte Klarheit
fehlt, da das Echo des Partners ausbleibt. Also: Maria kommt am
Donnerstag 19:53 in Bonn an. Mach Du Dich frei u. komm zu Deiner Ruth Frau."*

9.10.51 Karl an Ruth: *„Mein Herzlieb, endlich ist Marias Antwort
eingetroffen, auf die wir mit wachsender Ungeduld gewartet hatten.
Hoffentlich kommt die Gute nun bald, damit Otti die richtige Pflege
erhält und ich mich wieder uneingeschränkt meiner Arbeit widmen
kann. Otti geht es sehr schlecht, der Abszess hat sich nicht geöffnet
und die Gefahr einer Sepsis ist leider nicht von der Hand zu weisen.
Ilse war heute wieder bei uns, sie will auch morgen für ein paar
Stunden Hausfrau spielen. Da gestern im Büro nicht viel zu tun
war, konnte ich mich meinem Pfarrer-Bruder widmen. Ich machte
mit ihm „unseren" Spaziergang auf den Venusberg. Auf der Cas-
selsruhe mit der herrlichen Sicht auf das Siebengebirge stärkten wir
uns etwas. Wir haben uns wieder ausgezeichnet verstanden, sodass
ich froh über die Gelegenheit war, ihm unsere ganze Situation zu
schildern, für die er volles Verständnis zeigte. Auch er hält unsere
Absicht für richtig und billigt ihre Verwirklichung, vorausgesetzt,*

dass wir einen rechten Neuanfang machen. Mit Dir trau ich mir das zu.

Ich denke viel an Dich und sehne mich voll Ungeduld nach dem nächsten Wiedersehen. Es hat mir bitter leid getan, von Maria zu hören, dass mein Brief mit den Vorschlägen für B. und G. Dir doch arg zu schaffen gemacht hat. Wieviel lieber würde ich Dich und Deine Kinder in ein geräumiges Haus nehmen – ohne Zwischenlösung. Aber die Wohnungs- und die Geldfrage ziehen uns enge Grenzen... Ruth, bitte schreib bald wieder, sofern es Dich nicht zu sehr belastet und Deine Gesundheit wieder hergestellt ist. Ob Du Dich mal durchleuchten lässt? Bitte sei auch vorsichtig mit dem Rauchen. Für heute: Gute Nacht! Dein A.B."

9.10.51 Ruth an Karl: *„Liebes Herz, - ich bin sehr froh über Deine Zeilen vom Sonntag. All das, was wir augenblicklich zu durchdenken und durchzukämpfen haben, und uns auch mal an den Kopf schmeissen, versank beim Lesen Deiner Zeilen, da aus ihnen so ganz Dein Verstehen und Deine Liebe sprachen. Ich fühle mich unendlich geborgen heute Abend u. das Gefühl, es gibt einen Ort auf dieser Welt, an dem ich zu Hause bin, verlässt mich nicht mehr... Übrigens muss ich Dir noch sagen, wie wichtig ich es finde, dass Du mir ganz offen über Ottis Vorgreifen berichtet hast. Ich verstehe auch <u>ihre</u> Situation und warum immer einen Wall von Verschwiegenheiten bauen, die ich doch noch immer gespürt habe.*
Von mir kann Maria Dir berichten. Es geht oft hoch her u. eigentlich gehöre ich ins Bett, mein Husten quält mich noch u. die Radfahrten in der eisigen Nacht- u. Morgenluft tun nicht gut. Janelein hat's auch gleich geschnappt, ist aber nach einer fiebrigen Nacht wieder munter,... Sei für heute innig geküsst von Deiner Ruth."

12.10.51 Ruth an Karl: *„Mein geliebtes Herz! Du sollst auch am Sonntag wieder einen Brief von mir unter der Büropost finden. Ich habe mich so von Herzen über Deine unerwarteten Zeilen vom 9. gefreut, Du hast sicher Maria auf dem Bahnhof in Bonn in Empfang genommen. Mir ist nun ein Stein vom Herzen, dass Ihr nun Hilfe habt. Du hast meinen kategorischen Brief hoffentlich richtig verstanden. Wir sprechen nochmal über das Grundsätzliche daran.*

Mein Lieb, Du brauchst Dir nun keine Gedanken zu machen wegen meiner Kinder. Unsere Ehe wird und muss mit Opfern erkauft werden. Ich arbeite daran, mich für jede Lösung offen zu halten, obwohl es dabei harte Stunden gibt...

Ich glaube, dass es nicht Not tut, uns durchleuchten zu lassen. Wir sind ja alle mit dem breiten, Hammesfahr'schen Brustkorb ausgestattet, auch Nani. Es ist halt die dunkle, feuchte und kalte Wohnung, in der wir nun schon jahrelang wohnen. Aus den Kleiderschränken kommt einem ein richtig schimmeliger Geruch entgegen. Christiane reagiert mit den Bronchien besonders stark, aber asthmatisch wars gottlob nie.

Herzele, auch ich zähle die Tage bis zu Deinem Erscheinen. Grüss Otti und Maria herzlich u. habt schöne Tage miteinander. (Himmel, wo werdet Ihr nur alle schlafen?) Sei umarmt u. geküsst von Deiner Ruth.

Sag bitte Maria, dass Pipic heute morgen wohlauf zur Schule gewandert ist, gestern tüchtig gegessen u. früh im Bett gelegen hat...“

14.10.51 Karl an Ruth (4 Seiten): *„Mein liebes, liebes Herz, - nun hast Du mich aber tüchtig beschämt mit Deinen guten Zeilen vom 9. und 12. Den „Shampoon"-Brief vom 7., in dem Du mir so tüchtig den Kopf wäschst, beantworte ich lieber mündlich. Ich will jetzt* nicht auf Probleme eingehen, weil ich ja am nächsten Wochenende bei Dir sein zu können hoffe, um... vor allem die Frage Deiner Mädels mündlich mit Dir zu besprechen...

Leider werde ich nur von Samstag Abend bis Montag früh bleiben können. Ich habe bisher noch keine passende Fahrtgelegenheit Bonn – München finden können... Am Freitag Teilnahme am CDU-Parteitag in Karlsruhe... von dort Samstagabend in M'stein... Montag früh per Bahn wieder nach München, von dort im Auto zurück nach Bonn... Maria ist seit Donnerstag Abend bei uns... Otti geht es wechselnd... Barbara hat's auch erwischt... Gestern beteiligte sich Barbara noch an einer Autofahrt, die ich mit den Dreien nach Koblenz unternahm. Starken Auftrieb hat den beiden das plötzliche Erscheinen ihrer „Freundinnen" gegeben, mit denen sie in meinem Büro aufkreuzten, damit ich ihnen das Bundeshaus zeigen sollte. Ich muss sagen, meine Herren Söhne[107] haben keinen schlechten Geschmack... die beiden schlafen bei mir auf Feldbetten, die tagsüber natürlich abgebaut werden... Die Kinder bedauern, dass sie sich bei uns infolgedessen „nicht zu Hause" fühlen Aber vielleicht ist das angesichts der bevorstehenden Veränderungen ganz gut. (Umso mehr wünsche ich Ihnen, dass sie bald eine wirkliche „Heim"-Stätte finden)

Eine auf mein Konto kommende Panne mit „Fritzchen" hat mich unerwartet um 300 DM erleichtert. (Bitte: unter uns!!) Ich hoffe aber wenigstens Dir den in Aussicht gestellten Betrag mitbringen zu können, auf jeden Fall werde ich mich um nichts mehr bemühen als darum.

So, mein Lieb, jetzt ist's genug, alles andere hole ich nach, wenn wir uns wieder umarmen dürfen. Dein Mann"

---

[107] inzwischen 18 und 15 Jahre alt

16.10.51 Ruth an Karl: *„Liebes, es ist mir doch wie ein Traum, dass ich Dich in 4 Tagen wiedersehen soll... Deine „Fritzchen" Touren scheinen mir etwas gefährlich und kostspielig, warte!... Stell Dir vor, als ich heute Abend Deinen Brief gelesen hatte, stand Christiane plötzlich vor mir. Da sagte ich sagte im Scherz und bester Laune „Am Samstag kommt Dein Pappi", Worauf sie strahlend rief „Pappi kommt gleich" Ich bin mal wirklich gespannt, wie Euer Wiedersehen ausfällt... Deine Ruth."*

20.10.51 Maria begleitet Mum und Alexander Hammesfahr zur Hochzeit von Gerd und Lieselotte in Wesseling.

23.10.51 Karl an Ruth: *„Mein Herzlieb – gestern Abend habe ich noch lange mit Maria geschwatzt... heute möchte ich Dir noch einmal aufs innigste für die wundervollen Stunden danken, die ich bei und mit Dir erleben durfte. Mehr denn je denke ich an Dich, Ruth, und bitte von Herzen, dass Du bei Kräften bleibst bis ich Dir, so Gott will, schon bald ein leichteres Leben bieten kann...*
Von Limburg an hoben sich die Nebelwolken und wir sausten bis zum Siebengebirge hinter einem Abendrot-Gold her, wie ich es in solcher glühenden Farbenpracht kaum in Russland gesehen habe.
Otti geht es besser und Barbara habe ich heute in den Zug nach Stuttgart gesetzt... Maria war sehr erschüttert vom Tod Deines Vaters, sie hat Dir noch so ahnungslos geschrieben. Lass Dich umarmen und küss unsern Spatzen. Dein Mann"

24.10.51 Ruth an Karl: *„Liebes Herz! Mein Kopf ist ein Knäul von Gedanken, die ich mangels Zeit nicht einmal zuende denken kann. Die Aussprache mit Dir und die daraus neu entstandenen Aspekte,*

... manchmal schiebe ich alles beiseite. Aber das geht nicht auf die Dauer und ich schreibe hier mal ein paar Gedanken nieder, damit sie mir zunächst einmal aus dem Kopf kommen.

1. Die Küchenmöbel: Ich wäre ernsthaft dafür, dass wir sie wieder an den Absender zurückgehen lassen...

2. Ich habe Dir 60.- überwiesen, da ich diese von Gerd gestern telegrafisch bekam...

3. Für mein evtl. Kommen schon zum 1.1.52 möchte ich Dir noch folgende Bitte unterbreiten: Wenn Eure Scheidung auch noch nicht ganz ausgestanden ist, so bitte ich darum, dass sie wenigstens läuft, und zwar weil ich als Deine zukünftige Frau aufkreuzen möchte, nicht wieder in zweideutiger Situation. Ich komme nur, wenn Du darin völlige Klarheit geschaffen hast.

4. Ich möchte mal wissen, was wir zur Verfügung haben werden und wie sich Deine Ausgaben uns betreffend verteilen. Ich werde dann von mir aus das Haushaltsbudget aufstellen...

5. Ich würde sehr gerne mit Dir zusammen Einkäufe für unser Heim tätigen. Du sprachst von einem neuen Sessel, bitte warte bis ich da bin...

Abends: Das war nun die geschäftliche Vorrede. Mir scheint, dass bei aller Mehrbelastung durch Mums Fortsein die Abende ruhiger sind und mir guttun. Wenn ich an den Sonntag denke, den wir erleben durften, an den harmonischen Abend und alles was dann folgte, kann ich mich einer glückhaften Erschütterung immer noch nicht erwehren. Ach Karl, nach 5 Jahren, in denen wir uns doch gewiss nah und vertraut geworden sind.

Deine Aufgeschlossenheit hat mir besonders wohlgetan an jenem Abend. Gott gebe dass Du sie immer wieder finden kannst mit mir, für Dich, für uns, für andere Menschen...

Von Mum ist keine Post da. Maria schreibt über die Trauung von Gerd und Lieselotte und von meinem Vater. Ihren Beschreibungen nach muss er bis zum Schluss wohl und munter gewesen sein – mein Gott, die Gewalt des Todes lässt mich immer noch nicht los. Karl, es gibt doch wohl keinen größeren Trost, als ab und zu die Hände falten zu dürfen. Du und ich, wir wollen das zusammen lernen. – Gute Nacht, mein liebes Herz, Deine Ruth."

6 Post aus Schottland

25.10.51 Ruth an Karl: *„Liebes, heute erhielt ich von Mum einen erschütternden Bericht über Vatis Tod, den beiliegenden Brief von Hans und Deine lieben Zeilen. Hans' Brief versetzt mich nun wieder in erneutes Um- und Nachdenken, dem ich im Augenblick einfach nicht mehr gewachsen bin. Wie soll ich Hans schriftlich darlegen, dass auch ich es für richtig halte, die Kinder vorläufig zu ihm zu geben? Wie ihm die finanziellen Schwierigkeiten auseinandersetzen, die auch für mich zwingenden Gründe Deiner Einstellung, die andere Situation für die Kinder seit ihrer Reise? Natürlich ist die Mutter diejenige welche, das weiss ich trotz allem, aber so eine Mutter?...*
Ob es nicht richtig ist, Du fährst mal an einem Sonnabend zu Hans und sprichst mit ihm offen über den Ausspruch von Gisela[108] und über seine finanziellen Zuwendungen? Ach, ich weiss, auch Du hast genug am Bändsel, aber diese Sache ist doch wohl das Wichtigste, was geklärt werden muss... Heute muss ich zu Anny, laut telefoni-

---

[108] Der wird klar, wenn man den Brief vom 8.11.51 kennt, in dem es heißt *„auch Bärbel wünscht sich, ganz zum Pappi zu gehen"*.

scher Rücksprache geht es ganz gut mit unserem kleinen Quecksilber.[109] Ich habe mich absichtlich nicht blicken lassen.

Grüsse Maria und Dank für ihren lieben Brief. Vati ist nach einer Ansprache bei Tisch, die sehr ergreifend gewesen sein soll und mit einem fast überirdischen Ausdruck in seinen Zügen gehalten wurde, vornüber gefallen und war tot. Es rumort doch alles mehr in mir, als ich annahm. Im Moment bin ich elend, das kannst Du auch Hans ruhig sagen. Sprich mal mit Maria, die hat so eine gute Art mit solchen Situationen umzugehen... Schreib bald wieder. Deine Ruth."

26.10.51 Karl an Ruth (4 Seiten): „*Selten hat mich ein Brief von Dir so beglückt wie der vom 24., mein Herz... Aber ich danke Dir auch für den gestrigen, der mir Deine Sorgen und Nöte brachte, die Hans' Brief aus Schottland in Dir ausgelöst hat. Lass mich von diesem zuerst reden; er bedarf dringend der Antwort.*

Ich habe ihn Maria vorgelesen, die ihn – wie ich – als nicht sehr freundlich empfand und über die Stelle der „Wegnahme" der Kinder mit mir den Kopf schüttelte. Dann sind wir doch noch zu Otti gegangen, um nicht das Gefühl in ihr aufkommen zu lassen, wir verhandelten etwas hinter ihrem Rücken. Es erwies sich als sehr glücklich, dass sie so Gelegenheit bekam, Hans' Brief für uns zu interpretieren. Auch Maria hatte gemeint, Hans möchte eigentlich die Kinder nicht nehmen. Otti hat Maria und mich davon überzeugt, dass der Eindruck falsch war. Das Gespräch mit Otti ist ein klassisches Beispiel für die Gefahr des Missverständnisses geworden, die sich immer wieder aus der Wesensfremdheit zwischen den Menschen

---

[109] Offensichtlich wurde Christiane während Mums Abwesenheit zur befreundeten Ärztin Anny Ederer gegeben und Ruth betreute Marias Tochter Pipic.

ergibt – in diesem Fall Otti und Hans auf der einen, Du, Maria und ich auf der anderen Seite!

Deine Bitte um Meinungsäußerung hat Hans ganz sachlich auf die Gesamtsituation bezogen und ganz nüchtern erfüllt. Er geht mit Recht davon aus, dass B. u. G. „an sich" am besten bei Dir aufgehoben wären. (Darin sind wir alle uns einig.) Er veranschlagt mein Interesse – von seinem Standpunkt aus verständlicher Weise – gering und stellt zutreffend ganz verschieden lautende Argumente für die Übernahme der Kinder durch ihn und Gerlinde fest. Deshalb stellt er die Entscheidung darauf ab, dass die Gründe für Dich zwingend sein müssen. Du tust also am besten daran, ihm ebenso sachlich zu antworten. Ein Brief von mir wäre durchaus fehl am Platz: auch Otti oder Ilse dürfen hier nicht eingreifen.

Am zweckmäßigsten schreibst Du ihm: Am liebsten würdest Du B. u. G. bei Dir behalten. Doch Du wärest am Ende Deiner Kräfte, er würde wahrscheinlich auch ohne unsere Ehepläne Dich von den Kindern entlastet haben müssen. Und es müssten auch erst die Voraussetzungen für die Übernahme der Kinder geschaffen werden, als da sind ein Minimum an Raum, Ausstattung und Auskommen. Auch den Hinweis auf die Notwendigkeit für Dich, in einem Deinem Zustand entsprechenden Masse mitzuverdienen, damit wir uns überhaupt ein Heim schaffen können, ist wichtig. Die Hauptsache ist wirklich, dass Du erst mal wieder zu Kräften kommst. Meine Interessen erwähnst Du besser nur am Rande – es ist schade, dass der Hinweis auf sie sich bei Deinem Brief an Hans in den Vordergrund gedrängt hatte.

Wende Dich aber offen und direkt an Gerlinde mit der Bemerkung: Dir sei völlig klar, dass zwei fremde Kinder für sie eine Belastung bedeuten müssten; glücklicher Weise hatten aber die Sommerferien

240

gezeigt, dass Gerlinde mit den beiden Mädels gut auskomme, sodass Du diese ihr gerne so lange anvertrauen möchtest, wie dies notwendig und möglich wäre. Du seiest davon überzeugt, dass Hans wirklich nicht daran denke, Dir die Kinder gegen Deinen Willen vorzuenthalten. – So in etwa denke ich mir Deinen Antwortbrief. Vielleicht schon mit dem Hinweis auf den 1. Januar 1952 als Stichtag für den Beginn der Neuregelung.

Sollte es mit der Wohnung für Otti nicht klappen, nehme ich äusserstenfalls ein möbliertes Zimmer für Dich und Christiane.

Die *Küchenschränke* kann ich leider nicht zurückgehen lassen, schon wegen der Transportkosten nicht, leider sind sie auch schon völlig bezahlt... Du kannst versuchen, sie in M'stein zu verkaufen und das Geld steht Dir natürlich zur Verfügung.

Die Scheidung möchte ich, - wegen der Kinder – nicht vor Weihnachten aussprechen lassen, aber sie wird laufen bevor Du kommst. Du sollst auch nicht andeutungsweise in eine zwielichtige Situation geraten. Ich habe vor, Deneke in den nächsten Tagen reinen Wein einzuschenken und dann auch über Deine Arbeit und Deinen Verdienst zu sprechen.

Ich bin überzeugt, dass Du und ich uns durch sachliche Erörterungen nicht „erkälten" werden. Bitte tu jetzt alles, um Dich aufrecht zu erhalten. Gott gebe, dass ich Dich bald ganz und gar auffangen kann. Meine liebe, liebe Frau. Ich umarme Dich"

28.10.51 Ruth an Karl: „... ich begann über eine Antwort an Hans nachzudenken... mich packte nur das Unvermögen zu einer Antwort aus Erschöpfung und auch vor erneuten Zweifeln an meinem nun gefassten Entschluss... dass Du Deinen Kindern Deine Scheidung nicht vor Weihnachten antun willst, versteh ich völlig... wegen der **Küchenmöbel** will ich sehen, habe aber wenig Hoffnung, dass sich jemand findet. B. und G. haben in den 8 Tagen fabelhaft funktioniert, vor allem Gisela, die heute, weil Mum und Mutti so müde waren, den ganzen Abwasch nach Tisch mit Töpfen alleine gemacht hat. Danach die Küche gefegt, Herd geputzt usw. Die Küche sah um halb 4, als ich aufstand – blitzsauber und ordentlich aus. Und meine Gisela strahlte, - das ist ihr Reich, da entwickelt sie Umsicht und erstaunliche Sorgfalt. Christiane ist aufsässig... Ich denke daran, sie im Jan/Febr. in ein Kinderheim zu tun, damit sie unter Kindern sich fügen lernt..."

2.11.51 Karl an Ruth: „... hoffentlich hast Du inzwischen die Muße und Stimmung für den Brief an Hans gefunden... Von seiner Entscheidung hängt schließlich einiges ab... Es fällt mir aus meiner Erfahrung u. Einstellung heraus schwer, daran zu zweifeln, dass Hans die Kinder gerne nimmt. Umso mehr haben mich heute Ilses Einwände erstaunt,...es sei vielleicht notwendig... Hans und Gerlinde noch bis Ostern die Möglichkeit zu geben „ihre junge Ehe und ihr neues Heim zu genießen". Ich finde ihr Argument spießbürgerlich und unangemessen... Sollte aber weder die Scheidungs- noch die Wohnungsfrage bis zum 1.1. geklärt sein, würde Otti einwilligen, dass Du zu mir ziehst, also mein Zimmer mit mir teilst... gestern sind Deneke und ich nach Plettenberg zu Carl Schmitt gefahren..."

4.11.51 Ruth an Karl: „...beiliegend die Abschrift des Briefes an Hans... zu Ilses Vorschlägen sage ich genau das gleiche wie Du und noch: Ich kann meine Kinder nicht so lenken, wie ich es mir wünsche, wenn Mum dabei ist... balanciere gewaltig jeden Tag, um Missstimmungen zu vermeiden... Ich weiß, was ich meiner Mutter *zu verdanken habe… Doch es wird höchste Zeit, dass ich aus Mums Atmosphäre herauskomme, dazu musste ich 34 Jahre alt werden, was ungesund ist… Ich habe Hans in meinem Brief die Bestimmung des Termins zur Übernahme der Kinder überlassen. – Wer weiß, vielleicht ist es gut für die Kinder, dass sie auf diese Weise mal einige Zeit einen starken Kontakt zum Vater bekommen. Es will mir fast so scheinen, als ob sich sonst die Dinge innerlich zu ihrem Nachteil entwickeln könnten, als ob die väterliche Beziehung sich am Rande ihres Daseins in Zukunft abspielen könnte[110]… Dass man die Kinder zu gegebener Zeit selbst nach ihrer Meinung fragt, finde ich durchaus richtig, von ganz ungefähr war ja meine diesbezügliche Frage an Gisela vor einigen Wochen nicht… Für mich ist es aber weiterhin wichtig, dass ich endlich mit Dir zusammen schaffen und leben kann… das Getrenntsein von Dir lähmt mich fast manchmal und ich bitte Dich,… den 1.1.1952 als Stichtag fest im Auge zu behalten… Alles hängt nun davon ab, wann Hans B. und G. holt… Ich bin dafür, Christiane geht gleich mit mir, entweder in ein gemietetes Zimmer oder 1 od. 2 Monate in ein Kinderheim… Unser Spatz hat die ersten asthmatischen Anzeichen gezeigt. Wir folgten Annys Rat, nehmen keine Notiz davon und sagen, dass Husten nicht schön sei. Tagsüber hustet sie überhaupt nicht, plötzlich in der Nacht geht es los… und ist nach einer Stunde wieder verschwunden. Seit dem Aufenthalt bei Anny… schläft sie nun durch. Es war also – wie ich schon wusste – eine rein psychische Angelegenheit. Sie hat nun vergessen, dass es so schön war, sich jede Nacht von der stöhnenden Mum verarzten zu lassen…"*

---

[110] Ich erlebte meinen „Pappi" nur in den ersten 4 Monaten als Säugling, dann 1946 als 2-Jährige bei seiner Rückkehr aus Kriegsgefangenschaft (ein Moment, an den ich mich erinnere!) und 1951 in den Sommerferien. Ich war letztlich ohne normale Vater-Beziehung aufgewachsen.

8.11.51 Ruth an Karl: *„... heute erklärte auch Bärbel[111], dass alle ihre Wünsche erfüllt werden, wenn sie ganz zum Pappi könnte. Scheint es nur so, oder ist es so, dass die Kinder so gar keine Gebundenheit an mich zeigen? Was habe ich denn falsch gemacht... Aber es ist ja gut, dass die beiden so gern zum Vater gehen werden ohne Traurigkeit... ich nehme doch fest an, dass er B. und G. nimmt, nur der Zeitpunkt wäre noch festzulegen... Das Weihnachtsfest wird im Hinblick auf unsere Kinder nicht leicht sein. Aber es muss durchgestanden werden..."*

8.11.51 Karl an Ruth: *„... ich habe mich eben von Otti in Unfrieden getrennt... wir unterhielten uns sachlich und freundschaftlich über zukünftige finanzielle Regelungen... ganz zum Schluss nahm das Gespräch eine unerwartet scharfe Wendung, als es sich dem leidigen Thema Waldorfschule – Staatsschule zu wandte... Ich bin gespannt, wie Hans auf Deine Ausführungen über die Kinder eingeht... Alles weitere hängt nun davon ab, ob er die Kinder zum 1. Januar oder erst zu Ostern nehmen will... Ich bin dafür, Christiane in den ersten Wochen in ein Kinderheim zu geben, damit Du Dich völlig ungestört hier einleben kannst... Ich war bei Mutter und Hedel, was mir sehr gut tat... Du fehlst mir ganz erheblich... Dein Mann"*

11.11.51 Karl an Ruth: *„Mein liebes, liebes Herz, wie gern wäre ich jetzt bei Dir um Dir in Deinen Schwierigkeiten zur Seite zu stehen... nur noch ein paar Wochen, dann wirst Du bei mir sein... Seit ich mich zu der... Entscheidung durchgerungen habe und auch*

---

[111] s. Brief vom 25.10.51 – zunächst wollte ich offensichtlich gerne zum Pappi nach Gelsenkirchen.

Schritt für Schritt auf die Verwirklichung zugehe, fühle ich, wie es in mir still und fest geworden ist und wie mich gar nichts mehr anficht... So bitte ich Dich, dieses Jahr nur nach vorne zu schauen und Dich weder durch die fragwürdige Vergangenheit noch durch problematische Züge der Gegenwart – ich denke da an Bärbels Äußerung – beeinträchtigen zu lassen.

Ich schrieb Dir schon, dass zur Zeit Hans' Entscheidung das wichtigste Moment für die weitere Entwicklung ist. Sie muss in den nächsten Tagen fallen. Vielleicht erfahre ich sie schon morgen, wenn Ilse aus Gelsenkirchen zurückkehrt. Nimmt Hans die Kinder ab 1.1. so ist die Situation klar. Du kannst sofort zu Jahresbeginn herkommen, auch wenn Otti noch keine Wohnung haben sollte... Was aber, wenn Hans B. u. G. erst zu einem späteren Zeitpunkt nehmen will? (Infrage kommt ja wohl nur Ostern)... Eine schwierige Frage, der ich mit Unlust ins Gesicht sehe, weil sie mir die Befürchtung aufdrängt, dass Du noch nicht hierher kommen wirst... Solltest Du wirklich mit den Kindern bis Ostern in M'stein bleiben, so müsstest Du trotzdem Deine Stellung bei Körting aufgeben, um Dich zu entlasten..."

7 Kinderfrage gelöst

11.11.51 Ruth an Karl: „*... Anbei die Briefe von Hans und Gerlinde... Die beiden Großen bleiben bis Juni/Juli bei Mum, wobei durchaus die Möglichkeit besteht, dass Bärbel schon ab Ostern nach Wattenscheid geht wegen dem Übergang auf die hohe Schule... Christiane kommt in ein Kinderheim in Bonn... es muss aber ordentlich sein, bitte kümmere Dich darum...* (Die Aufzählung aller Möbel, die sie mitbringt, und die Überlegungen zu den Finanzen sind nicht abgeschrieben)... *50,- möchte ich gerne dazu benutzen, um die Umarbeitung einer Pelzjacke aus Mums Sealpelz bewerkstelligen zu können. Bitte Deine Stellungnahme... Mum und die Kinder... kann ich es verantworten, sie hier zu lassen? Maria meinte: Ja, weil die Kinder robust genug seien und ein halbes Jahr länger nun auch keine Rolle mehr spielen. Sie will außerdem – was Gisela anbetrifft – Gewehr bei Fuß stehen... Du musst ohne das Wissen von Otti zum RA um Dir Klarheit zu verschaffen, was Du für Deine Kinder geben musst... die Auflösung meiner Existenz hier kann ich nur dann mit gutem Gewissen anpacken, wenn eine weitere gesichert ist... Im Moment wollen wir zufrieden sein, dass B. und G. ab Sommer untergebracht sind..."*

13.11.51 Ruth: *„Ich absolviere mal wieder meine monatliche Bronchitis. (Auch dieser Tag im Bett hat seinen tieferen Grund in der Flucht vor meiner family, aber sag's nicht weiter!)... Ich muss Dir offen gestehen, dass ich in letzter Zeit Angst bekam, Dir und mir wäre überhaupt kein Raum gegeben, um allmählich Verhältnisse zu schaffen, die es ermöglichen, meine beiden Mädels wieder zu mir zu nehmen, und das ist mir nun einmal nach wie vor ein Hauptanliegen... Wenn wir von einem Nettoeinkommen von 750.- DM ausgehen können, bleiben noch 80.- für Sonstiges, vorerst hauptsächlich Möbel-, Teppich- und Gardinenanschaffungen... Du kannst Christiane erst dann versichern (als Dein Kind) wenn ihre Ehelichkeit angefochten und Du sie legitimiert hast. (Was Zeit hat...) Und die Pelzjacke, ja – wirst Du denken – kaum nimmt man sich eine Frau, schon hat man Kleidersorgen. Diese Anschaffung entlastet unsere zukünftigen Anschaffungen, da bei mir nächstes Jahr ein Winter-*

mantel fällig wäre, was mit dieser Jacke in Fortfall käme... Ich will hier alles verpacken, den Umzug der Möbel vorbereiten und Mum die Wohnung für sie u. B. u. G. umgeräumt hinterlassen ... Ich kündige am 30.11. zum 1.1.52 ...

Meine Unterschlupfmöglichkeit in der Luisenstraße, auch wenn Otti noch dort ist, würde manches erleichtern... Im übrigen mach Dir keine Sorgen um mich, ich werd's schon verkraften, auch das mit den Mädels... Unser Spatz singt ... und abends wird Gisela vom Bett aus energisch aufgefordert: „Gisela sing ‚Mutti weinet sehr'". Komisch, sie erzählt dauernd was vom Vater, wieso weiss kein Mensch. So nun aber Schluss ..."

16.11.51 Karl: *„Herzlieb, es will mir gar nicht gefallen, dass Du schon wieder mit Bronchitis das Bett hüten musst*[112] *– so sehr ich Dir auch die dadurch ermöglichte Ruhe von Herzen gönne. Bitte schone Deine Gesundheit und bewahre Dich vor Erkrankungen der Atmungsorgane durch Einschränkung des Rauchens... Natürlich müssen wir sehr gewissenhaft prüfen, was bis zum Sommer aus B.u.G. wird. Letztlich können nur Mum und Du entscheiden, ob es möglich ist, die beiden Mädels Mum allein zu überlassen. Mit einer Haushilfe müsste diese Aufgabe für Mum eigentlich zu bewältigen sein. Alle drei Kinder hierher zu holen, erscheint mir... undurchführbar. Äußerstenfalls käme noch infrage, dass Du nicht schon Anfang Januar zu mir kommst, sondern erst im Frühjahr, und bis dahin Mum zur Hand gehst, ohne berufstätig zu sein. Du hast recht, diese Ungewissheit bedrückt das Gemüt, aber damit müssen wir fertig werden... Was Christiane betrifft, so neige ich dazu, Marias Angebot anzunehmen, selbst, wenn das etwas teurer kommen sollte... Seal-*

---

[112] Das spätere Muster zeichnet sich ab: sie ist krank – er sorgt sich...

Mantel: Auf alle Fälle anfertigen lassen! Ich werde auch dazu beitragen; denn was man hat braucht nicht mehr unter vielleicht größeren Schwierigkeiten erst später beschafft zu werden.

Ilse ist erst heute mit Christine (aus Gelsenkirchen) zurückgekehrt,[113] müde und schweren Herzens, muss sie doch Chr. morgen in das Siegburger Kinderheim bringen, das sie vor Wochen mit Maria besichtigte. Ilse selbst wird voraussichtlich schon bald in ein Sanatorium in St. Blasien gehen, zunächst für drei Monate. Du bekommst einen Gute-Nacht-Kuss von Deinem Mann, der jetzt mit der üblichen Wochenend-Müdigkeit statt mit Dir zu Bett geht."

21.11.51 Ruth: *„Es ist wie verhext, liebes Herz, ich komme einfach nicht zum Schreiben... Gestern war ich so erschossen, dass ich, nachdem die Kinder im Bett lagen, um 20 Uhr nur noch in mein Bett fallen konnte... (Wegen der Raucherei kannst Du beruhigt sein, ich beschränke mein Quantum auf ca. 5 Zig pro Tag)... Ich bin sehr froh, dass Du Chr. lieber bei Maria lassen möchtest... Stell Dir vor, am Montag blies einem gegen ¾7 Uhr ein warmer Sommerwind entgegen. Dazu hatten wir einen Föhnhimmel, wie ich ihn noch nie gesehen habe. Eine dunkle, violette, weisslich und rötlich gefärbte Wolkenschicht lag über dem Achental, aber so, dass sich die Ränder über der Hochplatte, über dem Kaiser und dem Chiemsee gegen den klaren blauen Morgenhimmel abhoben. Dann begann sich die Sache langsam in rot zu färben, bis der Himmel wie ein Flammenmeer aussah. Es war so doll, dass alle Menschen ganz aufgeregt waren und wir vom Schloss aus dieses Wunder verfolgten bis der helle Tag angebrochen war..."*

---

[113] Christine lebte von August bis November 51 bei Gerlinde und Hans, während Ilses TB behandelt wurde.

22.11.51 Karl: „*...Deine Anfälligkeit will mir gar nicht gefallen, beweist sie doch, wie erholungsbedürftig Du bist... Du musst jetzt dringend kündigen... und auf jeden Fall mit dem bisherigen Lebensstil Schluss machen... Ich war in Stuttgart hatte intensive Besprechungen über die Kinder mit deren Lehrern und Pensionseltern... die beiden Buben werden nach den Weihnachtsferien von Frau Sigel zu Fam. Ackermann ziehen... Übrigens erzählte mir Barbara, dass nun auch schon Michael von unserer Scheidung weiß, erst sehr sauer reagierte und einen groben Brief verfasste, diesen dann aber nicht abschickte. Jetzt hat Otti ihm einen fabelhaften Brief geschrieben, der alles Wesentliche enthält. Es ist möglich, dass auch Christoph bereits orientiert ist. Du siehst, die Dinge gehen langsam, aber sicher voran... Abends machte ich noch bei Mutter und Hedel Station... Aber ich muss Dir doch noch kurz über den Presseball im Kurhaus von Bad Neuenahr berichten... Es war schon ein glanzvolles Fest, dessen politisch-gesellschaft-liche Bedeutung die Anwesenheit des Bundespräsidenten unterstrich. Bis Mitternacht war ich sehr offiziell tätig, dann, nachdem ich mit 13 Losen weder den VW noch einen Perserteppich sondern nur eine Flasche Rotwein gewonnen hatte, ergab ich mich dem Vergnügen und trank, tanzte und flirtete (eine rechts, eine links) bis morgens um 6. Mit der Taxe kam ich um 7 Uhr zu Hause an und saß um 9:19 schon im Zug nach Stuttgart. Otti war nicht mit von der Partie, hat aber ihr Fernbleiben später bedauert...*"*

25.11.51 Ruth: „*So, nachdem ich nun seit gestern früh gebacken, geputzt, gewaschen und genäht habe, ist nun die stille Stunde für Dich gekommen. Morgen in 4 Wochen ist Christabend, und dann hat hoffentlich die Schreiberei bald ein Ende gefunden. Maria machte neulich den Vorschlag, das Buch ihres Lebens über unseren Schrift-*

wechsel zu verfassen!... Ein Stein ist mir vom Herzen gerollt, dass Michael nun Bescheid weiß[114]. Bitte schreib mir, wie er auf Ottis Brief reagiert hat und sich innerlich zu mir einstellt... Deinetwegen bin ich froh, dass das ohne deine Mitwirkung geschehen konnte...

Und dass Du bis morgens früh um 6 h feierst, ist hoffentlich das letzte Mal geschehen!! Wenn schon, dann mit mir, Du alter Schwerenöter! „Na", wirst Du jetzt sagen, „geschieht Dir recht, dass ich flirtete, warum bist Du nicht bei mir!"... Unserem Spatzen steht das Plappermaul nicht mehr still und die drolligsten Wortbildungen kommen an den Tag... Heute Morgen, beim Frühstück platzte sie in die eingetretene Stille mit der Feststellung „mausstill" hinein, was sehr komisch wirkte. Gestern Abend blätterte sie in dem Tierbuch von Paul Eipper. Plötzlich meinte sie beglückt „Ssau mal Muttilein, Onkelein is hier", sprach's und reichte mir das Konterfei eines alten Gorilla. So Deine Tochter. Die meinigen dagegen sind schon völlig in Weihnachtsarbeiten versunken. Vor allem Bärbel ist mit einem tollen Eifer bei der Sache, und eigentlich ist unsere Wohnung noch zu klein, denn jedes begehrt einen Raum für sich und mit Gebrüll wird man herausgewiesen, wagt man auch nur die Klinke zu berühren. Dieses Jahr merke ich so recht, wie weit die beiden Mädels nun schon sind in diesem selbständigen Eifer. Bärbel erstaunt mich immer mehr, so bewusst habe ich mit 9 Jahren nicht gelebt. Vor 2 Tagen musste sie mit einer eiternden Blase zu Hause bleiben. Abends wurde ich mit der kategorischen Erklärung empfangen „Morgen gehe ich wieder zur Schule, da kannst Du machen, was Du willst, es ist zu langweilig ohne Schule. (Sie hatte den ganzen Tag eifrig gestickt, gestrickt und Flöte gespielt) Um ihre Schularbeiten kümmere ich mich überhaupt nicht mehr, bekomme nur ab und zu Fragen

---

[114] Christoph noch nicht...

serviert, die mich manchmal in die rettenden Arme des Brockhaus (jetzt komplett) flüchten lassen. Na, - von mir hat ses nicht! Da ist mir meine Dicke näher, die neulich beschloss, ihrer großen Schwester zu Weihnachten 3 Bismarckheringe zu schenken, von denen sie weiß, dass Bärbel sie für ihr Leben gerne isst. Aber nun Schluss – hoffentlich habe ich Dich etwas erheitern können, ich habe mich jedenfalls königlich amüsiert in den letzten Tagen über meine Brut…".

28.11.51 Karl: *„Ich habe gerade eine Stunde Zeit, mein liebes Herz, bis ich mit „Fritzchen" noch einmal losfahren muss, obwohl schon 21 Uhr vorbei ist. Aber es geht um eine hoffentlich gute Information über den Stand der deutsch-alliierten Vertragsverhandlungen. Das ist mir schon eine Messe wert, und überdies habe ich Otti versprochen, sie um 23 Uhr abzuholen… Ich will Dir gleich die wichtigste Frage beantworten nämlich die nach Michaels Reaktion auf Ottis Brief. Nun, ich kann sagen, so gut wie nur denkbar, auch wenn er Dich in seinem Brief nicht erwähnt hat. Mir tat es unendlich wohl, dass er noch einmal bestätigte, wie sehr er sich über meinen Besuch in Stuttgart gefreut hatte – und damals wusste er ja bereits über unsere Pläne Bescheid! Auch Christoph, der wohl nicht informiert ist, aber nach Michaels Meinung noch vor Weihnachten ins Bild gesetzt werden soll, schrieb heute, dass ihm mein Besuch und unsere Gespräche besonders gut gefallen hätten… Inzwischen wirst Du sicher das Paket erhalten haben, das ich am Montag abschickte. Nachträglich stiegen mir noch Bedenken auf, ob nicht die Likörpralinen auslaufen könnten. Willst Du mir bitte mitteilen, in welchem Zustand die Sendung angekommen ist?*
Mit Ilse hatte ich heute Abend wieder ein gutes Gespräch – über die Kinder und über Dich. Ich bin jedesmal wieder beglückt wie ver-

ständnisvoll und anerkennend, ja mit großer Zuneigung sie von Dir spricht und voller warmer Sympathie an der Entwicklung der Dinge teilnimmt. Sie wird am Samstag zur Erholung in den Schwarzwald reisen... Auch Deneke ist ziemlich krank... In der Zeit mache ich die Arbeit allein, vor allem verfüge ich selbständig über „Fritzchen". Ich könnte den guten Kerl jetzt gar nicht entbehren. So, geliebte Frau, ich muss jetzt aufbrechen... Lass Dich nicht mehr von Depressionen heimsuchen, höchstens Ungeduld ist jetzt noch statthaft. In wenigen Wochen hoffe ich Dich für immer in die Arme schließen zu können. Vergiss nicht, zum 31.12. zu kündigen! Gute Nacht mein Ru-thelein!"

30.11.51 Ruth: *„Liebes, Liebes, Liebes,- ... ich hab mich so von Herzen gefreut über Dein Paket, ... Leider wird mein Adventspaket nicht pünktlich ankommen, weil wir sooo pleite waren! Hoffentlich halten sich die Zweige, sie ... sollen Dir all meine Liebe bringen. Weißt Du eigentlich, dass heute ein bedeutungsvoller Tag ist? Ich habe gekündigt und bin Dir nun auf Gedeih und Verderb ausgeliefert. Hoffentlich kommen weiterhin gute Nachrichten von Dir in Bezug auf die äußere Gestaltung der nächsten Monate, damit meine im Augenblick etwas in der Luft hängende Existenz nicht noch mehr Unruhe in mir erzeugt. Aber ich will nicht problematisieren... in 2 Tagen ist Sonntag und dann sind es nur noch 3 Wochen bis zum Fest. Eine Woche ist jetzt ekelhaft lang ohne Dich mit viel Arbeit und nicht den besten Kräften... So, nun sinke ich ins Bett nach diesem komischen Erguss, ach, wärst Du hier! Lass Dich küssen von Deiner Ruth-Frau"*

30.11.51 Karl: *„Mein Herzlieb, es ist 3 Uhr früh und schon die dritte Nacht dieser Woche, in der ich erst zu vorgerückter Stunde zu*

Bett gehen kann. Aber es geht mir gut, und fast bedaure ich, dass Deneke wieder für einige Stunden im Büro erschienen ist. Dumm war nur, das „Fritzchen" seit Dienstag beim Onkel Doktor ist, der ihm den Motor erneuert (für über 500 DM, die uns hoffentlich die Verlage „zu Weihnachten" ersetzen). <u>Bitte</u> begnüge Dich für diesmal mit diesen kurzen Zeilen... lass Dich umarmen von Deinem alten Mann"

Kapitel 8

1 Weihnachtszeit

2.12.51 Ruth: „*Liebster,- schon wieder ist es für meine Verhältnisse spät, aber ich will Dir noch für Deine Zeilen vom 28. danken. Vor allem bin ich mit Dir sehr froh über Michaels gute Reaktion... Nachdem ich nun erst Mitte Januar nach Bonn komme, wird sich dieser Monat auch finanziell anders gestalten als bisher von mir angenommen. Der Sonntag war sehr turbulent, - ich bin ganz lahm. Morgens Adventskranz binden und backen, dazwischen tausend Kinderwünsche erfüllen, nachmittags mit B. u. G. zu Birgit, dort wurde musiziert und gebastelt. Nun sind alle Geister im Bett... Am kommenden Sonnabend bin ich in München mit Maria. Ich nehme an einer billigen Busfahrt (5.- hin und zurück) vom Büro aus teil und werde alle Weihnachtseinkäufe tätigen. Das wird doch billiger als hier und ich komme mal heraus. Die Pralinen waren heil, bis auf eine, was die Kinder aber nicht hinderte, sie begeistert aufzuessen. Für Dich hoffe ich, dass Deneke bald wieder gesund ist... Unser Spatz wird jetzt wirklich sehr aufgeweckt. Ich bin froh darüber, denn*

253

Chr. war doch recht zurück.[115] *Hast Du Ilse mal von meinem letzten*
Bericht über die Kinder erzählt?... Es klingt wie eine Sage - ab mor-
gen sind's noch 16 Arbeitstage (bis zum Fest). Gott sei Dank. Lass
Dich küssen von Deiner Ruth"

9.12.51 Karl: *„Mein Herzlieb, – eben bin ich aus Koblenz zurückge-*
kehrt, wo ich mich bei Mutter und Hedel herrlich erholt habe... Ich
beeile mich jetzt, bevor die Wochenarbeit wieder beginnt noch ein
wenig mit Dir zu schwatzen... Es klingt wie eine Sage, Ruth Liebs-
te, so Gott will, können wir beide jetzt die Tage zählen, bis wir ein
neues Leben der Gemeinsamkeit beginnen werden!... Ich war diese
Woche beim Anwalt, den morgen Abend Otti und ich gemeinsam
aufsuchen wollen. Wenn alles glatt geht, und der Anwalt glaubt das,
wird die Scheidung wohl schon im Januar perfekt sein. Inzwischen
ist auch Christoph über unsere Pläne unterrichtet worden, es hat
ihn, wie ich erwartete, tief getroffen, aber Barbara schreibt, dass er
sich inzwischen gefasst habe. Der arme, liebe Kerl. Wir alle wollen
durch große Liebe und durch Verständnis ihn so rasch wie möglich
davon überzeugen, dass eine Scheidung nicht notwendig ein Un-
glück zu sein braucht. (Und ich weiss, Du wirst mir dabei helfen.)
Ottis berufliche Situation scheint sich günstig zu entwickeln, ebenso
ihre Wohnungsangelegenheit. Sie ist davon überzeugt im Januar
eine der zwar „j.w.d." gelegenen für die deutschen Angestellten der
Amerikaner zu bekommen.
Ja, und was unsere Hochzeit betrifft, so meint auch Hedel, dass wir
nicht lange warten, sondern schon bald nach der Scheidung heiraten
sollten... Auch meine Mutter ist nun im Bilde, wobei besonders mein
Bruder Gerd, der Forstmeister, der am besten mit ihr sprechen kann,

---

[115] Wann man feststellte, dass Christiane behindert war, weiß ich nicht genau.

uns gute Dienste erwiesen hat. Du siehst also, den Segen meiner Familie haben wir, und das ist sehr viel wert, dass Du sicher sein kannst, gerade auch von meinen Geschwistern erwartungsvoll aufgenommen zu werden. Nur mein Bruder Hans in Rio hat noch nichts von sich hören lassen, seitdem ich ihm im November mitgeteilt habe, was wir vorhaben. Ich glaube jedoch, dass er nicht völlig überrascht gewesen sein kann, denn seine Schwiegermutter, die ich im Sommer in Koblenz traf, äusserte später zu Hedel, sie hätte mir angemerkt, dass ich bekümmert sei...

Um Deine weihnachtsbeflissenen Kinderchen beneide ich Dich fast. Ohne Kinder bleibt doch ein Tag dem andern gleich, und Weihnachten steht plötzlich und unvermittelt vor der Tür: erfreulich, aber ohne jeden metaphysischen Glanz. Deine Schilderung, (über die sich auch Ilse regelmäßig gefreut hat) erinnert mich daran, dass die großen Feste mehr sind als gelegentliche Unterbrechungen der Arbeit. Willst Du mir auch <u>dabei</u> helfen, das wieder zu lernen? Herzele, sei guten Muts! Bald werde ich bei Dir sein und mit Dir hierherfahren. Dann soll es keine Abschiede mehr geben wie bisher!..."

12.12.51 Ruth: *„...Weisst Du, ich kann es manchmal noch gar nicht fassen, dass ich nun bald auf immer zu Dir kommen werde... Ich schwebe oft wieder in Ungeduld und Hoffnung um die Verwirklichung. Meine große Angespanntheit spielt mir dabei oft schlechte Streiche, weil sie ein Ausmass erreicht hat, die es mir in manchen Stunden des Tages unmöglich macht zu denken, dass ich die nächste noch überstehe... Du kannst überzeugt sein, dass ich trotzdem guten Mutes bin.*

Dass es für Christoph fast am schwersten sein würde[116]*, sich mit eurer Scheidung abzufinden, haben wir ja oft besprochen, mein Liebes, wir alle wollen ihm durch viel Liebe die Situation leichter machen. Ich will Dir sehr dabei helfen, wenngleich ich mich den Jungs gegenüber etwas abwartend verhalten werde... Sie müssen sich erst in Ruhe daran gewöhnen lernen, dass ich Deine Frau werde... Ich würde den 7.2.52 als Hochzeitstag vorschlagen... In München war ich nicht, aber in Traunstein mit Maria. Meine Pelzjacke scheint nett zu werden... Als ich abends nach Hause kam, fand ich Nani recht krank vor. Das Kind war durch starke Atemnot so unruhig, dass ich Anny noch rufen ließ durch G. u. B., die um 20 Uhr noch tapfer durch Schnee und Dunkelheit davonstapften. Ich habe dann mal wieder Annys stärkste „Medizin", ihre wunderbare kräftigende Ruhe bewundern können. Sie massierte Christiane und das bereits fantasierende Kind wurde unter ihren Händen ruhig, fiel auf's Kissen zurück, schloss die Augen und liess sich alles mit entspannten Zügen gefallen. Ganz ruhig und still ist sie dann eingeschlafen durch Anny gebettet und war am nächsten Morgen fieberfrei... Nun haben wir nur noch einen Sonnabend mit längerer Arbeitszeit... viel Arbeit türmt sich noch. Es soll recht schön und gemütlich werden, dieses Fest. Ach Karl, Du kannst Dich darauf verlassen, die Vorweihnachtszeit solltest Du auch wieder genießen lernen in Zukunft. Gott gebe es!..."*

14.12.51 Karl: „*...Du sprichst vom 12.1., das könnte gehen. Die Kinder werden vermutlich bis zum 7. bleiben. Am 9. und 10. tritt*

---

[116] Das war für ihn zeitlebens eine große Verletzung. Mit etwa 55 Jahren machte er eine Psychotherapie und wollte von seinem Vater wissen, was damals geschehen war. „*Jetzt, wo der Vater nicht mehr gut dabei ist, kommt Christoph mit so etwas! Er soll Vater in Ruhe lassen*", hörte ich Ruth aufgebracht dazu sagen.

der Bundestag zur Ratifikation des Schumannplans zusammen. Am 17. will der Hamburger Chefredakteur uns für 2 Tage besuchen. Ich könnte also gut Dich zwischen dem 11. und 16. abholen. Es wäre wunderschön, wenn wir dann – trotz Aufbruch – noch etwas Zeit für den einen oder anderen Abschiedsspaziergang fänden... (Ein sonderbares Gefühl ruft die Vorstellung hervor, dass Du und Marquartstein bald nicht mehr kongruente Begriffe sein werdet.) In acht Tagen geht Dein Dienst dort ja zu Ende. Ich bin gespannt, ob sich in die Freude über die Befreiung von dieser schweren Last nicht doch etwas Trauer mischt, - einfach über den Abschluss einer bestimmten Lebensepoche.... Wenn ich's recht bedenke, ist der Sprung in etwas ganz Neues für Dich vielleicht noch größer und damit gewagter als für mich. Hoffentlich geht es unserem Spatzen etwas besser... Am Montag wird das Kind schon drei Jahre alt. Ach, Ruth, erinnerst Du Dich noch an die Weihnachtstage 1948? Wie weit scheinen sie doch zurückzuliegen... Ich schliesse für heute, liebe Frau und Mutter des Nanilein, indem ich herzlich darum bitte, Euch beide bald wohlbehalten bei mir aufnehmen zu können..."

17.12.51 Ruth: „...Ja, es fällt mir ein wenig schwer, diese Epoche meines Lebens abzuschliessen; so schwer sie war, sie ist ganz entscheidend in meinem Leben gewesen. Und etwas, was man sich schwer erkämpfen muss, wird einem doch lieb, so oft es auch zwickt... Und ob ich noch an die Weihnachtstage 1948 denke! In den dunkelsten und verzweifeltsten Stunden der vergangenen Jahre, wenn oft Deine Abwehr gegen mich und unsere Pläne grausam auf mich wirkten, konnte ich nie Deinen Blick vergessen, mit dem Du damals, nach Christianes Geburt an mein Bett tratst. Mir will fast scheinen, als ob der Ausdruck Deiner Augen damals mir die Kraft

gegeben hat, trotz allem unsere Liebe zu tragen und einen letzten
Funken Hoffnung nie zu verlieren. Ach, und heute, nach drei Jahren,
darf ich endlich wieder frohen Herzens in die Lichter schauen und
die Glocken der Neujahrsnacht hören..."

22.12.51 Ruth: *„... Soll ich mein Umzugsgut gleich mitbringen?*
Wo stellen wir es hin? Wenn Otti im Januar umzieht, wäre es doch
richtig, wenn meine Sachen erst Ende Januar kommen... Danke für
die 10.-, Nani bekam ein Bilderbuch davon und rote Wolle für Fäust-
linge, die ich in den Feiertagen stricken werde. Sie war goldig am
Geburtstagstisch, riss die Ärmchen hoch und jauchzte vor lauter
Begeisterung. Bitte auch an Otti liebe Weihnachtsgrüße! (Nicht
vergessen!)"

22.12.51 Karl: *„Mein Herzlieb, dass auch Du Dich ausschweigst,*
tröstet mich ein wenig über mein derzeitiges Schreibunvermögen...
Der innere Antrieb hat in dem Maße nachgelassen, wie sich der
Zeitpunkt unserer Vereinigung nähert. Es ist wie ein Luftanhalten
vor einem Kopfsprung. Am Montag musste ich noch einmal nach
Aachen fahren, am Mittwoch nach Köln und heute sind die Kinder
angekommen... Das alles nur zur Begründung der dringenden Bitte,
Dich durch meine Wort- (und auch Gaben-) Kargheit nicht irritieren
zu lassen. Bald wirst Du ja hier sein, und dann leben wir zusammen
und denken und arbeiten zusammen... Vergiss nicht, dass ich auf
Dich warte und mit Dir zu einem neuen Beginn von Herzen bereit
bin. In drei Wochen hoffe ich erst Dich, später unser Kind herholen
zu können..."

2 Depression

28.12.51 Karl: *„... Ach Ruth, wie sehne ich mich danach, mit Dir ein neues Leben zu beginnen... Selbstverständlich dürfen wir uns keinen Illusionen hingeben. Wir sind durch Reife und Erleben geprägt, aber jung und harmonisch genug, um den Mut zu einem anderen, zu unserem eigenen gemeinsamen Lebensstil zu haben. Ich glaube mich nicht zu irren, Liebste, dass es dieselben Mittel sind, mit denen wir gemeinsam die Gefahr der Alltäglichkeit bannen können; sie heissen: Vergeistigung und Verinnerlichung, auch in unserer intimsten Begegnung... Der Heilige Abend war leider verdunkelt durch eine Depression, die sich meiner aus dem Empfinden heraus bemächtigte, meine drei Großen seien mir bereits völlig entwachsen, ohne das von mir mitbekommen zu haben, was ich für notwendig halte und was Otti ihnen nicht zu geben vermag. Nun, am ersten Feiertag zeigte sich Otti wieder einmal – wie eigentlich stets in wirklich kritischen Situationen – von ihrer besten Seite. Ihr Zuspruch und der Besuch des Gottesdienstes liessen rasch die Schatten von meiner Seele weichen und seitdem herrscht eitel Freud und Harmonie. Die Kinder sind glücklich über das gute Einvernehmen zwischen ihren Eltern und haben sich infolgedessen völlig mit der getroffenen Entscheidung abgefunden. Zwar äußern sie manchmal noch Sehnsucht nach einem richtigen „Zu-Hause" (ohne dass das unbedingt das Elternhaus zu sein brauchte), aber ihre Schule und das eigene Leben in Stuttgart möchten sie trotzdem nicht aufgeben. Ohne Zweifel sind sie überaus gutartig, mag auch ein ausgesprochener Mangel an „Erziehung"- im Sinne von Schliff und Haltung – sich zuweilen störend bemerkbar machen. Na ja, das Leben wird sie schon zurecht stossen.*

Otti, mit der ich mich verstehe, wie schon lange nicht mehr, betreibt mit größtem Eifer die Wohnungssuche. Anfang Januar wird es sich entscheiden, ob sie eine der neuen Wohnungen für deutsche Angestellte der Amerikaner bekommen kann. Die Wahrscheinlichkeit spricht dafür. Aber auch, wenn es fehlschlagen sollte, wollen wir uns in der Verwirklichung unserer Pläne nicht irremachen lassen. Deine Anwesenheit in Bonn dürfte dann sogar noch nötiger sein! Die Klage ist jetzt eingereicht und soll im Januar zur Entscheidung kommen... Übrigens wissen jetzt auch die Godesberger Verwandten Bescheid. Nun überlege ich noch, wie wir es am besten mit Deinen Möbeln machen... Ach Ruth, hoffentlich treffe ich Dich, die Kinder und Mum wohlbehalten an, wenn ich am 11. oder 12. Januar zu Dir komme. Uns beiden stehen noch viele Schwierigkeiten bevor, bis unser Leben „in Ordnung" gekommen sein wird...".

28.12.51 Ruth: *„Liebes, - es war wie eine Kontaktunterbrechung zwischen uns. Ich hatte mir das Fest im Hinblick auf meine beiden großen Mädels schmerzlicher vorgestellt. Beim Schmücken des Baumes streifte mich ab und zu der Gedanke: das tust Du nächstes Jahr für B.u.G. nicht, sondern gleich stand daneben der Gedanke: Nächstes Jahr tust Du es für Karl...*
Gestern Abend habe ich B.u.G. von der bevorstehenden Veränderung erzählt, was Bärbel mit recht viel Freude über die Aussicht zum Pappi zu kommen, aufnahm, bei Gisel jedoch bittere Tränen auslöste. Der Gedanke von M'stein wegzusollen, will ihr gar nicht in den Kopf und von mir will sie auch nicht weg. Ausserdem fürchten sich beide davor mit Mum alleine zu bleiben. Gewiss, das macht mir auch Sorge, aber bis Ostern muss nun noch durchgehalten werden. Ich hoffe dass Hans die Bärbel wegen der Schule dann schon nimmt u.

wegen Gisel wollen wir bei Deinem Hiersein nochmal sprechen. Ich habe, so gut es ging Gisel getröstet und ihr und Bärbel fest versprochen, dass beide wieder zu mir kommen können, sowie ich die Möglichkeit dazu sehe. Von unserer Heirat habe ich ihnen noch nichts gesagt, ich gehe nach Bonn, um dort eine andere Stelle anzutreten... Dann habe ich tüchtig Alkohol zu mir genommen u. bin noch zu Birgit gegangen.

Und nun steht der Jahreswechsel vor der Tür. Meine Gedanken wandern rückwärts: 46/47 es wanderte mancher Gedanke zu Dir von der Schlechingerstr. her. 47/48 die missglückte Verabredung, Deine Aussprache mit Birgit und eine grauenvolle Nacht. Den 1.1.48 werden wir wohl beide nie vergessen. 48/49 warst Du nach Christianes Geburt gerade wieder abgereist u. die Kirchenglocken in dieser Nacht haben mir weh getan, 49/50 aus Säckingen zurückgekehrt ging ich früh schlafen, obwohl Hans da war, aber ich musste alleine sein. 50/51 saß ich mit Wendula bis 2 Uhr zusammen hier in meinem Zimmer und habe in jener Nacht mit ihr gerungen, um meine Einstellung zu Dir, weil sie nicht begriff, dass ich immer noch hoffte. Liebster, nun schicken wir uns an, Mann und Frau zu werden. Neujahrnacht 51/52 wird Abschied und Aufbruch zugleich sein..."

30.12.51 Ruth: *„...Der Abschnitt in meinem Leben ist zu einschneidend, als dass ich nicht mit aller Nachdenklichkeit durch diese letzte Zeit unseres Getrenntseins gehen würde. Ich bin in tiefes Nachdenken versunken, was verstärkt wird durch das Ordnen aller meiner Sachen. Bilder, Briefe – sie alle lassen mein ganzes Leben vor mir abrollen u. nicht zuletzt haben mich die Briefe von Hans an manchen Stellen tief beeindruckt.*[117] *...- Heute Abend waren es wieder die*

---

[117] Leider hat sie die nicht aufgehoben.

Kinder, die mich arg beschäftigten. Mum macht einen so abgewandten, vergrämten Eindruck, dass mir die Zeit, in der sie mit B.u.G. allein sein wird, wie ein Alpdruck auf der Seele liegt... Meine Sehnsucht nach Dir und unserem gemeinsamen Leben ist so unendlich gross, dass ich keinen Moment mit dem Gedanken spiele, länger hierzubleiben. Aber... ich werde eine mündliche Aussprache mit Hans herbeizuführen suchen, damit B. bestimmt zu Ostern nach Wattenscheid kommt...

Dein Weh um die Kinder! Karl, es kann nur ein kleiner Trost sein,... wenn ich Deine Gedanken auf unser Kind lenke. Es ist nur eins, aber wieviel muss es uns bedeuten u. wird es auch Dir bedeuten... wenn wir beide bedenken, mit wieviel Liebe es gezeugt wurde. Da gibt es noch eine große Aufgabe in Deinem Leben... Und auch meine beiden Grossen werden Dich noch brauchen, Karl. Damit kann Dein Schmerz nicht ausgelöscht werden, das weiss ich, aber vielleicht etwas gemildert... Resi[118] ist nun auch informiert u. übernimmt ab 1.2. das grosse Zimmer. Finanzen sind bei mir sozusagen zerrüttet, dass Du's nur weisst. Wenn Du meine Reise nicht bezahlst, muss ich leider hierbleiben! Der Abschied von Körting, Schuhe u. Pullover für die Kinder und mein Pelz haben mich zur Strecke gebracht. Schön, wenn Du schon am 11.1. kämst!..."

3 Abschied

Ruth und Karl beginnen das Jahr 1952 in der Annahme, sie werden ab Mitte Januar zusammen in Bonn leben und beide Mädels weggeben. B. u. G. sollen zunächst alleine bei Mum in

---

[118] Die Hausbesitzerin in M'stein

Marquartstein bleiben, B. ab Ostern und G. ab Sommer 1952 bei Hans und Gerlinde in Wattenscheid leben. Ruth denkt, dass sie 1952 ohne B. u. G. den Weihnachtsbaum für Karl schmücken wird.

4.1.52 Karl: *„Mein Herzlieb, komisches Gefühl, dass ich in diesem Augenblick vielleicht den letzten Brief einer langjährigen Serie zu schreiben anhebe. Von welchen Höhen und Tiefen menschlichen Empfindens legen diese Dokumente unserer Liebe doch Zeugnis ab... wie wechselvoll der Weg gewesen ist, den wir seit unserer ersten Begegnung bis heute zurückgelegt haben. Mein Blick richtet sich fast ausschliesslich in die Zukunft, die ich mir mit Ungeduld erwarte. Das liegt wohl vor allem daran, dass meine Beziehungen zu Otti und den drei Grossen in Ordnung sind, sodass es mir vorkommt, als sei unter mein bisheriges Familienleben ein Strich gezogen worden... Silvester feierten wir bei uns mit Gästen... es blieb bei kräftigem Trunk und geräuschvoller Unterhaltung ohne besonderen Tiefgang. Ich war froh, den Neujahrstag in Koblenz bei Mutter und Hedel verbringen zu können... Ich will mich redlich mühen, am Freitag früh (11.1.) fahren zu können..."*

6.1.52 Ruth an Karl: *„Eben kommt Bärbel von der Post zurück – ohne Post von Dir... Die Tage vergehen mit Packen und Räumen... Mein Zimmer sieht schon recht kahl aus ohne Bücher und Bilder. Viel Sorge hatte und habe ich noch um Gisel, die mit einem ganz schlimm verbrühten Fuß das neue Jahr betrat bzw. nicht betreten konnte[119]. Es sieht noch heute ganz entsetzlich aus u. Gisel liegt fest.*

---

[119] Ich wollte Ruth, die mit Freundinnen im kleinen Zimmer saß, ‚pfüat di' sagen. Teewasser war in einem offenen Topf aufgesetzt, der auf dem Boden stand und der

Bisher war Anny jedoch zufrieden, aber Gisel klagt heute morgen wieder über heftige Schmerzen, kaum dass ich sie waschen, betten und töpfen kann. Ja, ich hätte Zeilen von Dir heute schon brauchen können…"

7.1.52 Ruth an Karl: *„Liebster Mann, Du darfst mir dann bei Deinem Hiersein tüchtig den Kopf waschen wegen des traurigen Briefes von gestern. Auch ich schreibe nun den letzten Brief unserer 5-jährigen Korrespondenz. Ich habe übrigens vor, unseren gesamten Briefwechsel mal chronologisch einzuheften[120]… Meine Sorge um Gisel ist jetzt behoben, seit heute kann sie den Fuss ohne Schmerzen bewegen. Beim Verbandwechsel gestern zeigte sich auch, dass die grosse Wunde gut heilt. – Sonst habe ich mich in meinem Kindergarten jetzt sauwohl gefühlt. Es ist mir fast so, als hätte ich nun erst die nötige Bezogenheit u. Ruhe für die Kinder bekommen, als gingen sie jetzt erst richtig in mein Sein ein… Ich erwarte Dich mit wahrhaft sehnsüchtigem Herzen und tiefer Liebe. Deine Ruth"*

9.1.52 Karl: *„…rasch ein paar Zeilen. Grund: Um Dir mitzuteilen, dass ich erst am Samstag kommen kann, weil die Schumanndebatte erst am Freitag Mittag zu Ende gehen wird… Wie schön, dass es Gisela wieder besser geht und die Kinder wohlauf sind… Die Übergangszeit wird auch für die Kinder nicht ganz einfach sein. Wir wollen wirklich alles in unseren Kräften Stehende tun, um sie nach Möglichkeit abzukürzen. Das Wichtigste ist jetzt die Wohnungsfra-*

Tauchsieder hatte das Wasser gerade zum Sprudeln gebracht. Ich trat in das kochende Wasser und verbrühte mir den rechten Fuß schwer. Die Ärztin Anny Ederer kam und riet zu Wickeln mit Mehl und Öl. Lange musste ich im Bett liegen. In der Schule verpasste ich vieles. Anschließend musste ich wieder gehen lernen.

[120] Das hat sie getan.

ge, die Mitte Januar geklärt sein soll. Es wäre wunderbar, wenn die erhoffte Lösung einträte, doch würde auch eine ungünstige Entscheidung noch lange keine Situation schaffen, die nicht zu meistern wäre... Die Jungs sind am Montag wieder abgereist, in bester Verfassung. Die Stimmung zwischen ihnen, Otti und mir war zuletzt ausgezeichnet... Lass Dich – hoffentlich zum letzten Mal „theoretisch" – umarmen und küssen von Deinem Mann"

Hier endet der Briefwechsel Marquartstein – Bonn.
Ruth lebt nun ohne Kinder als Geliebte und Hausfrau bei Karl und Otti in Bonn. B.u.G. sind bei Mum in Marquartstein, Christiane ist bei Mämä untergebracht.
Offensichtlich wurde in der ersten gemeinsamen Bonner Zeit beschlossen, Gisel mit nach Bonn zu nehmen und nicht nach Wattenscheid zu geben.[121]
Gerlinde erzählte mir: *„Als wir in Schottland waren, bekamen wir einen Brief von Ruth, in dem sie bei uns anfragte, ob wir beide Kinder zu uns nähmen. Wir haben zunächst zugestimmt. Als ich merkte, dass ich mit Rike in Umständen war, nahmen wir nur eine. Du wolltest nicht weg von Ruth"*.

Das Zusammenleben von Ruth und Karl in Bonn im Jan./Febr. 52 verlief nicht problemlos. Das zeigen die folgenden Notizen von Ruth, die sie auf formlosen Blättern ohne Datum festgehalten hat:
„Du hast vorhin so vielsagend geschwiegen am Telefon, als ich mal wieder betonte, wie gut die Ungebundenheit tut. Karl, - Du weisst doch hoffentlich, dass ich jederzeit wieder ohne Bedenken all die An-

---

[121] s. Ruths Brief vom 28.12.51

gebundenheit und Mehrbelastung auf mich nehme, wenn ich unse-
ren Spatzen wiederhabe und wie sehr ich das Kind auf der anderen
Seite auch wieder vermisse. Das drohte mich sogar in den ersten
Tagen zu überrumpeln, u. da hab ich mir mal ganz sachlich die Vor-
teile meiner jetzigen Situation klar gemacht, ja u. die will ich jetzt
leben… Und noch eins wird mir jetzt klar: Ich habe mehr Kraft,
Schwung u. Gelöstheit, <u>unsere</u> Situation zu meistern. Meine Tiefs
waren auch oft die Folge grosser Abgespanntheit, dann nimmt man
alles doppelt tragisch. <u>Bitte</u> – schweig diese Zeilen nicht <u>ganz</u> tot!"

29.2.52 Ruth in Bonn, gekritzelt mit Bleistift auf Schmierpapier: *„Ich bin etwas befremdet, dass die grosse Finanzbesprechung*
in meiner Abwesenheit stattfindet. Gewiss, soweit es Aufklärung u.
Besprechung im einzelnen für die Jungs und Babs angeht, musst Du
zunächst mal mit Otti sprechen, aber letztes Endes muss ja alles
miteinander verbunden u. gegeneinander abgewogen werden. Ich
möchte Dich daher bitten, mich nicht einfach vor vollendete Tatsa-
chen zu stellen, – ich bin auch nicht bereit von meiner Dir neulich
Abend geschilderten Linie abzuweichen – in Deinem Sinne. Du ver-
stehst, ich habe die Befürchtung, dass Du Ottis einsetzenden Argu-
menten gegenüber nicht standhältst. Da aber jetzt der Moment da
ist, wo vielleicht – wenn auch in viel engeren Grenzen die Abgren-
zung in der Verteilung schärfer gezogen werden können, soll man
ihn auch wahrnehmen. Ich habe für uns dann auch noch Vorschlä-
ge…"

Ruth in Bonn, mit Bleistift auf Schmierpapier: *„Liebes Herz, ich*
bin nur froh, dass die Luft nun im Ganzen gelöster ist zwischen uns,
sonst würden kleine Geschehnisse wie heute Vormittag nicht so zu

überbrücken sein, aber Deine traurigen Augen haben mich den gan-
zen Tag verfolgt und die Art wie Du das Haus verlassen hast…
Solange Du derartig überbeansprucht bist, werden uns solche Situa-
tionen nicht erspart bleiben. Aber Du kannst versichert sein, dass ich
mich ganz schnell immer wieder fange, auch wenn ich im Moment
mal kurz bitter bin, weil mir jegliche Spontanität verboten ist, wenn
es darum geht, dass ich Dich mal brauche. Ich weiß, dass Du von
Natur aus nicht sehr dazu neigst Hilfestellung zu geben – nun u.
jetzt kannst Du es einfach nicht. Versage mir aber bitte nicht Dein
Verständnis dafür, dass ich manchmal ausrutsche u. nicht immer
mit meinen troubles allein fertig werde – ich tue es oft, das kannst
Du glauben… Und lass Dich jetzt nicht bedrücken durch Geld- und
Berufssorgen – wir wollen auf den vertrauen, der bisher alles lenk-
te… und ab und zu fröhlich sein. R.“

Karl muss an zwei Fronten für „gelöste Luft“ sorgen – er steht
zwischen Otti und Ruth, will beiden gerecht werden, ist überfordert. Otti hat nun eine Wohnung im Tannenbusch bekommen und ist ausgezogen.

4   Mit Opfern erkauft

Anfang März reist Ruth von Bonn nach M'stein zu ihren Kindern. Sie schreibt an Karl:

7.3.52 *„Liebes Herz! Das war eine herrliche Fahrt! … Die Kinder*
wohlauf, unser Nani ein richtiger kleiner Mensch geworden, sie hat
sich enorm verändert in den 6 Wochen. Bald mehr u. ausführlicher
über das Wiedersehen… Ich denke viel an Dich u. hoffe, dass Du
recht wenig „verquer“ bist, ich kann doch nicht strahlen über 800
km hinweg! Kuss von Deiner Ruth.“

7.3.52 Karl: „*Mein Ruthele,…mir geht es besser, seit ich heute mit Otti bei uns zu Mittag gegessen habe. Die „liebe Güte" ist nie grossartiger, als wenn man sich hilfesuchend an sie wendet. Und ein wenig Hilfe hatte ich nötig, um aus der schrecklichen Depression zu kommen, die mich seit Tagen gefangen hielt. Nun denke ich über Anlass oder Ursache nach, die mir in einem Missverhältnis zur Wirklichkeit, in der mangelnden Harmonie zwischen Ich und Umwelt, Können und Beruf, „Ist" und „Soll" zu liegen scheinen. Ich glaube wirklich, etwas unternehmen zu müssen, um mit diesem schweren Problem fertig zu werden, das schon bald einer seelischen Krankheit nahekommt. Vielleicht ist es gut, dass ich auch mit meinen Geschwistern einmal darüber rede. (Am Samstag möchte ich nach Koblenz fahren.) … Ich bin mutterseelenallein im Häuschen und das tut im Augenblick ganz gut…*"

10.3.52 Ruth aus M'stein: „*Liebstes Herz! ,Nimm es nicht so tragisch' hast Du mir zum Abschied gesagt, und nun war es doch viel schwerer für Dich als Du mir eingestehen wolltest... Ich wusste, dass so vieles in Deinem Inneren nicht in Ordnung ist... So bist Du nun zu Otti gegangen[122]… mein Herz ist recht schwer, einmal, weil es so gar nicht recht froh in Dir werden will, zweitens, weil Dir das rechte Vertrauen zu mir zu fehlen scheint... Wenn ich darüber nachdenke, so befinde ich mich bald in einem Teufelskreis, in dem es nur noch einen Gedanken zu geben scheint: nicht mehr leben zu müssen. Aber das <u>will</u> ich mir nicht erlauben…*
Im Frühjahr letzten Jahres war ich so weit, mich mit den Tatsachen abzufinden. Du mit Deiner Familie, ich ohne Dich mit meinen Kin-

---

[122] Es scheint bis zu Ottis Tod so geblieben zu sein – man betrachte das Foto von Karls 75. Geburtstag, das am Ende eingefügt ist.

dern... Ich gebe mich keinen Täuschungen hin, mein Leben mit diesen Anforderungen wäre auf Dauer unmöglich gewesen, ich hätte mich auch früher oder später von irgendeinem meiner Kinder trennen müssen... Du hast wohl zu dem gleichen Zeitpunkt zu spüren begonnen, dass das, was Du Dir erhofftest, nicht verwirklicht wurde. Deine Gebundenheit an einmal Dir gegebene Ordnung, Deine Ehe, Deine Kinder, war so gross, dass Du sie mit aller Kraft wieder herzustellen versuchtest, auch um den Preis unserer Liebe. Du übersahst von Anfang an, dass Otti längst in dieser innersten Ordnung nicht mehr lebte, es wurde Dir erneut klar durch ihr Leben neben Dir, das für sie keine Lüge war, weil sie davon ausging: gut, der Kinder wegen, über unsere Ehe sind wir uns klar, die fiel längst aus der Ordnung heraus. Otti kann so leben – Du kannst es nicht. Aus dem Drang nach Ordnung entstand der Wunsch, mich nun doch zu heiraten... Den Weg der „inneren Konsequenzen", den Weg von einer gewissen Loslösung von Deiner Familie (Otti und Deine Kinder), bist Du noch nicht zu Ende gegangen, Karl[123]... Deine Schwierigkeiten auf dem Weg strahlen auch auf mich aus... Auf Dich strahlt aus, was mich an Nöten um Bärbel bedrängt... Mein Ja zu Dir, zu einem gemeinsamen Leben, ist eindeutig und endgültig... Den Weg der „inneren Konsequenzen" gehe ich nun in diesen Tagen ganz zu Dir, in dem ich meine Bärbel weggebe[124]... Du hast mir so oft gesagt. „Wenn mein Verhältnis zu Otti und den Kindern in Ordnung ist, dann geht es auch zwischen uns". Umgekehrt ist es aber genauso. Ich bitte Dich von Herzen, bitte zwinge mich nicht, Otti und den Kindern je anders gegenüberzustehen, als ich es jetzt tue, das liegt ganz stark bei Dir, Karl. Es bedeutet eine Überforde-

---

[123] und ist er später auch nicht ganz gegangen
[124] dieser Satz – die Konsequenz aus ihrer Entscheidung – dreht mir das Herz um.

rung für Deine zukünftige Frau, wenn sie 6 Wochen lang, noch nicht mit Dir verheiratet, die Scheidung mit „durchstehend" nichts anderes hört als: „Meine Kinder, meine Beziehung zu ihnen, meine Beziehung zu Otti... ohne dass dabei unser gemeinsamer Weg spürbar wird... Ich gebe Dir ganz freie Hand: Entscheide Du, ob wir heiraten sollen oder nicht... Es ist nicht nur so, dass wir einmal A sagten u. nun B sagen müssen, nein, wir müssen mit fröhlichem Herzen B sagen wollen... Aber ich möchte gerne wissen, was Dich zu dieser tiefen Depression in den letzten Tagen vor meiner Abreise führte. Das geht mich etwas an u. wir wollen mündlich darüber sprechen...

Nani hat bei dem kalten, feuchten Schneewetter dauernd richtig Asthma-Anfälle... Bärbel ist wieder viel fröhlicher u. ausgeglichener u. sehr vernünftig. Ich bin sehr froh, dass ich sie in dieser guten Verfassung zu H. geben kann. So, mein Herz, nun wünsche ich Dir noch gute Tage u. nicht zu viel Anstrengung in Siegburg. Lass Dich umarmen von Deiner Ruth."

14.3.52 Ruth aus M'stein: *„Ich komme am Montag Abend zur gewohnten Zeit. Hans wird mit dem Eilzug aus Dortmund kommen u. Bärbel übernehmen. Wenn Du die Zeit hast, hole mich bitte ab. Ich freue mich auf's Wiedersehen! Deine Ruth."*

14.3.52 Karl: *„Liebes, ich war gestern in Tübingen zum Staatsbegräbnis von Wildermuth und bin nun auf dem Sprung, um nach Siegen zu fahren, wo sich die evgl. CDU-Politiker 3 Tage lang aussprechen wollen... Die Probleme, die Du erwähnst, beschäftigen auch mich sehr stark. Ich glaube ihrer Klärung ist unsere jetzige Trennung förderlich, da die Erfahrung unseres Zusammenlebens in* *größerer Ruhe verarbeitet werden kann. Die klaren Fragestellungen, die wir uns* <u>*gemeinsam*</u> *erörtern und beantworten können, hätten sonst vielleicht länger auf sich warten lassen. Dabei bin ich mir völlig bewusst, dass ein* <u>*Teil*</u> *der Antwort nur aus einer echten Entscheidung bestehen kann, die das Risiko jeder Entscheidung in sich schließt. Wenn ich nichts anderes höre, rechne ich für Montag mit Deiner Rückkehr. Alles, alles Gute und viel liebe Grüsse an – na, Du weisst schon. Ich umarme Dich Dein Karl"*

11.4.52 Ruth, auf der Fahrt nach M'stein: *„…nun bin ich in München gelandet und will noch etwas ausspucken, was mein Herz bedrückt… Immer wieder treibt mich Deine Beziehung zu den Kindern um. Und ich denke darüber nach, wie man Dich von diesen quälenden Vorstellungen befreien könnte… Ich weiß, dass Otti sich heute geradezu den Kopf zerbricht, wie Du zu Deinem Recht kommst den Kindern gegenüber. Lass das alles nun mal wachsen und gedeihen, Karl, Deine Jungens brauchen und finden Dich… Nun werde ich in 2 Stunden in M'stein sein. Mir ist, als ob ich aus einer Schlacht auftauche in die andere grosse Welt meiner Kinder. Ich fühle erst jetzt, wie stark ich in den letzten 3 Wochen im Ringen um uns beide gestanden habe. – Ein leiser Schmerz mischt sich in die Freude über das Wiedersehen mit Christiane und Gisela: Bärbel fehlt – aber sie fehlt ja nicht in meinem Herzen…"*

14.4.52 Karl aus Pfaffendorf: *„…Ich wünsche nichts sehnlicher, als dass ich Dir stets mit der gleichen grossen Liebe begegnen kann, wie sie aus Deinen Worten spricht. „Außerhalb von uns finden wir das Glück nie, und innerhalb von uns selten oder schwer genug". So oder ähnlich hat Pascal eines der grössten Probleme des menschli-*

chen Lebens umschrieben. Auch Dir dürfte das nicht fremd sein, doch hoffe ich, dass Du in der Ordnung des Lebensraumes in uns bereits weiter gekommen bist als ich..."

16.4.52 Ruth aus M'stein: *„Du bist recht schweigsam... Hans' Antwort auf meinen Brief ist völliges Schweigen zu Ostern. Weder Gisel hat eine Zeile erhalten, noch ich einen Gruß von Bärbel... Mum ist in Marias Wohnung gezogen, wo sie sich bis Montag ausruhen kann... Nanilein hatte schon, seit ich hier bin 2 heftige Asthmaanfälle...*"

18.4.52 Karl aus Bonn: *„Ja ich bin schweigsam, Ruth, obwohl ich in Pfaffendorf ein paar Zeilen an Dich schrieb...Wie magst Du Dir wieder wohl wieder in der Mutter-Rolle vorkommen, noch dazu bei einem solchen gesundheitlichen Sorgenkind wie unserem Nanilein? Dass die Kleine so auffällig ist, betrübt mich doch sehr, und ich denke mit Sorge an das gerade für Asthmatiker ungünstige Bonner Klima... Der Termin ist gut verlaufen. Wir wurden beide vernommen und zur Überraschung des Anwalts stellte sich heraus, dass der Einzelrichter den Tatbestand des § 48 – Scheidung aus Zerrüttung, ohne Verschulden! – für anwendbar hält. Es wäre erfreulich, wenn sich auch die Kammer dem anschlösse; der nächste Termin – hoffentlich der letzte – ist am 29.4... Auf die Dauer ist die Arbeit als „Universaljournalist" einfach zu viel... Die harte Arbeit hinterlässt das bedrückende Gefühl, hoffnungslos hinterherhinken zu müssen, nie fertig zu werden. Das macht mich meist ungeniessbar für meine Mitmenschen, ich bin froh, wenn ich alleine sein kann. Selbst die etwas verfrühte Rückkehr der Jungen hat mich daher nur teilweise erfreut. Die Einspännerei hat mir wohl immer im Blut gelegen ...*

und ich bin entschlossen eher den Ruf eines Grobian in Kauf zu
nehmen, als meiner verfluchten Anlage zur Bildung von Komplexen
Vorschub zu leisten... Insofern ist es, so wenig nett das auch klingen
mag, wirklich ganz gut, dass wir... wieder einmal für ein paar Tage
getrennt sind... Grüss die Kinder, Mum, Maria... und verzweifele
nicht völlig an Deinem Karl."

5   Ziel vor Augen

18.4.52 Ruth aus M'stein „*... Frage doch mal bei Deinem Rechts-*
anwalt, was ein Vater [125] *mit ca. 800 DM Einkommen u. einigen*
festangelegten Vermögenswerten für seine Tochter, die bei der Mut-
ter lebt, zahlen müsste... Mir kommt nämlich der Gedanke, dass
Hans einen Unterhaltsvertrag f. Gisel vielleicht arrangieren wird.
Ich nehme an, dass Gisela dann weniger bekommen würde? Für die
Beantwortung der Frage ist wichtig, dass Hans demnächst 3 Kinder
hat, wiederverheiratet ist und Bärbel bei ihm lebt. Ausserdem, dass
ich schuldig bin. Wie steht es mit der Ausbildung von Gisela und
wie sind beide Kinder im Fall eines vorzeitigen Todes von Hans gesi-
chert?...
Ich bin nicht von Natur aus sparsam, aber ich bin es geworden und
kann es sein, wenn ich ein Ziel sehe ... ein gemütliches Heim zu
schaffen, in dem es wirklich auch mal einen schön gedeckten Tisch
geben kann usw. Ich habe da ganz bürgerliche Vorstellungen... Wa-
rum fühle ich mich bei Hedel und Mutter so wohl? Weil es nicht nur
gut zu essen gibt, sondern auch einheitliches Geschirr auf dem Tisch
steht. Alles atmet Geordnetheit aus, und ich glaube, das brauchen

---

[125] Hans ist gemeint

wir beide auch. Es ist ja wohl ein offenes Geheimnis, dass wir, seit ich in Bonn bin, mehr als 750.- ausgegeben haben. Es muss also mehr zur Verfügung gestanden haben ... Ich habe mich darüber gewundert, dass Du nie mit mir darüber gesprochen hast. So von dem Standpunkt aus: Wir haben nun etwas mehr... meine diesbezügliche Einstellung habe ich Dir ja am Samstag vor meiner Abreise klargelegt... ich habe keinen Grund mich zu beklagen, denn Du warst in jeder Hinsicht grosszügig. Darum geht es auch nicht, sondern um die Planlosigkeit unserer Finanzen, die mich zutiefst bedrückt... Mein Gewissen ist schwer belastet durch meine Reisen... Ich möchte jetzt langsam Geschirr anschaffen... Ausserdem müssten wir mal überschlagen, was wir im Monat für Konzert, Kino, Wein usw. dranhängen wollen. Ich bin nicht dafür, dass wir uns die wenigen Stunden, die durch diese Dinge gemütlich gemacht werden, nicht gönnen sollen, aber man müsste sich doch nach einer bestimmten Summe richten... Du kannst mir einfach nicht zumuten, dass ich wie ein Puttchen neben Dir herlaufe oder nur Forderungen stelle... Ich möchte mit beraten, denken und vorschlagen können... ich werde <u>immer</u> dabei Dir die letzte Entscheidung überlassen...

Damit Du nicht nur beladen von Finanzproblemen – nimm es ja nicht tragisch! – den weiteren Tag mit düster umhüllter Stirn verbringen musst, will ich Dir noch eine kleine Begebenheit berichten. Ich ging zu Paulübel, betrete den Laden, Chr. an der Hand, Gisela hinter mir und sage „Grüß Gott", worauf Frau P. freundlich und laut sagt: „Grüß Gott, Frau Lohmann!" (M'stein ist und bleibt fortschrittlich) Ich habe sehr kühl eine erstaunte Bemerkung gemacht, da ist die alte Klatschbase fast im Boden versunken vor Scham. Dös hat' mi g'freut! ... Lass Dich küssen ... von Deiner Ruth"

6 Brandbriefe

12.6.1952 Mämä[126] an Ruth in Bonn: *„Meine liebe Ruth! Schon am Freitag wollte ich Dir schreiben, aber was ich Dir zu sagen habe, ist nicht leicht gesagt… Ich will nach der Reihe erzählen was wir hier durchmachten, vor allem Deine Mutter.*

Am Dienstag ging ich zu Müller-Wischins zum Nähen, kaum war ich dort, erschien Frau Hansel[127] mit einem Brief von Mum. Du kannst Dir meinen Schreck denken. Sie bat mich Anny zu telefonieren, sie möchte sofort kommen, da es Nanilein sehr schlecht geht, auch möchte ich zu ihr kommen. Das tat ich sofort und meinen Schrecken beim Anblick des armen Kindes kann ich Dir nicht schildern. Nicht bei den ärgsten Schneespaziergängen hatte sie so einen Anfall. Der kleine Körper rang um Luft und das, wie mir Mum sagte, schon seit Montag Abend. Das sah ich auch, als ich am Vorabend bei euch vorbei sah. Die arme Mum in Tränen aufgelöst aber sehr tapfer. Mum lief morgens um 5 zu Anny die auch gleich kam und Nani eine Herzspritze gab. Ich blieb bei Nani bis Mum ihr ein heisses Fussbad richtete auf Annys Rat… Im Laufe des Tages kam Anny mit Dr. Köhler aus der Lungenheilanstalt, da sie die Verantwortung nicht alleine übernehmen wollte für das Kind und auch eine Lungenentzündung befürchtete. Am Abend ging ich wieder zu Mum und hatte vor, bei ihr zu schlafen, da sie schon die ganze Nacht gewacht hatte. Aber Anny hatte schon Bärbel (ihre Schwester) veranlasst, dass sie zu euch kommt für die Nacht. Mein Kleines schnaufte zwar noch schwer aber schon viel gelöster und auch Mum war etwas zuversichtlicher… Anny sagte, das Kind muss so schnell wie möglich

---

[126] Mäma ist Ungarin.
[127] Nachbarin von Mum

weg von hier. Ich weiß, wie es bei euch steht, aber hier geht es um das Leben des Kindes. Denn noch paar solcher Anfälle kann das Herz nicht ertragen. Was ich Dir hier sage meine liebe Ruth ist nicht leicht, aber ich sage mir nach langem Überlegen, mir wäre der Gedanke, wenn ich fern von Pipic sein müsste unerträglich, man würde mir aus lauter falscher Rücksichtnahme einen sehr gefährlichen Zustand verheimlichen. Ich glaube Du denkst auch so. Das andere Klima und vor allem Deine Gegenwart kann vielleicht Wunder tun. Mum tut wirklich alles und mit großer Liebe, aber es geht doch über ihre Kräfte. Ich bin nicht leicht ängstlich, das weisst Du doch gut, aber ich kann Dir nicht sagen wie ich verzweifelt war bei der Machtlosigkeit zu der man verurteilt ist in solchen Fällen, und Du und Karl so weit weg... Dir viel Liebe und uns bald eine Nachricht Deine Maria"

12.6.1952 Anny Ederer an Ruth in Bonn: *„Liebe Ruth, grüss Gott! Heute muss ich wegen Christiane an Dich schreiben – die von Montag Nacht bis Dienstag Abend sehr krank war an einem schwersten Asthma-Anfall. Gott sei Dank – es ging wieder vorüber, aber mehrere von dieser Stärke würde das Herzchen nicht durchstehen. Ich bat Dr. Köhler dazu – um die Verantwortung nicht alleine zu haben u. der Diagnose ganz sicher zu sein. Es sah aus, als müssten wir Dich ganz dringlich rufen.*
Dieser Zwischenfall gibt mir den Anlaß, Dir, liebe Ruth ans Herz zu legen: Hole das Kind, sobald Du nur irgend kannst zu Dir. Sie braucht Dich, wie keines Deiner Kinder – wenn sie in ihrer Not so „Muttilein" rief, das ging einem wirklich ans Herz. Deine Mutter ist aufopfernd bis an die Grenze ihrer Kraft – u. Christiane hängt auch an ihr – aber Christiane tyrannisiert sie – bekommt bei jeder

Gelegenheit das grosse Schreien – u. so wird es wahrscheinlich wer-
den – dann auch ihren Anfall. Gerade dieses Kind braucht seiner
Labilität wegen eine feste Hand – eine früh einsetzende Erziehung
zur Beherrschung. Aber das weißt Du ja alles selbst, gelt u. wir ha-
ben schon darüber gesprochen – nur fühle ich mich nach diesem
schweren Dienstag verpflichtet, es Dir nochmal zu sagen: hole das
Kind zu Dir, sobald es irgend geht. Gisela ist ein rührendes Haus-
mütterchen u. hilft Großmutter wirklich lieb, putzt u. spült u. un-
terhält Jane, die es ihr auch nicht leicht macht... B'hüt Gott liebe
Ruth, Grüsse die Dir lieb sind u. sei Du herzlich gegrüsst von
Anny"

An den Rand dieses Briefes hat Ruth geschrieben: *„Nach diesem*
Anfall holten wir Christiane sofort nach Bonn".

Epilog

Der Ordner meiner Mutter enthält auch Christianes Geburtsurkunde. Darin liest man:

Standesamt Marquartstein Nr. 12/1948
Christiane L o h m a n n
ist am 17.12.1948 in Marquartstein geboren.
Eltern: Dr. Karl Lohmann und Ruth Lohmann, geb. Hammesfahr, evangelisch und wohnhaft in Marquartstein.

Marquartstein, den 31. Juli 1968

Merkwürdig! Auf der korrekten Urkunde von 1948 müsste gestanden haben: *Mutter: Ruth Kämper, geb. Hammesfahr Vater: Hans Kämper* Hans Kämper galt als der Vater. Es sollte noch bis 1954 dauern, bis das gerichtlich geändert wurde. Ich habe vom Standesamt in M'stein die Originalkopie der Geburtsurkunde angefordert und dort heißt es tatsächlich:

Die Ehefrau Ruth Kämper, geborene Hammesfahr, ...
wohnhaft in Marquartstein, Alte Dorfstrasse 17,
Ehefrau des Diplomingenieurs Hans Kämper, ...
wohnhaft in Gelsenkirchen, Rhein-Elbe-Strasse,
hat am 17. Dezember 1948 ...
zu Marquartstein, Alte Dorfstrasse 17 ein Mädchen geboren.
Das Kind hat den Vornamen erhalten: Christiane

Das verdeutlichen Briefe vom **20.1.** und **12.7.1954**. Ruth schreibt an Hans: *„Lieber Hans! Am 12.1.54 war Verhandlung... am 19. wurde das Urteil verkündet: Es wird festgestellt, dass Christiane nicht das eheliche Kind des Dipl.-Ing. Hans Kämper ist. Gottlob, das hätten wir nun... Christiane ist nun als „Christiane Lohmann" auf dem Standesamt in Marquartstein eingetragen. Damit ist alles erledigt... Herzlichst Ruth"*

Bärbel lebte seit **März 1952** in Wattenscheid bei Hans und Gerlinde. Sie verpasste den Rest der 4. Klasse in Marquartstein und ging sofort in die Sexta. Im **Mai 1952** erlebt sie die Geburt von Rike, im **Juni 1953** die Geburt von Gigi und im **August 1954** die Geburt von Klaus mit. Ich blieb bis Sept. 52 alleine mit Mum in Marquartstein. Christiane war oft in Mämäs Obhut. Ruth wohnte in Bonn mit Karl – zunächst auch noch mit Otti – in dem Häuschen, das Karl für Otti und seine Kinder gemietet hatte.

Mämä brachte mich am **1. Sept. 1952** nach Bonn. Die Rolle, die Mämä in Ruths Leben und dem der Lohmanns gespielt hat, ist mir jetzt erst klar: Sie war als Flüchtling mit Mann und Tochter Reingard – „Pipic" – in M'stein bei Fremden in der Agg einquartiert. Sie war befreundet mit Otti – sie nahm eine Zeit lang Christoph Lohmann auf – sie verlor ihren Mann und trauerte sehr – sie befreundete sich mit der zu ihr flüchtenden Ruth – sie nahm deren Tochter Christiane immer wieder auf – sie reiste zur Pflege von Otti nach Bonn – sie feierte die Hochzeit von Gerd und Lieselotte in Wesseling und erlebte Alexander Hammesfahrs plötzlichen Tod mit – sie brachte Ruths Tochter Gisela nach Bonn – sie nahm Mum in ihrem Häuschen, das sie sich in der Agg gebaut hatte, im Alter auf – sie war für alle Beteiligten eine fantastische Freundin und Zufluchtsstätte.

Am 8. Sept. 1952 heiraten Ruth und Karl. Ruth setzte sich abends an mein Bett und erklärte mir, dass sie heute geheiratet habe. Für sie war das ein bedeutungsvoller Tag. Mich hat das damals nicht erstaunt. Nicht lange danach sagte ich nicht mehr „Onkel Lohmann" sondern – wie Christiane – „Vater". Er hat mich wie eine eigene Tochter angenommen, war mir zugewandt und ein liebevoller Vater. Wie oft half er mir bei

Textaufgaben, an denen wir uns die Zähne ausbissen und schrieb mir ins Poesiealbum „Das Leben ist eine Textaufgabe, die wir nicht ohne die Hilfe des Vaters im Himmel und nicht ohne unseren Verstand lösen können." In seinem letzten Lebensjahrzehnt wechselten wir zu Fragen der Religion interessante Briefe, in denen er eine „Confessio Carolina" verfasste.

Erst nachdem im **Herbst 1956** Ruth und Karl in ein größeres Häuschen innerhalb von Bonn gezogen waren, wurde Bärbel aus Wattenscheid nach Bonn geholt.

1956 Hans und Gerlinde in Bonn   Karl und Ruth

Christiane hatte ein schweres Schicksal. Viele Nächte verbrachte Ruth am Bett ihres um Luft ringenden Kindes. Oft von Atemnot und schweren Asthmaanfällen geplagt hinkte ihre geistige Entwicklung hinterher, sie konnte keine normale Schule besuchen, war in vielen Heimen und Kuraufenthalten und kam schließlich Ende der 60ger Jahre in eine Camphill-

Einrichtung am Bodensee. Ihretwegen zogen Ruth und Karl Anfang der 70ger Jahre nach Heiligenberg, um in der Nähe von Christiane zu sein. Dort besuchte sie die Heimschule Föhrenbühl, dann lebte sie auf dem Lehenhof, wo sie 24-jährig starb.

Mum blieb in M'stein, wo wir sie abwechselnd in den Ferien besuchen konnten. Als sie nicht mehr alleine wirtschaften konnte, nahm Mämä sie auf, bis sie noch für kurze Zeit in Bonn bei Ruth und Karl lebte. Ihre letzten Tage verbrachte sie in Wesseling bei Gerd und Lieselotte, wo sie im August 1966 starb.

Ruth litt – solange sie mit Karl lebte – bis zu seinem Tod 1996 – an seinem Verhältnis zu Otti und zu seiner Schwester Hedel. Wie oft hörte ich *„Ich hatte es sehr schwer! Alleine wenn ich an die Weihnachtsabende in Bonn denke, an denen Karl zu Otti und den Kindern verschwand und mich verzweifelt zurückließ…"* Die 1954 nachgeholte Hochzeitsreise nach Cervia machte Karl nicht mit Ruth, sondern mit Hedel und Ruth. Ihr fehlte seine alleinige Aufmerksamkeit und Zuwendung; sie musste sie mit Hedel teilen – das war ein Desaster, von dem sie lebenslang sprach. Als er sich in den letzten Jahren seines Lebens zu stundenlangen Telefonaten mit seiner Schwester in sein Zimmer zurückzog, litt Ruth erneut an Karls engem Verhältnis zu Hedel.

Gerlinde ließ mich erst vor wenigen Jahren wissen, dass Ruth damals bereit war, ihre beiden Kinder wegzugeben. Nie hat Ruth mir das erzählt.
Gerlinde lud uns 5 Kämper-Kinder 2012 zu einem gemeinsamen Urlaub in die Toskana ein, sie kennt alle Verhältnisse und weiß über jeden etwas, nimmt teil am Leben aller, erzählt gerne von früher und hat 9 Urenkel. Sie fühlt sich besonders

wohl, wenn sie mitten im Trubel steht, Kinder, Enkel und Urenkel bei ihr sind und das Haus voll ist. Sie ist wie „Mämä"
eine Zufluchtsstätte für viele geworden.

Als wir von einer Geburtstagfeier bei ihr zurückfuhren und
feststellten, dass in der Kämper-Familie so ein wohlwollender
Umgang unter allen Geschwistern herrscht, fragte ich Jo: „Ihr
seid doch auch 5 Kinder… warum pflegt ihr das Miteinander
nicht?", sagte er „Wir haben keine Gerlinde."

Das Foto entstand an Gerlindes 90. Geburtstag 2016

B.   G.   Rike   Gigi   Klaus

Karl hat erneut Karriere gemacht. Nach jahrelanger Journalistentätigkeit, war er 1958, als das Foto der Bundestagsdelegation in Peru am Machupicchu entstand, längst in einem politischen Amt als persönlicher Referent des Bundestagspräsidenten Gerstenmaier.

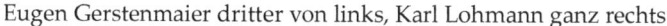

Eugen Gerstenmaier dritter von links, Karl Lohmann ganz rechts

1976 feierte Karl seinen 75. Geburtstag nicht nur mit Ruth. Auch Otti war eingeladen. Alle Kinder mit Ehepartnern und Enkel waren gekommen.

Die Körpersprache auf dem Foto der nächsten Seite sagt viel: Karl hakt sich bei Otti ein, Ruth hakt sich bei Karl an dem Arm ein, den er ihr nicht wirklich bietet. Wenn ich dieses Foto betrachte, sehe ich einen der Gründe, warum Ruths 44 Jahre dauernde Ehe mit Karl nicht so gelang, wie erhofft...

Bärbel   Christoph   Gisel Gerd Barbara Michael

Mämä Otti   Karl   Ruth

Mit **Christoph Lohmann** korrespondierte ich 2010 nach dem
Tod von Ruth. Die angefügten beiden Mails, die die Sicht von
Karls Sohn Christoph auf die Wirren der Familiengeschichte in
der Nachkriegszeit abrunden, beenden die Briefsammlung.

Von: Chris & Pam Lohmann [chris35pam39@comcast.net]
Gesendet: Donnerstag, 25. Februar 2010 17:03
An: Kaemper, Gisela
Betreff: Danke

Liebe Gisela,
Heute kam in der Post Ruths Todesanzeige, die du und Johannes so gut verfasst haben. Ich war besonders gerührt von
dem Hinweis auf den in den letzten Wochen ihres Lebens
ausgesprochenen Wunsch, "dass sie nach Hause möchte."
Genau das hat unser Vater auch öfters gesagt in der Zeit,
als ich im Herbst 1996 oft bei ihm im Haus Pfleghar war. Ruth
und ich haben das damals ganz verschieden ausgelegt: sie
dachte, er wollte wirklich wieder ins Haus Am Weiher und war

drauf und dran den letzten Umzug in die Wege zu leiten, während ich annahm, dass er mit dem Wunsch nach "zu Hause" eigentlich die Sehnsucht nach dem Tod aussprach. Wie eigentümlich, dass beide an ihrem Ende die gleiche Formulierung für einen tief empfundenen Wunsch fanden.

Ruths Tod schließt ein langes und nicht immer leichtes Kapitel auch in meinem Leben, und meine Gedanken gehen weit zurück--über 60 Jahre!--an die schwierige und zerrüttete Nachkriegszeit in Marquartstein, in der so viele Familien (deine und unsere waren keine Ausnahmen) versuchten, irgendwie wieder festen Boden unter den Füßen zu finden. Das bedeutete eigentlich immer neuen Boden und neue menschliche Konstellationen, denn die alten Bedingungen und Beziehungen konnten einfach nicht wieder so aufgenommen werden, wie sie mal waren. Zu viel war inzwischen passiert. Die Ehe meiner Eltern (die wahrscheinlich schon von Anfang an ziemlich wackelig war) ging unter diesen neuen Umständen in die Brüche, und das Gleiche galt auch für dich und deine Familie.

Ich war damals knapp 10 Jahre alt und kriegte von all den persönlichen Verschiebungen noch nicht viel mit. Erst 4-5 Jahre später, als meine Eltern sich dann scheiden ließen und Ruth und Vater heirateten wurde mir klar, dass Christiane meine Halbschwester war und dass alle Verhältnisse grundsätzlich anders waren als man mir das jahrelang vorgespiegelt hatte. Es war ein ziemlich hartes Erwachen. Jahrzehntelang habe ich es meinem Vater nachgetragen, dass er mir nie selbst direkt in einem Gespräch die Sachlage erklärte, sondern die total unerwartete und für mich schockierende Information der Scheidung und deren Ursachen meinen Geschwistern überließ. Das war so ein ungewolltes und unbedachtes elterliches Vergehen, das man nur halbwegs verstehen kann, wenn man sich seiner eigenen Mängel als Eltern bewusst wird.

Aus diesen Gründen hatte ich immer eine ausgesprochen zwieschneidige Beziehung zu Ruth. Das verletzte Kind in mir wollte sie nicht akzeptieren, empfand sie als böse Ursache aller Schmerzen, die die "Zerstörung" meiner Familie in einem

285

sehr verwundbaren Alter bewirkt hatte. Aber ich wollte auch nicht, dass dieses instinktive, kindliche Gefühl mein ganzes Leben und meine ganze Beziehung zu Vater und ihr bestimmen sollte, und so bemühte ich mich immer wieder, alles ins Gute zu leiten, wenn nicht grundlegend liebevoll, dann wenigstens gütig und anständig mit einander auszukommen. Ruth und ich haben diese tieferen Sachlagen nie direkt angesprochen, aber ich wurde mir im Lauf der Jahre immer mehr bewusst, dass sie meine Schwierigkeiten mit ihr respektierte und sich deshalb auch bemühte, unser Verhältnis so gut wie möglich zu gestalten. Und das muss ich ihr eigentlich lassen: sie hat das konsequent durchgeführt.

Ja, so sieht das von meiner Sicht aus, und ich hoffe du hast Verständnis dafür, dass ich mich zu dieser Gelegenheit mal ganz ehrlich (wenn auch kurz gefasst) darüber ausspreche. Für dich gibt es bestimmt ganz andere und vielleicht schwerwiegendere Probleme und Tatsachen, die du nun nach dem Tod deiner Mutter verarbeiten musst. Das Gleiche--nur in noch viel stärkerem Maß--gilt wohl auch für Bärbel, von der ich nicht mal weiß, ob sie zur Beerdigung gekommen ist. Wenn du so weit bist mit all den praktischen Dingen, die du und Johannes (hoffentlich mit Hilfe von Hartmut?) jetzt zu erledigen haben, würde ich mich über eine Antwort, über deine eigenen Gedanken, und über eine Schilderung der Beerdigung (wer war da, wie war der Ablauf, etc.) freuen. Inzwischen vielen Dank für alles was ihr schon erledigt habt und noch erledigen müsst.
Christoph

Von: Chris & Pam Lohmann [chris35pam39@comcast.net]
Gesendet: Montag, 8. März 2010 18:02
An: Gisela Kaemper
Betreff: Re: und noch mal das Mutterthema
Liebe Gisela,

... Neu war für mich aber die erstaunliche Tatsache, dass Ruth damals vor vielen Jahren dich und Bärbel sozusagen an euren Vater abgeben wollte. Das rückt besonders die problematische Beziehung zwischen ihr und Bärbel in ein ganz neues Licht. Irgendwie hatte ich mal mitbekommen (aber inzwischen total wieder vergessen), dass dein Vater sich bereit erklärte, Christiane zu übernehmen. Mensch, was sind das für verzwickte und komplizierte Geschichten und Menschenschicksale, die man am besten nicht pauschal verurteilen sollte (wie ich manchmal geneigt bin) sondern mit Bescheidenheit an die eigene Brust klopft und sich fragt, was man selbst so im Leben verpatzt hat oder was unter schwierigen Umständen von Menschen verlangt wird.

Um auf deine Frage zu der Einstellung meiner Mutter einzugehen, kann ich nur sagen, dass sie sich uns/mir gegenüber immer nur sehr loyal über Ruth und Vater geäußert hat. Obwohl es mir im Lauf der Zeit schon langsam klar wurde, dass Ruth nicht so ganz ihr Typ war, hat sie sich nie abwertig über sie, ihr Verhältnis zu Vater oder Christiane geäußert. Im Grunde bin ich ziemlich sicher, dass sie die Scheidung als eine Lösung aus einer von Anfang an nicht guten Ehe empfand. In den Jahren, in denen Vater in Berlin oder in der Wehrmacht und sie mit ihren Kindern in M'stein war, hat sie sich an Selbstständigkeit gewöhnt, und nach seiner Rückkehr aus der Kriegsgefangenschaft konnte sie sich nicht mehr in eine traditionelle Ehebeziehung einfügen. Sie war ja eine sehr lebendige und tatenfreudige Frau, die aufblühte, als die Umstände sie zwangen, Geld zu verdienen und beruflich als Übersetzerin zu arbeiten, erst für die Amerikaner, dann für die Bundesregierung. Sie war eine Art Lebenskünstlerin, die von gesellschaftlichen Formen nicht viel hielt, sondern lieber improvisierte, von der Hand in den Mund lebte und spontan auf Menschen und Beziehungen einging (manchmal etwas zu spontan). Aus dieser Lebensweise heraus hat sie vielleicht manchmal Negatives über das "bürgerliche" Leben von Vater und Ruth gesagt--aber immer nur in dem Sinn, dass Vater das brauchte, Ruth es ihm geben konnte, sie selbst aber total ungeeignet dafür (und somit für Vater) war...

Herzlichst,
Christoph